U0942943

要素品牌战略

B2B2C的差异化竞争之道

Ingredient Branding

〔美〕菲利普·科特勒（Philip Kotler）
〔德〕瓦得马·弗沃德（Waldemar Pfoertsch）／著
李 戎 ／译

復旦大學出版社

目录

推荐序一

3M

经济腾飞带来的物质空前富足使很多消费者有了充分选择的机会。然而，与此同时，面对眼花缭乱的世界，消费者却并不感到轻松。有句话说得好：人在没有选择的情况下并不痛苦，而在可以选择的时候往往感到痛苦。选择好比是一棵树，从根处起步时，直线易行。越往前岔路越多，到后来竟会如“歧路亡羊”一般，不知道何去何从。如何简化购买决策过程，不经意倒成了当代消费者的一个现实问题。

而从企业角度来看，面对这一现状，企业又该如何应对？我们很欣喜地看到，世界范围内已有众多企业正在尝试有效的“要素品牌战略”，以应对这一“商机”。打造要素品牌是当今快速变化的市场环境中一种主要的市场营销策略。诸如纺织业的莱卡、计算机业的 Intel 处理器的成功均充分证明了该策略是企业营销实践中的有效之选。

实践证明，消费者愿意为含有品牌要素的产品支付溢价，他们将品牌要素融入到他们的日常生活，并创造与此品牌要素相关的认识和联系。一直以来，3M 公司也是这一营销战略身体力行的榜样。

作为一家多元化的科技企业，3M 公司素以勇于创新、产品繁多著称于世，在其百多年历史中开发了6万多种高品质产品，3M的产品已深入人们的生活，从家庭到医疗，从运输、建筑到商业、教育和电子、通信等各个领域，世界上有50%的人每天直接或间接地接触到3M公司的产品。

自1984年进入中国至今，3M在中国投资已经超过7亿美元，而且规模还在不断扩大。当我们回顾并思考3M在中国成功的原因时，品牌建设无疑是其中一个极为重要的原因。我们一直把3M品牌视为公司最为宝贵的财产，加以维护、保护和管理。品牌是向客户承诺他能获得他所期望的优质产品和服务，我在公司内部的博客中告诉并警示员工：一家公司需要耗费几十年的时间来建立品牌和美誉度，然而只需几个人或几个错误就可以在几天内摧毁它。

3M公司拥有3M、Scotch，Post－IT等著名要素品牌，致力于提供实用、巧妙的解决方案，帮助客户成功。我们的其他品牌也在这一大前提下，传递着不同的信息，从而建立与客户的情感联系。作为一家以B2B为主的多元化企业，3M中国一直在加强品牌建设，品牌策略成为我们长期市场规划和发展战略的重要部分。我们一直在思考，如何通过品牌尤其是要素品牌的建设进一步提高3M的竞争力，满足并超越客户的期望，实现B2B2C的超越。

如今，很高兴看到这样一本研究要素品牌的专著的面世和出版，在这本史无前例的优秀著作中，菲利普·科特勒（Philip Kotler）和瓦得马·弗沃德（Waldemar Pfoertsch）两位教授为企业界，尤其是中国的企业家带来的启迪和具体的操作思路是显而易见的。祝愿读者开卷有益，乐在其中！

是为序。

余俊雄

3M全球中央执委

3M大中华地区常务董事

3M中国有限公司总经理

2010年夏

推荐序二

张维炯

在产品选择日益丰富、竞争日益激烈的市场环境下，品牌的作用越来越重要。好的品牌能够帮助客户在市场上区分不同的产品，明确企业在功能、质量和服务上所作的承诺；一个强势品牌甚至能够为客户提供明确的价值取向和文化内涵，使企业和客户在一个和谐的认同和合作中得到双赢。

客户对品牌的认识往往是通过对最终产品品牌的认识来形成的。一个完整的产品应该包括产品设计开发、市场营销策划、零部件采购、产品制造、物流服务、销售渠道管理、信息反馈、品牌等要素。从整个产品价值链来看，那些主导产品设计开发、市场营销策划，拥有品牌和控制整个流程的企业往往能够从市场上获得更多的回报；而那些为整体产品提供零部件、物流服务、代客加工的企业，往往在价值链中处于次要的地位。它们受控于拥有品牌和市场控制力的企业。在大多数情况下，零部件供应商和最终产品制造商之间的博弈往往是以零部件供应商的屈服而告终。

随着知识的普及、技术的发展、流程的完善、管理水平的提升，再加上人员素质的提高，最终产品的制造已经成为一个标准化流程。只要投入一定的资金，购买最新的生产流水线设备，招聘有专业知识的员工，采购相应的零部件，大多数最终产品的生产已经不是一件难事了。然而在很多情况下，最终产品质量和功能的提高往往取决于其中的一个关键零部件，甚至取决于其中某一种材料，我们把这种对整个产品质量和功能起到关键作用的零部件或材料称为关键要素。由于技术和其他众多因素的限制，要在关键要素上取得突破是一件非常艰巨的任务。一个关键要素的突破往往会给整个产品，甚至整个行业，带来巨大的市场机遇。过去的几十年中，伴随着每一项关键要素的突破，我们看到的是取得成就的企业在科研开发上的巨大投入和坚持不懈的努力。然而，在传统的价值链模式博弈中，这些巨大的资金和时间的投入，即使最后取得成功，也往往没有能够得到相应的高回报。这就使得从事中间环节（零部件或原材料）的企业不得不考虑这样一些问题：在关键要素上的突破促使整个产品质量和性能提高的投入能否得到市场的认可？如何向最终客户传递关键要素的信息，并从市场中得到应得的回报？

在这一类博弈中最成功的要素品牌企业是英特尔。依靠自己强大的研发能力和不懈努力，英特尔在计算机芯片技术上远远领先于市场上的其他企业，形成了决定个人计算机运算能力提升的关键要素。通过合适的市场营销战略和大规模广告的策划，“内置英特尔芯片”计算机在相当时间里成了客户选择产品的关键因素，而最终计算机产品的品牌则成了客户选择的次要因素。英特尔芯片品牌的力量加上英特尔在产品上的持续创新，使得英特尔在个人计算机芯片市场上取得了垄断地位，成功地和惠普、戴尔、联想、东芝等控制整体计算机价值链的企业进行了博弈，并取得了极高的市场回报。运用相应的品牌战略并取得巨大成功的还有用于家庭厨房用品的杜邦公司特氟龙表面涂料、用于运动休闲服装的戈尔特斯公司（Gore-Tex）面料、用于饮料真空包装的利乐密封纸盒技术，以及提供高质量音质的杜比实验室的杜比数字系统等。

如何使消费者知晓、了解并接受这种附属在整体产品品牌上的要素品牌，并愿意支付高的价格？如何巧妙地设计品牌战略，使控制整体产品价值链的企业接受要素品牌，和要素品牌企业和平相处，并结成联盟？本书为要素品牌的战略提供了一个非常系统的框架。作者在对大量企业的调查和产品案例基础上，对要素品牌的理论基础、要素品牌战略的实施、管理和品牌战略的衡量等方面作了非常翔实的论述。

要素品牌是市场营销理论的一个分支。在过去几十年中，市场营销学理论有了非常大的发展，特别是在消费品领域。对于工业产品，研究的重点一般集中在企业的购买行为、决策流程等方面，专门研究要素品牌的著作不多见。本书的内容对要素品牌理论和实践是一个重大的贡献，会推动更多的中间产品生产企业关注要素品牌，从而使整个价值链上的博弈更加均衡，更有益于推动整个社会经济的发展。

张维炯博士

管理学教授

中欧国际工商学院副院长、中方教务长

Ingredient Branding

推荐序三

拜　耳

CD、DVD、水瓶、运动眼镜、望远镜、头盔、食品储藏柜、汽车前灯、汽车天窗，这些日常生活中常见的用品，都得益于拜耳材料科技公司生产的一种塑料——模克隆（Makrolon®）的独特性能。为了吸引行业和消费者对这种高科技材料的注意力，现在很多由它制造的消费品都带有“用模克隆制造”的质量标志，这让模克隆成了全球知名品牌。

这种把最初用于 B2B 领域的产品引入消费者市场并由此赢得全球知名度的战略就是“要素品牌战略”。拜耳材料科技公司就利用该战略使其高科技聚碳酸酯材料模克隆从其竞争对手中脱颖而出。拜耳与其选择的模克隆加工公司的合作始于 2000 年，通过此举，消费者获得了这样一个信息，即不光最终产品生产商致力于保证产品质量，产品最重要的要素——材料的供应商也在为此而努力。

自 1953 年问世以来，这种塑料一直被视为拥有很多优良性能的多功能材料。由于这种材料可以根据客户要求改变其透明度，具有很高的抗冲击强度、不受温度影响的稳定性、超好的流动性和轻盈的特点，模克隆的潜在应用其实是永无止境的。就品牌战略而言，模克隆与塑料行业长达几十年的合作对拜耳材料科技公司来说大有裨益。不过，一个新的情况是模克隆还需针对其他群体宣传，就是要让除设计师、采购员和工程师之外的商人和消费者也熟悉这种材料。这种塑料是最终成品的一个关键成分，且在产品的功能方面起着举足轻重的作用，但长期以来它却一直处于“隐形”的状态，为了改变这种状况，要素品牌战略做出了巨大的贡献。

以下是一些带有“模克隆制造”质量标志的消费品：

我们在拉美的合作伙伴 Videolar 利用这个质量标志告诉消费者，他们生产的 CD - R 和 DVD - R 所使用的材料能够保证最佳的存储质量和数据安全。

拜耳材料科技公司（Bayer Material Science Company）下属的一家名为 Sheffield 的塑料公司推出一款新型模克隆® 聚碳酸酯板，应用广泛，包括建筑和安全领域、车用玻璃和标志牌等。这种材料具有优异的抗冲击性，能够有效防止破坏或盗窃等现象，同时它还具有超常的耐候性能，能够适应各种恶劣的天气，用这种材料生产的产品品质非凡，性能卓越。

UVEX Sports GmbH & Co. KG 总部位于德国菲尔特（Fuerth），在美国、日本等多地都有办事处。该公司利用模克隆材料的特殊性能生产其品牌运动眼镜、摩托车头盔和自行车头盔的外壳。这种形式的要素品牌目前在运动用品领域还比较特殊。

位于拜罗伊特的 Steiner Optik GmbH 公司生产的高品质望远镜的主体部分，模克隆能为其产品提供必要的保护。

德国 Alurunner® 高科技雪橇制造商以及美国 Makboard 透明滑雪板制造商都因为使用了模克隆材料而改善了其产品的性能。前者用模克隆制造雪橇的座椅，后者则用模克隆作为其基本材料。

亚洲最大的箱包生产基地中山皇冠皮件有限公司利用“模克隆制造”的标签作为推销其产品的一种营销工具。日本的松崎株式会社（Matsuzaki Industry Co. Ltd）也使用相同的策略来推广其 Maruem 品牌。

模克隆近年来在装饰灯领域也小有名气。意大利公司路斯普兰

(Luceplan) 也在使用模克隆材料生产并改进其经典的 Constanzina 系列灯罩。

作为拜耳材料科技公司战略营销的一部分，上述所有合作关系提升了模克隆品牌，从而让终端消费者更加认同该产品。

本书给经理人和未来的决策者讲述了有关要素品牌的知识，这种营销工具将使消费者在做购买决策时不光关注产品本身，也开始重视产品所使用的材料。

于尔根·霍曼

拜耳材料科学公司

聚碳酸酯事业部

Global Branding Makrolon®

德国勒沃库森

推荐序四

美克邦

在我过去30年的职业生涯中，包括在麦肯锡担任咨询师以及在IBM担任高级管理人员，我一直在探索如何巩固不同的业务。然而，直到最近几年，在美克邦公司担任CEO期间，我才真正领悟到要素品牌的强大力量。所以，当我得知菲利普·科特勒（Philip Kotler）和瓦得马·弗沃德（Waldemar Pfoertsch）准备写有关这一课题的专著时，我非常高兴，而且乐于为之作序。据我所知，这是有关要素品牌的唯一一本理论结合实际且论述全面的著作。

我发现公司领导人一直都在寻找巩固其业务的新途径。很多领导人都希望增加份额，提高价格，拓展分销网络或改善产品组合，例如多销售优质产品。他们实施了很多“传统战略”，如通过广告或临时降价等措施扩大其品牌知名度。要素品牌战略并不是这些经过检验的战略的替代品，而是一种全新的战略，就像是箭袋中增加了一支箭。毫无疑问，公司领导人拥有的箭越多，火力越充足，其获胜的可能性就越大。

这本书为读者提供了一个很有用的框架，帮助读者理解要素品牌，了解何时采用以及如何最有效地利用这一战略。本书还包含了很多例子和案例，使概念框架更加形象、具体。虽然它是一本学术著作，但却对人们有着巨大的现实指导意义。

诚然，并不是所有业务都适用要素品牌战略。然而，令我感到惊讶的是，很多敏锐的公司领导人竟然从来没想过这一重要的战略。

另外，本书还能增进你对要素品牌的理解，帮助你成为一个更全面的公司领导人。当然，还可能让你借助要素品牌取得更好的业绩。

戴维·J·迈尔斯

总裁兼首席执行官

美克邦国际有限公司

美国北卡罗来纳州亨特斯维尔

推荐序五

Bitrex

我的职业经历非常丰富，但我从来没想过自己会主动投身于一种被菲利普·科特勒和弗沃德称为“要素品牌战略”的东西。然而，这正是麦克法伦·史密斯有限公司在过去30年中所做的事情。在为该书作序的准备过程中，我才意识到我们的产品Bitrex®（苦味分子）带我踏上了一次非常有意思的旅行。从苏格兰的爱丁堡到位于广州的代理处，苦味分子的确是个全球品牌，而且能够满足不断扩张的中国市场的需求。

从我开始担任化学分析师起，我负责监管Bitrex®在全球范围内的销售和市场工作。这个工作的挑战在于，如何向消费者推广一种不影响最终产品性能的产品要素并让它成为消费者购买产品的最终原因。简单地来说，为了做到这一点，我依靠的正是要素品牌战略的基本理念。

作为迄今发现的最苦的物质，Bitrex®最大的卖点就是安全、创新和可靠性。Bitrex® 用途广泛，其中最主要的就是让某个产品不适合人畜食用，如让工业酒精变性，防止小孩误食各种家用化学制品，避免小狗误食花园中常用的杀虫剂。正是这后两个领域的应用让Bitrex®很有潜力成为要素品牌。

通过和品类经理的接触，我发现他们一直都在探索销售产品的新方法。我们的工作是教育消费者，让他们认识到 Bitrex® 也是一个很好的选择。随后，这些经理们就可以胸有成竹地制订新的市场战略，既拉近了产品和消费者之间的距离，又提升了他们自身对一种全新的营销工具的认识。Bitrex® 的合作伙伴利用这一品牌时，他们有多种途径来向终端消费者传达这一信息。如果传达得当，这一信息能够为我们的合作伙伴带来很多积极的结果，如创新、产品改进、市场领导地位和满足客户的需求。所有这些对我们的合作伙伴都很重要。关键的一点是，我们确保这一信息清晰明确，很容易被消费者理解。不论这一信息是用什么语言表达的。我相信这一点适用于大多数要素品牌。

我们的商业模式的一个基本部分就是与在安全领域备受推崇的专家合作。此外，我们的技术服务能保证我们的可靠性以及有效地将 Bitrex® 应用到合作伙伴的产品中。我们面临着激烈的竞争，我相信其他要素品牌也和我们有一样的困扰。成功的要素品牌与名不见经传的廉价模仿者之间的区别就在于能否为顾客提供更多、更具启发意义的东西。这也能保证 Bitrex® 品牌的持续发展。

综上所述，很长一段时间以来，我们一直在实施要素品牌战略，或许直到现在这些战略才被认识到是独特的营销工具。本书将帮助读者进一步提升公司营销技能，并有望促进新的要素品牌的发展。

卡梅隆·史密斯

Bitrex 事业部经理

麦克法伦·史密斯有限公司

庄信万丰

苏格兰爱丁堡

英国

2010 年秋

自序

在中国，要素品牌战略已经渗透了日常生活的方方面面。所有知名的西方要素品牌都将此战略应用于中国这一新兴市场，而且，中国的许多终端消费者品牌也都开始实施要素品牌战略。其中，最著名的例子就是联想公司利用英特尔处理器向其海内外用户传达其产品的优良性能。另外，鉴于肖特赛兰品牌在广大消费者中的口碑，海尔也开始在其高端燃气炉灶上应用肖特赛兰的陶瓷面板。

英威达公司的莱卡品牌依然是推动中国服装产业发展的一支重要力量。莱卡品牌是英威达同中国东方卫视联合推广的重点，它赞助了中国的流行音乐电视节目《莱卡好男儿》。对中国消费者来说，莱卡已经不只是纺织行业的一个要素品牌，它代表着时尚、创新、创造力，引领着整个市场新的时尚潮流。

自行车部件制造商禧玛诺也有类似的成功故事。20世纪90年代，中国的大多数自行车都不带齿轮，而现在，情况发生了翻天覆地的变化，禧玛诺目前已经占领了中国自行车齿轮市场50%的份额。

其他要素品牌如美克邦、苦味分子及许多中国本土要素品牌都在实施类似的品牌战略。从电脑、手机到现代纺织品和家用电器，高科技产品的大量出现，让消费者的购买决策变得越来越难。为了有效处理他们所能获得的所有信息，有人可能会说他们需要借助于某个识别核心，这个核心可能是个知名品牌，它能向消费者传达产品的特点和优势，从而简化消费者的决策过程。这一核心对要素品牌——品牌中的品牌——尤其重要，它们让终端用户认识到了最终产品中所包含的原本不为其所知的成分。

早在20世纪60年代，少数公司已经成功实施了要素品牌战略，让广大消费者记住了其品牌标志（参见图1)。

图1　知名要素品牌的标志（版权所有）

现在，很多要素供应商都认识到了要素品牌的强大力量。世界各地各个行业的供应商都争相向终端用户宣传自己。英特尔、戈尔、拜耳、纽特和杜比实验室等公司所取得的成功显示了要素品牌的潜在优势，也向很多要素供应商表明他们可以借助新的营销策略实现更大的投资收益。目前，我们发现有的公司理智地选择了要素品牌理念，而有的却在盲目跟风，没有理解其真正内涵及相关原则；有的似乎取得了成功，有的却在痛苦挣扎。根据我们的研究和观察，我们知道要素品牌是一个复杂的品牌概念，涉及多层次营销。

要素品牌概念的一个最好例证就是全球最大的软饮料生产商可口可乐。其董事会主席兼首席执行官内维利·伊斯德尔在2005年就通过大力宣传其产品中的一个成分，即人造甜味剂，扩展了可口可乐公司的品牌战略。这种新产品叫健怡可乐，号称不含卡路里，且口味极佳，由阿斯巴甜和安赛蜜（均为甜味剂名称）等物质混合而成。有趣的是，在其营销宣传中这种甜味剂的品牌并没有被提及，其原因会在本书中进行具体阐述。这个以某一成分为中心的创新型营销战略为可口可乐开辟了一个新的时代，也标志着一个新的趋势，即根据产品成分对产品组进行重新定位。

如果你对要素品牌战略还不熟悉，本书将向你提供该领域专家的建议和指导，教你如何实施要素品牌战略。本书中介绍的一些概念和方法由美国（芝加哥）、德国（普福尔茨海姆）和中国（上海）的专家共同提出，涵盖了许多公司最新的研究结果和经验。在本书中，我们将介绍一些全新的案例，让读者了解该领域的最新研究进展。

本书的出版离不开很多学者和专家的帮助。首先，我们要感谢美国西北大学凯洛格商学院院长迪帕克·金（Dipak C. Jain）、中欧国际工商学院副院长兼教务长郭理默（Rolf Cremer）以及德国普福尔茨海姆大学鲁迪·库茨教授为我们提供了研究该课题的机会并给予了大力支持。同时，我们也要感谢很多同事在这五年当中对我们的支持和鼓励。

在撰写本书的过程中，我们和全球各地的学者进行了多次有意义的讨论，在这里，我们要特别感谢哈佛商学院的约翰·奎尔奇（John Quelch）教授、欧洲商学院的罗朗·马特米勒（Roland Mattmüller）教授、上海交通大学安泰经济与管理学院的李杰教授以及夏威夷大学的斯蒂芬·L·瓦尔格（Stephen L. Vargo）教授等人。此外，尤其需要感谢的是宾夕法尼亚州立大学 Smeal 商学院营销学教授兼 ISBM 执行董事拉尔夫·奥利维亚（Ralph Olivia）。他组织了多场与不同公司的研讨会，帮助我们在真实的商业环境中讨论我们的研究成果。目前他在积极倡导 B2B 及 B2B2C 营销及品牌战略的重要性，此前，他曾任职于德州仪器，参与过该公司 DLP* 要素品牌战略的早期部署工作。

另外，我们还要特别感谢拜耳材料科技公司的全球品牌经理于尔根·霍曼对我们的研究给予的大力支持。在他的帮助下，我们得以顺利在欧洲

---

* DLP，Digital Light Prcocessing，指数字光处理技术。——译者

和中国开展研究，拜耳中国公司的一些经理的参与让我们了解了在中国市场实施要素品牌战略所需的特定条件。在这里，我们尤其要感谢中欧国际工商学院 MBA 校友、拜耳（中国）公司的品牌经理 Jeffry Pi 以及 UVEX 公司的进出口总监马丁·戈兹（Martin Godetz），是你们让我们更好地认识到了在 OEM* 层面实施要素品牌战略的效果和面临的障碍，感谢你们多次抽时间与我们进行讨论。

我们也和美克邦公司的总裁兼首席执行官戴维·J·迈尔斯以及美克邦（德国）公司的前任总经理迈克尔·德姆勒（Michael Demmler）进行过多次讨论。这两位都是企业杰出领导者的典范，他们早在学术界深入了解要素品牌战略之前就认识到了该战略的强大力量并大胆地实施了这一理念。他们说服成百上千家企业在其针对终端用户的产品中加入相关要素（指抗菌防护），不但促进了这些公司的成功，而且创造了一些营销理念，为教学提供了一些研究案例。

再次，我们还要感谢位于苏格兰爱丁堡的麦克法伦史密斯有限公司 Bitrex 事业部的经理卡梅隆·史密斯，感谢他通过实施要素品牌理念防止儿童意外中毒。同时，我们也要感谢德国 Bitrex 代表弗洛里安·欣斯特（Florian Hingst），感谢他通过宣传 Bitrex 品牌而为保护儿童生命安全所作的贡献。

我们还要感谢一大批商学院的学生，尤其是中欧国际工商学院 2005、2006、2007、2008 及 2009 级 MBA 班的学员，以及撰写与该课题相关论文的学生。他们对我们的想法提出了挑战，也发现了很多新的应用。我们还要特别感谢研究助理克里斯琴·琳达（Christian Linder）、亨德里克·谢尔（Hendrik Scheel，普福尔茨海姆大学）和韩方（中欧国际工商学院），他们为本书的撰写及编辑提供了很大的帮助。同时，我们还要感谢为本书设计图表的萨布里娜·比丘霍夫（Sabrina Bitzenhofer）、允许我们使用其标志的各个公司以及负责本书编辑工作的马里恩·帕克（Marion Park）。

---

* OEM，Original Equipment Manufacturer，最终产品制造商，下同。——译者

在此，我们也许无法一一列出所有给本书提供过帮助的人，不过，我们要特别感谢中欧出版集团的所有员工，尤其是胡峙峰。

菲利普·科特勒

美国西北大学凯洛格管理学院国际营销学教授

美国伊利诺斯州埃文斯顿西北大学

瓦得马·弗沃德

德国普福尔茨海姆大学国际商学教授

中欧国际工商学院（上海）市场营销学副教授

2010 年秋

1. 为要素打造品牌

Ingredient Branding

在 B2C（business to customer，即企业对消费者的电子商务模式）行业，人们愿意多花钱买名牌早已是不争的事实。诸如奔驰、香奈尔和索尼之类的知名品牌，这些产品虽然价格不菲，却在消费者心目中有着独一无二的地位，无论这种影响力来源于其耐用的质量、精良的工艺还是对于身份的象征。

在消费品领域，人们早就认识到了强大而有吸引力的品牌的优势。不过，最近却出现了这样一个现象，即为那些构成最终成品的要素打品牌（参见图 2，要素品牌的完整列表请参见附录）。毕竟，最终成品是由各个要素组成的，那为何不推广并利用这些组成要素呢？

图 2　部分要素品牌的标志（版权所有）

如果应用得当，要素品牌策略可以让要素和成品生产商达到双赢。而这对于日益精明、对所购买产品的组成成分有质量要求的消费者来说无疑也是一件好事。如果消费者对所购买的产品非常满意，生产商的业务就会欣欣向荣，而这只会促使他们为消费者提供更好的产品来满足其需求……这样，就形成了一个良性循环。

通常意义上的品牌化可能已经达到饱和，甚至催生了“去品牌化”的浪潮。但要素品牌化的出现为人们认识品牌的力量提供了一个全新的维度。下面，让我们来详细了解一下要素品牌化吧。

1.1 什么是要素品牌战略?

在当前这个竞争激烈、全球化进程日益加快、消费者偏好已经定型的市场环境下，基件公司目前采取的市场推广措施有一定的局限性。随着消费者变得越来越成熟，向他们推销产品就越来越难了。不过，这也为接近消费者开辟了一些新的途径，给生产商提供了更多销售产品的机会。要素品牌化就是其中的一种途径。

很多研究表明，受过教育的消费者喜欢包含有品牌的要素的产品[1]，而且愿意为此多花钱[2]。例如，英特尔公司的成功就归功于其要素品牌战略[3]。不过，在上世纪80年代初，刚提出要素品牌这一概念时，英特尔就像是在赌博。当时，英特尔销售额仅5亿美元，却在接下来的三年中投入了1.1亿美元进行要素品牌推广，结果公司既深化了要素品牌这一理念，也促进了业务发展[4]。英特尔从其他推行过要素品牌理念的公司，如美国的纽特公司[5]和杜邦（特氟龙、英威达地毯、莱卡等），挖来了一批经验丰富的专业人士，很多业内人士认为英特尔的这一举措太冒险了，但事实证明它很有分寸。

现在，英特尔这一品牌已经家喻户晓，它主导了计算机处理器市场。2006年，英特尔调整了其品牌理念，开始了从要素品牌到主品牌的转变。然而，利用要素品牌策略推广产品并非易事。如果你的产品直接面向终端消费者，那你就能利用各种渠道；如果你的产品只是其他公司产品的某个成分或要素，那你和消费者之间的关系就只能依赖提供最终产品的公司[6]，而这个公司可能不愿帮你联系他们的客户。在这种情况下，要素品牌或许可以帮助增强供应商的力量，创造客户需求，从而提高销售额。在很多情况下，公司由于缺乏资源而无法推行要素品牌战略，其所需条件包括：

- 成分或要素必须高度差异化而且必须能够为客户创造可持续价值，

比如抗菌技术第一品牌美克邦或防水布料品牌戈尔特斯（Gore-Tex®）。

● 成分或要素对最终产品的性能起关键性作用，如高性能汽车中使用的布伦宝刹车或者高级比赛用自行车上使用的禧玛诺齿轮传动装置等。

● 下游公司也支持要素生产商在要素品牌化方面所做的努力，因为它已经为此做了巨大的投资。

● 最终产品本身追求很高的品牌价值，并能因此使其产品实现差异化，例如重型施工设备适用的珀金斯柴油发动机，美国3M公司的视觉丽反光材料和思高洁纺织用保护涂料。

● 最终产品非常复杂，由多个公司提供的部件组装而成，这些公司有时也独立销售其产品。这类要素或成分在汽车零部件市场非常常见，如Recaro汽车座椅。

不过，切记，这些条件并非一成不变，而是一直都在不断地演变，并且在过去几年中发生了很大变化。很多品牌，如抗菌技术领域的美克邦，Natureworks的环保塑料品牌英吉尔（Ingeo），美国嘉吉公司（Cargill）的纯天然降胆固醇食品品牌CoroWise，德州仪器（Texas Instruments）的DLP技术以及大东电报局系统（Cable and Wireless Systems）等，都已经把其品牌认知很好地传达给了消费者。

目前，推行要素品牌化理念的公司还有很多（完整的列表参见附录）。在本书中，我们将分析它们提供的产品及用于市场推广的各种方法，并将这两点结合起来，以便教给你一种清晰、简便的方法，帮助你实施自己的要素品牌化理念。

作为一个市场营销领域的概念，要素品牌化已经提出很久了，但直到最近才流行起来。早在20世纪上半叶，知名化工公司赫司特和巴斯夫就已经开始采用要素品牌策略向价值链[7]后端的消费者推销其染料（Indanthren）和合成剂（Hostalen）[8]了。在美国，20世纪60年代，杜邦公司针对其产品特氟龙（Teflon）也采取了相似的策略并获得了成功。不过，最能体现要素品牌化战略对销售的刺激作用的案例还是上世纪80年代初计算机微处理器制造商英特尔借助“Intel Inside”策略所取得的巨大成功。

无论对要素生产商还是最终成品制造商来说，要素品牌化都有优势。很多供应商都开始模仿英特尔推行自己的要素品牌化市场营销理念，以改变其产品无人知晓、很容易被替代的窘境。自要素品牌化概念问世以来，越来越多的公司都认识到了其独特的优势，同时也发现了如何成功地实施要素品牌策略。

1.2 一种新的品牌战略？

由于一家公司的价值有时在很大程度上取决于其品牌价值，因此品牌管理就显得至关重要。通过实施强有力的品牌管理，公司的业务就能更好地适应不断发展变化的市场竞争。而且，品牌管理的好坏也间接影响着公司的成败。英特尔借助其要素品牌战略崛起为全球最成功的公司之一的案例启发了很多公司，充分显示了要素品牌化的巨大潜力。

作为市场营销的核心，品牌策略至关重要，因为品牌代表了公司的业绩和其产品在消费者心目中的形象[9]。图 3 列出了被全球最大管理顾问公司

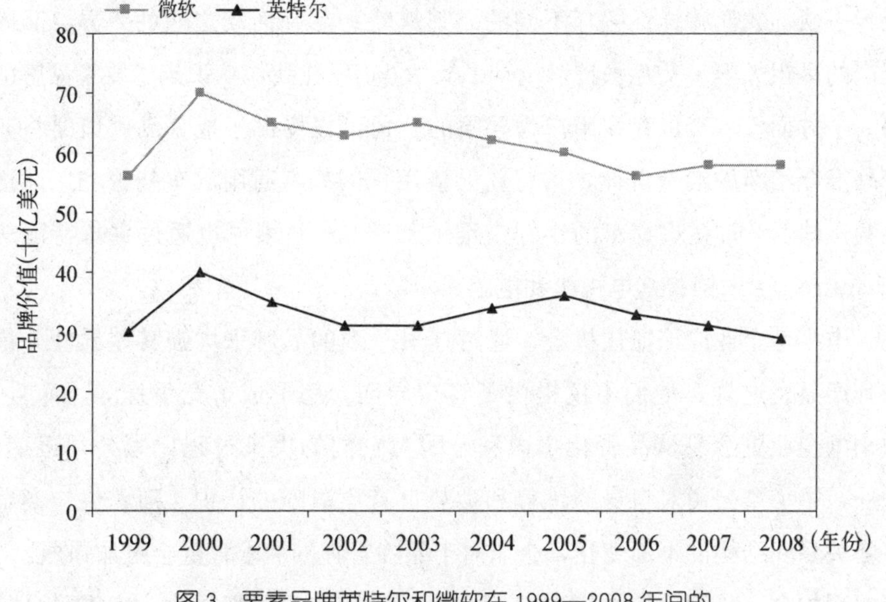

图 3 要素品牌英特尔和微软在 1999—2008 年间的品牌价值对比（由 Interbrand 提供）

英特品牌（Interbrand）评选为最具价值的两大要素品牌——英特尔和微软，并对它们在1999—2008年之间的品牌价值进行了对比。

两个公司都采用了要素品牌战略向终端用户和企业用户推销其产品。本书的第一个案例将描述并分析英特尔的成功之道，同时我们也将了解一下其他公司的品牌化理念。

当前，全球经济的规模和变化多端的局势迫使公司采取主动出击的营销方式，推行更加集中的品牌战略。这使得它们能够更迅速、灵活地应对瞬息万变的竞争环境，满足供应商和客户不断变化的需求。然而，还是有很多公司在要素品牌方面是一头雾水，不知道如何利用这一战略来推销其产品[10]。虽然近几十年来，各个行业一直在讨论工业品品牌化这一问题，而且这方面成功的范例也不计其数，但是工业产品的战略品牌理念还是未能引起足够的重视。直到最近，提出强化“要素品牌”这一概念之后，这些理念才逐渐引起人们的注意并成为针对工业品的品牌战略的一部分[11]。

本书主要介绍要素品牌的基本知识，成功案例以及如何在你的公司推行要素品牌理念。值得注意的是，不要将要素品牌与联合品牌或品牌延伸混为一谈，我们将详细解释不同的品牌战略和品牌活动之间的差异。品牌资产的鼻祖大卫·艾克教授（David A. Aaker）让我们认识到了要素品牌的另一个方面。一个以终端用户为导向的公司可以借助于成分品牌策略将其产品推介给新的消费群体，进行新的应用。例如，通用汽车就曾利用北极星赛车体验[12]向喜欢赛车的年轻人推销其产品[13]。索尼也通过宣传特丽珑（Trinitron）[14]来销售其电视机和电脑显示器。

中小型企业应该抓住机会，通过连贯一致的品牌来增强其差异性并推销其产品。这样，他们不仅提供了客户导向，还形成了竞争优势。而且，中小型企业更容易从品牌化中盈利，因为它们的决策过程比大公司迅速。此外，中小型公司对自身的优势和劣势也有更清晰的认识。随着供应商金字塔关系和结构的不断变化，企业对于品牌管理的需求肯定会更加强烈。

现如今，品牌已不再简单地等同于广告宣传。我们认为，广告只是外部交流的一个方面。光靠打广告已经无法保证品牌的成功。在执行战略性品牌策略时，一定要给消费者多重感官的品牌体验[15]。品牌管理对于许多广告公司来说确实是个很大的挑战，因为成功的品牌管理不光需要广告宣传，还需要设计/构图能力、管理能力以及使用各种相关营销工具的能力，如公司设计、展销会理念和多渠道管理等。

很多公司不光提供部件，还生产最终产品。比如，GE 既向终端消费者销售洗衣机和洗碗机，也向医院销售医疗设备，向航空公司销售飞机涡轮机。这表明对于一个特定的公司来说，要确定其品牌战略实属不易。参考公司的部门设置可能会有帮助，但不幸的是，公司很难获得这类数据。

大多数供应商似乎都想规避要素品牌战略所带来的成本和麻烦。不过，光靠传统营销工具，如产品改良和定价条件可能并不够，因为它们不具备显著的差异性，也不能保证公司取得成功。过去，供应商都把营销重点放在他们的直接客户身上，而这些客户很可能是另外一家公司的供应商。所以，终端用户，也就是传统意义上的消费者通常和产品生产商之间至少隔了两三个中间人，这就导致了要素供应商不为终端用户所知的情况。

要素品牌可以创造消费者需求（拉动效应）。如果一家公司能够展示最终产品中某一成分或要素的卓越性能，那么消费者在购买该产品时就很有可能要求其中包含这一成分或要素。他们甚至还会要求 OEM 厂商使用这一成分以到达他们对产品质量的期望[16]。

不使用要素品牌理念可能导致成分或要素很容易被替代，同时削弱消费者与要素供应商之间的直接联系。要素品牌的一大作用就是增强产品的差异性，使之区别于同类竞争产品。德国的汽车座椅供应商 Recaro 就是一个很好的例子。他们通过“配件市场”服务，以及赞助各种赛车比赛对消费者产生了很好的拉动效应，以至于迫使赛车生产商与 Recaro 进行合作。

除了增强产品的差异性之外，要素品牌还能帮助供应商平衡其与 OEM 之间的力量对比，降低狭隘、片面的消费者—供应商关系的局限性和风险。要素品牌如何能突破这些局限在美克邦身上得到了很好的诠释。他们为科勒、TOTO 和美标等浴缸制造商提供了一种新的差异化方式。此外，乐柏美厨具、德国 Dirt Devil 真空吸尘器和西班牙 Cosentino 厨房台面也都有意直接向终端消费者宣传美克邦品牌。

随着产品不断改良创新，附加服务越来越多，送货更加快捷可靠，而且价格越来越低，很多公司都在努力争取赢得消费者的青睐，但却常常徒劳无益。过去十年中，大多数供应商的平均利润率都没有增长，而要素品牌却有望带领这些企业走出这一困境。

1.3 你能从本书中学到什么？

在第一章的介绍之后，你将会在后面的章节中读到以下内容：

第二章主要介绍要素品牌的理论基础，找出了各种影响因素，介绍了B2B2C市场中营销的基本情况。此外，第二章还探讨了要素品牌给供应商及下游市场带来的风险和机会。我们将详细探讨单层次及多层级品牌战略，区分要素品牌发展的各个阶段。该章还将探讨品牌化原则以及要素品牌化的要求，分析联合品牌和要素品牌的区别，介绍“推—拉原则”，阐释概念思维的框架。在该章最后，我们还将介绍在不同行业推行要素品牌所需要的条件和要求。

在本书第三章中，我们将具体分析英特尔推行要素品牌策略的成功故事。虽然针对要素品牌这一概念及英特尔公司，已经有很多相关文章和书籍问世，但都没有对其品牌管理的影响进行过深入分析。在本章中，我们将就英特尔公司如何探索并提出要素品牌这一概念提供相关信息和见解。

第四章主要展示了如何在公司中实施要素品牌战略。在本章开始部分，我们强调了品牌概念的重要性，然后将重点转移到要素品牌及其战略选择，并就该战略的实施提供一些建议。

第五章将介绍不同行业的成功故事，包括汽车行业、纺织品行业、玻璃行业及食品行业中的一些实例，探讨它们对多层次品牌战略的适用性。这项分析对中型规模的供应商来说至关重要，可以帮助它们更好地理解公司的品牌活动，并为供应商提供可行的战略。

在第六章中，我们将详细探讨实施要素品牌的相关案例：

特氟龙：要素品牌战略基础

杜比：创新引导科技发展

利乐：从设备制造商到大众品牌

苦味分子（Bitrex）：完善营销网络

禧玛诺：隐性要素品牌

模克隆：高科技材料

数字光处理技术（DLP）：宠爱你的客户

肖特赛兰：成功的差异化战略

美克邦：说服客户，衡量价值

在第七章中，我们把所有例子和案例整合成了一个简单实用的“用户手册”，以方便想要使用要素品牌概念的经理人。此外，我们还探讨了要素品牌概念的前景，介绍了一种绩效衡量工具，以便读者评估要素品牌作为一种营销工具的有效性。

概 要

- 品牌化是一种实现差异化、创造可持续竞争优势的重要管理工具。
- 虽然要素品牌的概念由来已久，但直到近年来才因为英特尔等公司的成功而流行起来。
- 联合品牌和要素品牌并不是一个概念。
- 要素品牌已经成了一个非常强大的概念，尤其是对成分和要素生产商来说。
- 品牌宣传相对于单一的市场营销方法来得更加丰富有效。
- 品牌延伸是利用要素品牌的另一种方式。

2. 要素品牌战略基础

Ingredient Branding

要素品牌，作为一个被大众接受的营销概念[1]，直到20世纪80年代末才逐渐流行起来[2]。在经济全球化的背景下，公司不光要形成竞争优势，还要想方设法地维持自身的竞争优势，在自己所在的市场领域取得成功并为消费者提供标准，使其产品具有区别于同类竞争产品的差异性[3]。80年代初，由于材料或生产技术的局限，很多公司都把注意力集中在了有形资产上。而现在，情况发生了很大的转变，公司越来越重视品牌管理[4]和客户忠诚度等无形资产。现在，很多文章或书籍都认为品牌是公司最有价值的无形资产之一。

公司和组织逐渐开始接受能为消费者和公司创造价值的品牌化行为。随着品牌管理的确立，公司通过提升对理解和使用其产品至关重要的价值观来吸引并保留客户。树立品牌身份有助于公司在竞争日益激烈的市场环境中实现差异化。由于市场中不断有新公司加入竞争，现有的公司必须不断提升其品牌才能保住自身的竞争优势。

目前，很多出版物经常提到的品牌延伸和联合品牌[5]这两大战略，认为这些战略有利于使品牌潜力最大化。正如前文所说，要素品牌出现较晚，属于联合品牌的一个分支。在该领域进行的一些早期的研究表明，实施要素品牌战略对品牌本身及消费者对产品的认知[6]既有正面作用[7]，也有负面作用。

然而，最新研究结果显示，要素品牌有助于公司进行品牌管理，增加利润，同时能让产品为消费者创造附加价值[8]。如果消费者知道某个成分（要素）的功能、特点和好处，他/她就会对这个成分更加重视，而且，如果它很有特色，就能建立消费者的忠诚度，从而让公司盈利[9]。

这种方法避免了狭隘、片面的客户-供应商关系的局限性和危险[10]。传统的B2B营销活动的品牌战略只针对OEM价值链的下一个环节，但要素品牌可以克服这一点。英特尔公司的案例证明要素品牌对要素生产商和最终成品生产商都有利[11]。很多供应商开始模仿英特尔以改变其产品无人知晓、容易被替代的命运。

2.1 要素品牌战略的理论基础

无论在理论上还是实践中，要素品牌通常被定义为部件或其他工业品的标志或商标[12]。在下面对工业品的系统性分类方法中，将详细阐述哪些产品是要素品牌的潜在对象。根据这一方法，工业品可以分为资本货物和消费品。

一般来说，工业品可以成为要素品牌，具体取决于其功能和对终端用户的重要性。一些构成最终产品的材料和部件也是要素品牌的潜在对象[13]。比如原材料，像羊毛（例如 Woolmark）或加工过的材料或部件（自行车齿轮品牌禧玛诺，甜味剂品牌纽特或微纤维品牌戈尔特斯）[14]。个人消费品一般都是为了即刻满足人的某些需求，因此不太可能成为要素品牌的对象，例如食物、衣服、电视和私家车等。

除了为材料和部件打品牌，也可以为生产这种材料和部件的公司打品牌。在这种情况下，要素品牌就是公司品牌战略的一部分。要素品牌和公司品牌并非完全独立，因此有重合的可能，如麦克尼尔营养品公司，该公司通过在其产品上贴上“纽特”标志，既推广了产品所包含的要素，也为公司做了宣传。

不过，很多公司都为其产品选择了独立的品牌，让人很难将要素品牌和公司品牌关联起来。汽车行业的要素品牌是个例外，我们将在第五章中深入探讨这一问题。

要素品牌是针对材料、成分、零部件和服务等的战略品牌管理[15]。近年来，在品牌化方面的努力不断增加，不光涵盖了成分，也包括了成品零部件和服务。要素品牌化应用催生了一些更复杂的应用（参见图 4）。

为简便起见，本书使用的“成分”和“要素”含义相同。通过贴上单一成分零件或成分系统标签，要素供应商可以吸引终端用户和消费者的注意力，让他们了解最终产品中包含的要素品牌。虽然大多数要素供应商和

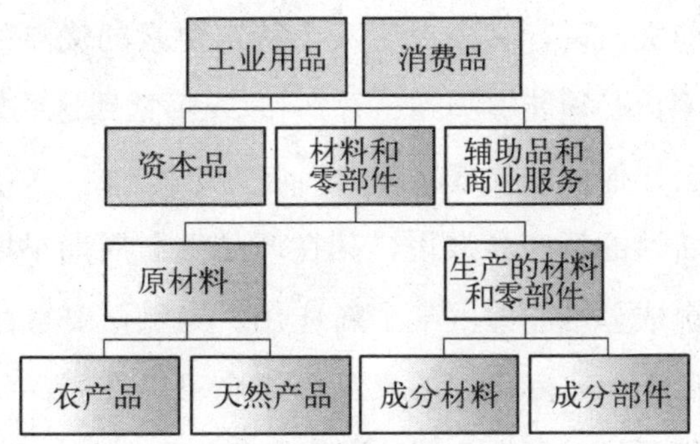

图 4 要素品牌的常见目标

其他初级产品生产商是最终成品的重要组成部分，但却一直不为人所知[16]。

通过实施多阶段（多层次）品牌策略，要素生产商努力争取获得重大的竞争优势。作为供应商，他们希望摆脱其产品被替代的命运，同时发展、加强并扩展其市场地位[17]。要素品牌战略也同样为成品生产商带来了机遇——通过使用品牌要素，成品生产商可以进一步提升其产品的价值。这种形式在营销术语中被称为“反向要素品牌战略”。如前文所述，英特尔公司是要素品牌领域的先驱之一，它把要素品牌定义为：“……向终端用户推广某品牌中包含的品牌……”[18]要素品牌的另一个定义主要关注要素的品牌价值的增加：“Pars pro toto”，即一个部件代表整个产品：在某些情况下，某产品中不为人知的要素变得比产品本身还要有名。因此，该要素就成了刺激消费者购买最终产品的诱因[19]。要素品牌战略更全面的定义如下：

要素品牌战略是针对某品牌（必要条件）材料、成分或零部件（原材料、成分材料或成分部件）的品牌策略，对不同的目标群体（充分条件）来说代表着品牌[20]。

有些作者认为，如果某个成分不能单独出售，就是要素品牌。但是经验却告诉我们，很多要素品牌都不符合这一条；相反，大多数要素品牌都单独销售其产品，尤其是汽车配件领域。

发展的不同阶段

通过对许多现有的要素品牌进行分析之后，我们理解了它们获得成功的可能性。正如前文所说，客户对于某个特定要素的优点的感知价值是最重要的因素，但客户必须能够听到、看到和/或感觉到这些好处。所以，卖方或生产商有机会让他们的要素品牌为大众所知。

对于具有创新性的新产品来说，其在产品生命周期早期的市场成功率最高。试想，某个成分可能催生某个新应用。当然，要素品牌也可以始于产品生命周期的后期。实际上，要素品牌概念可以在产品生命周期的任何时候推行，例如拜耳材料科技公司的模克隆品牌。该材料问世 50 年后，公司才开始为其打造品牌，而且效果非常出色。我们将在第六章中详细探讨这一案例。

通过观察要素品牌的经典成功案例，如英特尔、杜比、莱卡、戈尔特斯、CoroWise、Solae、Splenda®和纽特，我们可以发现他们都始于产品生命周期的早期。建立一个要素品牌涉及许多重要的因素，其在产品生命周期的具体位置只是其中的一个因素。要素品牌可能来去匆匆，因此了解要素品牌发展的战略含义至关重要。要素品牌的发展一般会经过四个阶段(参见表 1)，这四个阶段揭示了一个不知名的要素品牌要想建立其品牌资产必须经历的过程。

在第一阶段，作为其要素品牌战略的一部分，要素生产商与最终产品生产商达成了合作协议，其中一条就是同意为最终产品的组成要素贴上商标。通过这一举措，要素供应商希望借助最终产品已有的品牌为自己盈利。作为回报，要素供应商会给最终产品生产商一定的价格优惠或广告费用补贴。这一步骤通常被称为树立信用和善用知名品牌。因此，要素品牌通过利用最终产品的品牌声誉而盈利，并在此基础上逐渐树立自己的品牌。

在第二阶段，要素品牌实现了突破，走出了最终产品的框框。在这一阶段，应该持续向终端用户宣传要素品牌并与合作伙伴谨慎合作。

在第三阶段，要素品牌开始向最终产品生产商“还债”；此时，最终产品生产商开始通过要素品牌不断增加的品牌价值而盈利。在这一阶段，要素品牌和最终产品品牌同样重要。

在最后一个阶段，要素品牌的品牌价值最终超过了最终产品生产商的品牌价值。所以，要素品牌不再依靠最终产品的品牌，而是可以依靠自身的品牌直接进行销售。不仅如此，它还能在其产品所在的市场领域规定市场价格。

要素品牌的四阶段模型（参见表 1）主要表明，要素品牌的品牌价值最终会超过最终产品的品牌价值，因此需要严格监控。一般来说，两个品牌长期、平等的合作关系几乎不可行。陈述这一理论的危险在于很多最终产品生产商不愿与要素品牌进行合作，因为它们不想因此蒙受损失。

表 1　要素品牌战略的四个阶段

	阶　段	描　述
1	建立信誉 利用知名品牌	不知名品牌通过依附知名主品牌实现盈利
2	突破和占领市场	不知名品牌的知名度大大提升，甚至超过了主品牌
3	回报，协同	知名要素品牌支持其合作伙伴或其他使用其要素的生产商
4	菲耶斯科效应	知名要素品牌随处可见，已不再能提供差异性，并迫使最终产品生产商陷入价格大战

不过，品牌合作关系并不总以菲耶斯科效应（Fiesco-Effect）[21]告终。例如，英特尔处理器被超过 80%的电脑生产商使用。2006 年，该公司开始推行公司主品牌理念，将要素品牌保留在产品层面（如英特尔迅驰品牌）。和英特尔一样，微软也取得了同样的成功。不过，值得注意的是，除了品牌之外，还有很多其他因素也至关重要。

市场影响力较弱的公司必须采取预防措施，戈尔特斯就是一个很好的例子。在与其合作伙伴尝试过各种不同的品牌理念之后，他们为合作和联合品牌制定了一套独特的标准。现在，他们把合作伙伴局限在特定的应用（自行车、帆船运动等）、特定行业或地区。有了这些约束和地区限制，他们就能避免削弱合作伙伴差异化的可能性。

在定义要素品牌时，通常都会提到联合品牌和反向要素品牌（inverse ingredient branding）。这两个概念可以更好地解释和定义在供应商和最终产品生产商的合作过程中出现的营销合作。

与联合品牌的关系

品牌战略的概念，包括要素品牌和联合品牌，建立在信息整合（information integration）和态度可接近性（attitude accessibility）理论的基础之上[22]。信息整合理论描述了两个刺激源，或本书中的两个品牌结合在一起使消费者形成对某一产品的态度的过程。这些态度用于诠释和评估某些特定的品牌，并通过客户的购买行为得以体现。态度可接近性理论表明，品牌态度越显著，该态度就越有可能被用于创造消费者的诱发集合*。联合品牌战略中某品牌的正面属性可能使消费者将某一特定产品纳入其诱发集合并最终购买该产品。

在过去的15年中，大量研究表明，品牌可以帮助消费者联想到产品的重要优势。例如，某个品牌名称与产品的某个独特优势之间的关联可以帮助人们理解产品的定位，而品牌名称与产品类别之间的关联可以帮助人们认识其潜在的用途[23]。品牌名称的这种提示功能一直被用于假定人们如何创造诱发集合，评估其他选择以及就品牌延伸的恰当性做出决策[24]。

联合品牌是指两个品牌联合起来创造一个单一、独特的品牌。这种品牌间的联合既可以是长期的，也可以是短期的；既可以是把两个或多个品牌捆绑在一起，也可以是象征性地把两个品牌联合在一起。第一种战略是把主品牌与次品牌联合在一起以赋予其象征性的附加属性。第二种战略是把一种品牌的关键属性作为成分融入另一个品牌[25]。联合品牌的目的在于利用每个品牌，让产品获得更大的成功。消费者之前对这些品牌的体验可能会让他们对联合品牌的质量更加放心。

---

* 指存在于消费者心智中，特定产品类别的一个品牌集合。消费者在考虑选择商品过程中，某些品牌是被积极考虑的备选方案，这些品牌就组成了诱发集合。——译者

下面将介绍的电脑及内存条生产商英飞凌（Infineon）* 的例子表明，一方面，某些术语的确切定义和区别并不是企业日常工作中的优先事项，另一方面，要素品牌区别于其他合作营销形式的概念性差异还很难概括。在“联合品牌”的旗帜下，英飞凌要求其业务合作伙伴“在产品和/或其包装及用户手册上贴上英飞凌的商标以表明该产品含有英飞凌公司提供的半导体解决方案”[26]。

这可能会让人（错误地）觉得联合品牌和要素品牌其实是一回事。造成这一误解的原因在于，很多与营销相关的文献对要素品牌和联合品牌使用了相同的定义方法[27]。例如，根据联合品牌的一个定义解释，只要公司所属的某个品牌产品或服务带有另外一个品牌名称，即被视为联合品牌[28]。而且，著名品牌杂志 *Brandchannel* 的在线网络将联合品牌定义为“利用两个或多个品牌来支持某个新产品、某种服务或业务”[29]。不过，这些定义都过于宽泛，因为它们也可以用来阐述要素品牌。

我们认为，（品牌）分类在确定所涉及各方可能采取的行动方面至关重要。在每项联合品牌或要素品牌活动中，都至少涉及两个公司，因此其品牌战略就决定了使用这种方法的结果。如果所涉及的同类产品都含有这两个要素，且两个品牌想一起来推广其产品，我们就建议将其视为联合品牌战略。

关于这一点，宾利豪华车和百年灵手表** 的联合就是一个很好的例子。这两个品牌的共同点是相同的形象和相似的信息。两者的品牌结合有助于对方在保持其品牌独立性的同时强化自身品牌。两种产品的结合会有些繁复，如同一张银行借记卡附带信用卡一般。会员或俱乐部既可以使用维萨卡（VISA）也可以使用万事达卡（MasterCard），而且将两种产品合二为一。但是，如果这个产品不能单独出售，且/或是另一种产品的一个成分/要素，例如汽车里的音响系统，就应该采用要素品牌战略。我们将引用英

---

* 总部位于德国，为现代社会的三大科技挑战领域——高能效、连通性和安全性——提供半导体和系统解决方案。——译者

** Breitling watches，百年灵计时腕表，创立于 1884 年，以专业航空飞行腕表著名。——译者

特尔及微软和惠普合作的例子来说明这一点。

一些大生产商都有自己的产品品牌来提升最终产品的形象，如索尼的特丽珑（Trinitron）单枪三束彩色显像管、奥迪的 Quattro 四轮驱动系统、卡迪拉克的北极星发动机等等。这里，我们通过自有品牌来讨论要素品牌战略。

有趣的是，从对联合品牌和要素品牌的定义来看，这两种战略在某一点上重合了。某些最终产品或成分的品牌联盟可以同时归属于这两个战略。这两个定义之间的相关性正是这两个概念经常被视为同义词的最主要的原因之一。我们认为应该将这两个概念独立开来，但主张把要素品牌视为联合品牌的一种形式，其中，要素产品供应商主动接近终端消费者，并帮助最终产品品牌取得成功。这是一种长期的合作关系，不过可以很容易终止。图 5 显示了单一/多个产品/品牌组合的可能性。

	单品牌	多品牌
多个产品	单独品牌	联合品牌
单一产品	单品牌	要素品牌

图 5　单一/多个产品/品牌组合的可能性

反向要素品牌战略

反向要素品牌，类似于那种与营销相关的文献中经常提到的合作营销。它是要素品牌的另一种形式。最终产品生产商通过与其他一个或多个知名供应商/成分品牌合作推广最终产品，其市场地位将得以改善和巩固[30]。这意味着各个工业领域竞争非常激烈，生产的产品的性能和质量很难具有差异性。在这种情况下，要素品牌可能赋予最终产品生产商独特的差异性，使其区别于同类竞争对手。与要素品牌相反的是，反向要素品牌的主要动力来自最终产品生产商。

汽车行业有很多采用反向要素品牌战略的例子。在该行业中，最著名的成分品牌（component system）有博世、大陆、天合和德尔福面向全球推出的防抱死制动系统（ABS）及电子稳定性控制系统（ESP）。这些成分产品是消费者在作出购买决策时的一个决定性因素。

为了实施反向要素品牌策略，汽车制造商（OEM）开始通过使用知名要素供应商提供的高品质产品并在其汽车上粘贴成分品牌的商标来实现竞争优势，以此来提高消费者对其产品的需求[31]。不过，这里需要指出的是，某一特定市场上领先的 OEM 大都采用同一品牌或同一个制造商生产的成分产品，因此想通过反向要素品牌策略来实现产品差异化几乎不太可能。比如，在欧洲，汽车生产商大都使用博世和大陆集团提供的 ABS 及 ESP；在北美，天合和德尔福主宰了这一市场。

推式原则和拉式原则：要素品牌的基础

推式原则和拉式原则是要素品牌所依赖的基本市场原则[32]。拉式原则是指要素品牌生产商越过最终产品生产商直接向最终消费者营销其产品，其目的在于在零售层面创造消费者对该要素的需求，这样他们就能顺利将其产品打入分销渠道，迫使中间环节使用该要素[33]。

推式原则是指要素生产商将其营销精力集中在推销其产品上[34]。这种方法尤其适用于要素供应商市场地位较弱、消费者对其产品需求较低的情况。通过采用拉式原则战略，要素生产商跨越了一个或几个市场阶段以向最终消费者推销其产品[35]。

要素品牌战略会对拉式原则和推式原则都加以利用。通过采用推式原则，供应链的下一个环节将会购买这些产品，而同时采用拉式原则，将会产生需求压力，使要素生产商对于最终产品生产商来说变得不可替代。为了最有效地支持要素品牌，生产商应该将拉式原则与推式原则结合起来（如图 6 所示）。

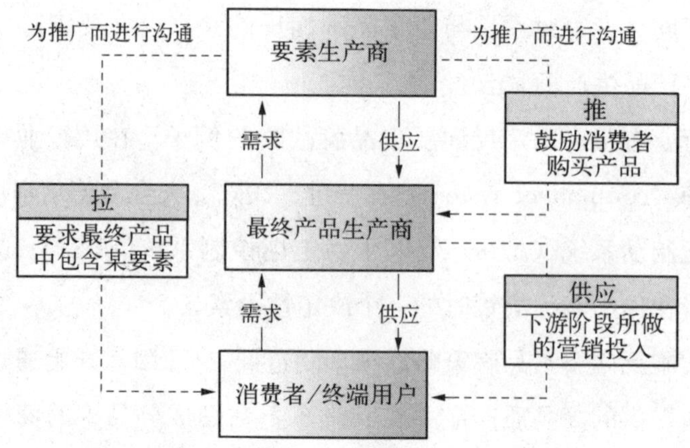

图 6　要素品牌战略的推式原则和拉式原则

拉式原则与推式原则的选择在很大程度上取决于各供应商所有的资源和产品。很多供应商不具备直接向终端消费者推销其产品的财力。而成分的性质、构成和可交换性也会阻碍拉式原则和推式原则的成功应用。

2.2　要素品牌原则

要素品牌是品牌联盟的一种特殊形式，以合作生产某产品为基础，尤其强调识别组成最终产品的成分的可能性[36]。当某个成分或服务被推销给终端用户时，要素品牌就出现了。这种推广可以从两个角度来看，即生产商角度和供应商角度。

这是一种先进的品牌理念，如果实施成功，对合作品牌都有利。但要素品牌背后的动机一般都是从主品牌的角度来看的，主品牌希望通过在最终产品中加入要素品牌来实现差异化。主品牌利用成分作为品牌延伸这一课题已经被广泛研究和记载过[37]。

在由生产商发起的要素品牌战略行动中，生产商通常会选择已经有很强品牌知名度的要素，并对其最终产品包含这一要素进行大力宣传以期向终端用户证明其产品拥有某些好的属性："生产要素产品的供应商也认识到了品牌的价值。"[38]

如果某成分产品或服务的供应商主动向终端用户推广该成分产品以建立其品牌知名度，就属于由供应商主导的要素品牌战略。供应商希望他们在建立品牌知名度方面的投资能够创造消费者对该成分产品的需求，这种由要素供应商主导的品牌战略就是本书所讨论的要素品牌战略。

在与品牌战略相关的研究文献中，要素品牌战略很少引起人们的关注。我们现在所要讨论的要素品牌和传统的要素品牌之间的区别在于战略背后的动机。传统要素品牌的动机以主品牌为中心，并通常延伸或调整主品牌的某一属性以提高消费者对品牌的评价[39]。而本书所讨论的要素品牌的动机以要素品牌或成分品牌为中心，它与最终产品生产商结成联盟以便为要素品牌建立品牌知名度，从而通过价值链产生拉动效应。消费者与生产商行为的差异就是区别两者的关键。消费者行为产生拉动效应，而生产商行为产生推式效应。推式效应和拉动效应是营销组合决策的一部分。支持推拉效应能增加合作的可能性，而将推拉结合起来能为营销组合带来协同效应。要素供应商为其客户即OEM提供要素或服务，因此，要素供应商与最终产品生产商（如汽车或电子产品）之间就形成了B2B关系。OEM生产的产品将被其客户，即终端用户所用。终端用户通过纯粹的B2C关系购买OEM的产品或服务。

根据这一原则，客户关系有两个独立的阶段：要素产品供应商与OEM以及OEM与终端用户。要素品牌战略将两个阶段联系了起来：步骤（2）在步骤（1）之后，步骤（3）即供应商告知终端用户最终产品中包含某一要素并因此说服终端用户选择这一产品。在步骤（4）中，终端用户因为想要某一要素而主动要求购买该产品。这是一个持续不断的推拉过程，如果处理得当，会有很高的成功率。图7中要素品牌战略模型阐明了这些过程。

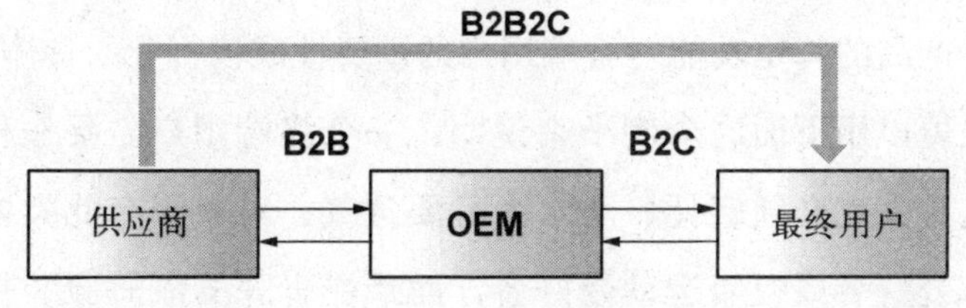

图7 要素品牌战略框架

即使是在消费者中拥有广泛知名度的公司也可以使用要素品牌战略来提升并保持自身的竞争地位[40]。图 8 展示了要素品牌可能经历的 4 个阶段。狮牌服装公司（Lion Apparel）为消防员提供的功能服装采用了品牌纤维和多层黏合布，以便为消防员提供良好的安全防护。杜邦和 3M 公司为供应商提供基础材料，其中包括知名供应商戈尔特斯。在这个和许多其他案例中，我们必须考虑到更多阶段：成分、模块、系统、与软件和服务的整合等。这就意味着所有上游市场都必须考虑到，包括终端用户。与多阶段品牌化不同，单阶段品牌化只针对价值链下一阶段的参与者推广其品牌[41]。

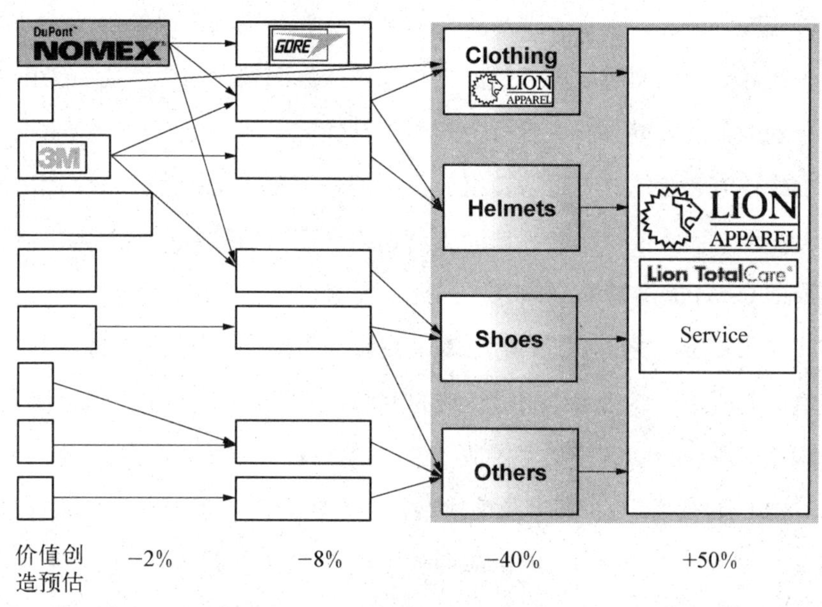

图 8　纺织行业的要素品牌示例

另外值得一提的一个方面是要素产品在价值链中的位置，由于多种因素，要素品牌战略既可以出现在价值链的早期，也可以出现在晚期，具体位置取决于产品的特定功能对终端用户的重要性或该行业的具体情况。

这一点可以用下面这个例子来说明：一个终端用户需要一种高性能户外夹克，这种夹克必须轻便、防水而且要透气。对衣服有此类要求的人通常是自行车爱好者或帆船运动爱好者，而最受青睐的航海服装销售商是美洲杯帆船赛[42]的赞助商 Murphey 和 NYE。

戈尔公司向系统供应商供货。他们生产填充物或夹克的一部分，也直接向夹克制造商供货或将最终产品供应给零售商以便终端用户购买。戈尔的例子证明了要素品牌在价值链中拥有五层关系的可能性（参见图 9）。因此，戈尔需要向价值链中的各方宣传其产品的高性能。

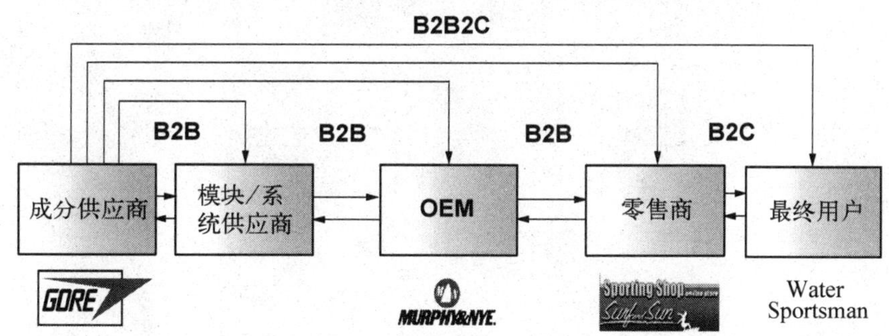

图 9　要素品牌的多个层次

单层次和多层次品牌战略

要素品牌战略是部件和/或要素制造商推行的多层次品牌战略的一种形式。这意味着所有下游市场包括终端消费者都被纳入了该要素的营销范围之中。与多层次品牌战略不同，单层次品牌战略只针对价值链的下一个阶段。为了避免混淆，特此指出，多层次品牌战略和多层次营销以及单层次品牌战略和单层次营销在营销相关的文献中含义基本相同。

如果对这些术语进行仔细分析的话，我们可以发现如下区别：品牌战略的概念只关注品牌本身及产品的品牌价值，而营销则包含所有可能的营销工具。依赖其品牌战略，公司可以遵循为提高销售额而制定的各种不同的目标。多层次品牌战略利用拉式原则创造消费者需求，这样一来，产品就被拉向分销渠道，迫使中间层使用该要素。单层次品牌战略则利用推式原则，希望通过消费者或分销商的要求创造一种拉式需求，以迫使最终成品生产商在产品中使用该要素或成分。图 10 展示了单层次和多层次品牌战略。

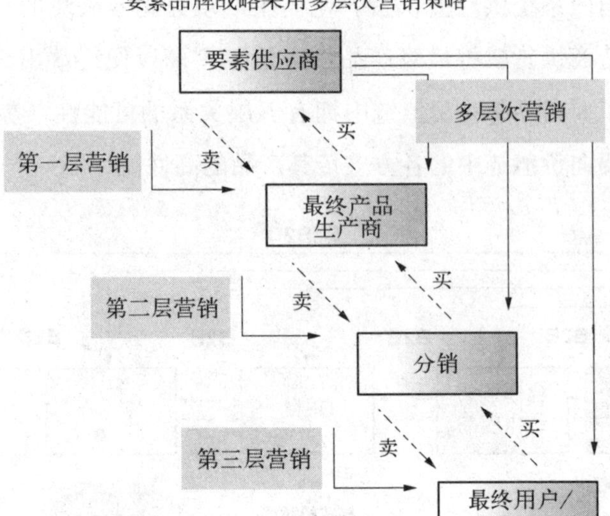

图 10　单层次和多层次品牌战略

2.3　要素品牌的要求

分工协作是影响当前经济的一个重要因素。正因为如此，大多数产品从最初生产到最终被消费都要经历很多不同的市场阶段，而且在此过程中，其价值在不断地增加[43]。要素生产商/供应商、初级产品需求者及终端用户都牵涉其中。

要素生产商提供的产品或服务通常只针对工业市场，这就意味着他们的产品在接触到终端消费者之前必须经历另一个市场或加工阶段。所以，对这种初级产品有需求的通常都不是个人消费者，而是企业消费者。企业消费者可分为私营企业、政府机构和公共机构。政府机构包括军队和警察，而公共机构则包括教堂、医院、中学、学院/大学等。它们的表现取决于要素生产商提供的产品和服务[44]。

私营企业通常可分为三大类：用户、OEM 和中间商。用户是指需要使用机器来提供其产品或服务的公司。OEM 则是将采购的材料、零件或要素整合到最终产品中。例如，在汽车行业，一部汽车的很多零部件，有时甚至是整条生产线都是外包生产的，因此，用户与OEM之间的主要区别在于OEM在将需求的产品交给价值链末端的用户时提升了其价值。有趣的是，初级产品生产商在生产其产品时也必须采购必要的原料，因此，与最终产品生产商不同，要素生产商可以既是供应商又是消费者。

计算机行业是OEM市场的一个典型例子。英特尔公司生产的微处理器是各品牌电脑的核心部件。不过，实际生产电脑的生产商却是电脑唯一的生产商，尽管电脑的很多部件都是由不同的供应商提供的。OEM市场的另一个例子是汽车行业。汽车生产商也必须依赖要素和其他初级产品供应商来生产其产品。

不过，通常这种组成要素在推广及销售汽车时并不会被提及，因为汽车生产商只想把自己的品牌与汽车联系在一起。除了OEM市场，要素生产商通常也会向零部件市场直接供货[45]。

最后一类，即中间商，通常指经销商、零售商及批发商。他们原封不动地将工业产品分销给用户、OEM及其他中间商，构成了价值链的最后一部分。虽然在此过程中他们为客户创造了附加值，却不是要素品牌战略的对象。

如前所述，企业在B2B市场上采购相关产品和服务，用于对自己的产品和服务的生产和分销过程中。B2B市场上销售的商品至少需要再经过一道后续的加工、改造或零售的程序，才能以修正后的形式呈现给私人用户[46]。

因此，要素生产商在推广其产品或服务时面临着与成品生产商完全不同的情况，因为成品生产商的营销对象主要是个体消费者。

要素生产商的营销活动通常只针对其他企业、政府机构和公共机构。这种要素生产商的单层次营销通常被称为工业品营销或B2B营销[47]。工业品营销的消费者类型详见图11。

要素品牌战略起先采用这种单层次B2B营销，然后扩展为多层次营销。因此，要实施要素品牌战略，要素生产商必须重组其现有的营销战略。

在实施要素品牌战略的过程中，营销不再只针对企业，也开始瞄准价值链后端的其他环节，包括价值链末端的终端消费者。这样一来，之前提到的拉动效应就实现了：消费者对包含某些要素的产品的需求量增加了。

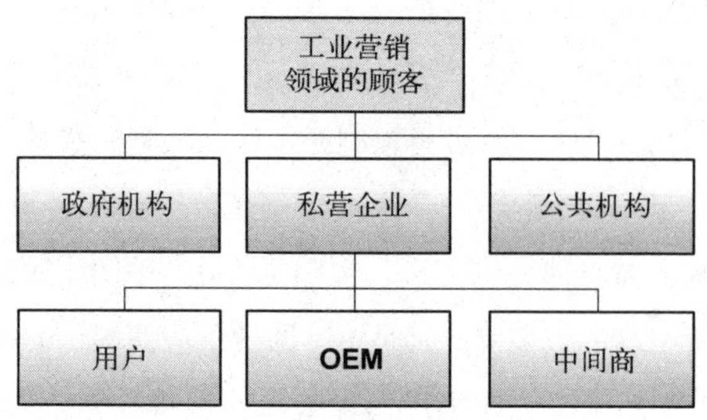

图 11　工业品营销领域的消费者

供应行业

B2B 市场中的供应关系与其他商业关系（商业类型）不同，因为供应商和消费者之间的关系非常看重业务关系的连续性以及产品性能的个性化。图 12 展示了一系列商业类型。

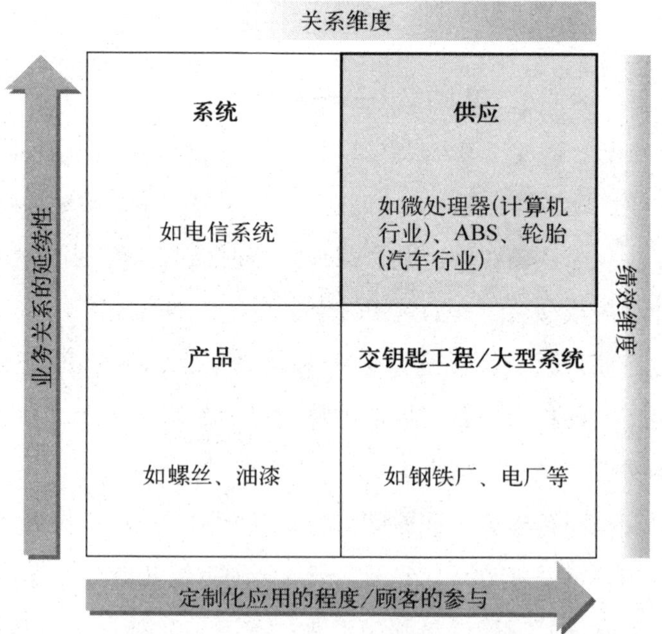

图 12　商业类型体系

在供应商行业，市场营销的中心是对业务关系的重视和维护，以便促使客户再次购买[48]。客户通常是最终成品制造商，利用供应商提供的产品和服务来制造自己的产品。因此供应商行业的一大特征就是供应商组织，他们组成买方联盟，进行大规模采购或销售。

这促进了供应商与组织客户之间长期的业务关系的发展。供应商和客户经常联合开发新的产品技术。汽车行业中供应商为客户提供定制化的服务就是一个很好的例子。这也意味着供应商和客户在产品的生命周期中被绑定在一起了。

通常，OEM 在市场上的影响力都大于供应商。由于该领域的激烈竞争，OEM 往往能够将其条件强加给要素产品制造商。对要素产品制造商而言，实施要素品牌战略所能带来的一大机遇就是打破 OEM 的主导地位。

采购流程/工业采购流程

工业采购流程在供应商行业也很重要，因此也会影响供应商的要素品牌战略。在确立要素品牌战略之前，要素产品生产厂家应该首先分析其客户的采购流程。另外，确定最终成品的口碑和形象能否帮助自己推广产品，这一点也尤为重要。

要想让最终成品生产商成为某个潜在要素品牌理想的业务伙伴，要素产品生产商必须在工业采购流程上克服几大障碍。与消费品领域的采购决策相比，供应行业的采购决策过程一般比较冗长，大多数决策都是在多项标准，如价格、特性/功能和服务等的基础上通过理性思考确定的[49]。

与产品或服务直接面向终端消费者的消费者市场不同，工业采购流程的特点在于其多层次性。任何工业采购的决策过程都很复杂，因此，需要组织内部很多不同部门的参与和投入，以及各个领域、各个级别的员工的共同努力，以确保筛选出最好的解决方案[50]。正因为如此，决策的过程可能会比较漫长。

采购中心

如前文所述，企业用户的采购流程与个体用户的购买模式有很多不同之处，造成如此差异的主要原因在于企业用户采购流程的复杂性[51]。根据具体情况，采购决策过程通常由若干参与者参与，组成所谓的采购中心[52]，其规模和构成情况因需要满足的需求而有很大不同[53]。

采购中心通常由几名人员组成，他们决定要购买哪些材料、要素和零件。这种采购中心最多可能包括来自组织内部各个级别、各个部门（如财务、生产、用户、采购、工程、外部咨询师和管理层等）的 20 位代表[54]。供应商的营销活动就主要针对采购中心。

然而在实际操作中，由于成本和时间的限制，要素生产商很难针对采购中心的各个代表，因此大多数推广活动都只针对一个或两个人。通常，决策者、购买者和用户是采购中心中最重要的对象[55]。

决策者通常是管理层，就产品或供应商做出最终决策。采购者要在正式采购前确定采购条款，并在采购决策确定之后与供应商商定最终的合同[56]。用户是指公司内部使用采购来的产品的员工。用户对采购决策的影响力取决于其所在部门的业务以及公司的企业文化。用户的能力越强，管理层对其意见就越重视。这三个对象的经验通常会决定采购的成败[57]。

要素品牌战略的成功不仅仅取决于正确的实施，还和该行业或公司的现状有关。为了确定这一战略，必须首先分析某些市场条件以便对最终结果进行预测。因此，了解所在行业的现状至关重要。

多年来，汽车行业一直不愿意让终端消费者了解其产品中使用的要素品牌。不过，现在，你可以在很多汽车中发现博世音响系统、布伦宝刹车或 Recaro 座椅。

电子行业在这方面的情况却与汽车行业有着显著不同。很多部件都能帮助提高最终产品的性能。即使在这个行业，要素产品制造商和成品制造商之间的力量对比也发生了变化，他们成了创新的驱动力和价格的制定者。其他行业都有其要素品牌战略的特殊条件。在这一方面，服装行业、电子消费品行业、化工行业及食品行业做得尤其成功。

如果分析一下上述行业中现有的知名品牌，你就会发现产品的性能对消费者来说至关重要。在某些行业，主导地位主要体现在应用、要素供应商或产品的功能性上，如布料行业的多层黏合布或计算机行业的微处理器。软饮料行业的情况也类似，产品的受欢迎程度取决于所使用的甜味剂。美国纽特公司生产的甜味剂称雄市场多年，直到一种通用的替代品问世。

在一些行业中，要素产品本身及要素供应商的地位并不重要。不过这种情况很容易改观，因为要素供应商已经逐渐发现了如何让终端消费者认识其品牌。即使你“拥有某个市场”，如占全球杏仁总产量75%的加州杏仁商会（Almond Board of California），也会有其他选择。杏树主要种植在加利福尼亚州北部的圣华金和萨克拉门托河谷。不久之前，加州杏仁商会发起了一项名为“Almonds are in”的推广活动。当顾客们开始要求购买“加利福尼亚杏仁”时，他们并不了解这对顾客忠诚度会造成什么影响，因此没有实施要素品牌战略。

竞争强度

竞争强度是另一个影响因素。在形成要素品牌理念的初期考虑这个问题有助于我们避免浪费精力和投资。如果一个行业竞争非常激烈，而且价格战远远凌驾于创新和质量改进之上，那么在这种情况下实施要素品牌战略将会是个非常冒险的举措。如果要素供应商所处的市场环境竞争相对较少，而需要该要素的成品生产商数量较多，那么在这种情况下就更适合实施要素品牌战略。要素品牌战略的竞争条件如图 13 所示。

要素品牌战略成功实施的一个主要条件就是能否使该要素对最终产品实现差异化。如果终端用户也认识到了这一点，并且其认知价值较高，那么成功的几率就很大。

另一个前提就是该要素相对于最终产品的复杂程度。如果该要素很复杂，且对最终产品的性能有很大影响，那么要素品牌战略就有了一个比较稳固的基础，参见图 14。

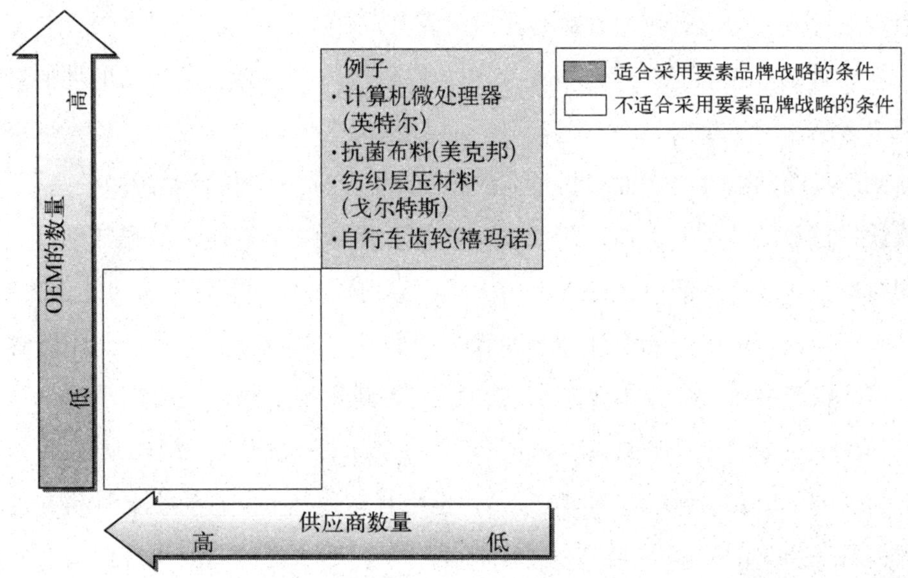

图 13　要素品牌的竞争条件

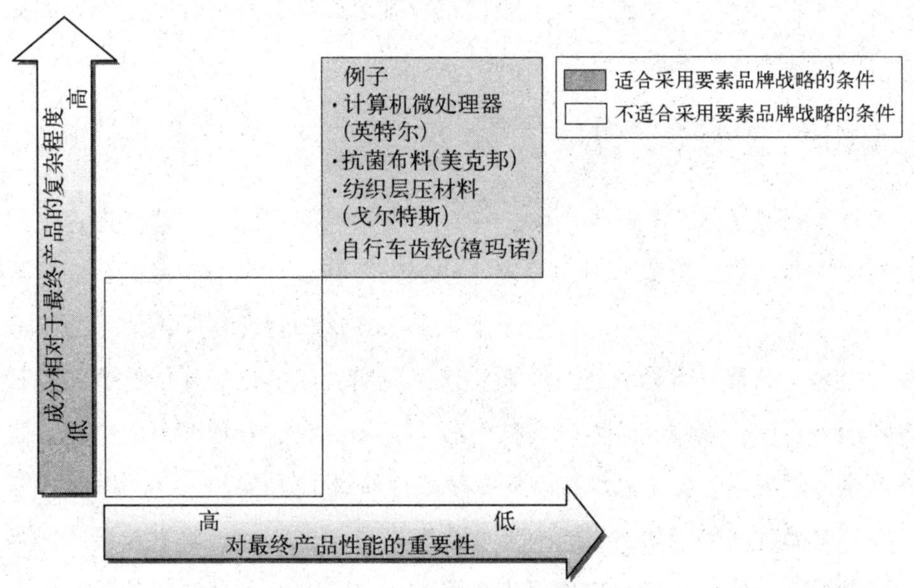

图 14　要素品牌战略的竞争条件

从对大多数要素品牌战略的分析中可以看出，在这一理念形成的萌芽期，市场上只有少数几家竞争对手。这种不充分竞争的局面和早期应用范围的狭窄性成就了要素生产商先发优势。随着客户对其产品特点的了解的深入，要素品牌战略的实施得到了极大的促进。理解这一点，是采取进一步行动的先决条件。

在成熟市场和现有产品类别中，其他因素对要素品牌战略也很重要。研究人员发现，要素供应商为最终产品生产商所做的努力是帮助要素品牌战略成功的一大促进因素。如果最终产品的品牌价值较低，那么要素品牌就能改善消费者对最终产品品牌的认知。例如在建筑行业，使用 Perkins 发动机或博世力乐士液压设备的建筑公司、建筑承包商、中国重型建筑设备厂商更容易获得消费者的认可。

类似的情况还会出现在二级市场，如汽车行业的配件市场。消费者会在某些零部件损坏时更换零件或更换质量/性能更好的零件。汽车中使用的 Recaro 坐椅（参见图 15）就是这方面的一个例子。

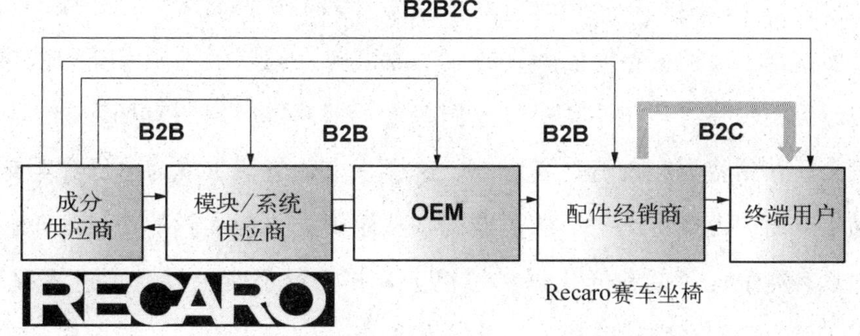

图 15　从配件市场销售到要素品牌

如前文所述，某个公司在特定时间点上的影响力会受到其所在行业的情况及竞争环境的影响。他们必须理解所处的环境和产品组。一旦有了更深的了解，再加上产品和品牌创新，情况就会有所改变。

当然，要素品牌战略也有不足之处，可能会让合作伙伴之间的关系变得比较复杂、紧张。例如，在汽车行业，只有少数要素产品公司得以让其品牌为终端消费者所知，或者得以让其品牌出现在汽车上。

在欧洲，这方面的例子包括 VDO 汽车机械电子产品、博世的电子零件、蓝宝（Blaupunkt）和贝克（Becker）汽车音响、Recaro 汽车座椅等。通常，这些供应商还供应其他汽车部件，但却无法让消费者了解到他们的这些产品。此外，还有很多其他供应商由于缺乏行业知名度而根本无法像上述要素品牌一样为消费者所知。

随着系统和模块供应商技术的不断进步和创新，他们逐渐增强了其在行业内的地位，而且由于他们在营销推广方面所做的投入越来越大，消费者也逐渐认识到了要素品牌的价值，并开始要求在产品中包含某些特定的要素品牌。因此，系统和模块对最终产品的影响越来越大。供应商在品牌战略和最终客户联系方面面临着挑战。

要素品牌战略让客户了解到要素品牌可以为他们带来哪些额外的好处。根据我们在2004年做过的一个初步分析，我们发现终端消费者也赞同这一理念：三分之一的购买者都会根据汽车使用的零部件品牌来决定购买哪种品牌的汽车[58]。对他们来说，好的要素品牌就意味着安全、舒适和超高的性价比。

英特尔在实施要素品牌战略五年后品尝到了胜利的滋味，并在第二个五年后占据了市场主导地位。它的成功故事向人们展示了要素品牌战略的威力。英特尔明白其在计算机行业作为电子部件供应商的市场定位，并抓住机会让其品牌为广大消费者所知。这样一来，英特尔就为自己在与最终产品生产商的力量对比中增加了砝码，从而确立更为优越的市场地位。他们为具有竞争优势的差异化提供了机会，并为竞争对手设立了进入壁垒。事实表明，要素品牌战略提升了客户忠诚度，创造了拉动效应，并让其产品变得不可替代。对其合作伙伴来说，英特尔为最终产品品牌树立了良好的品牌形象，并在产品生命周期的早期实现了价量效应，尤其是在技术领域。通过其努力，英特尔创造了可以与消费品品牌相媲美的品牌资产[59]。

2.4 收益和风险

尽管存在风险，但英特尔的“intel inside”战略*证明要素品牌可以帮

---

* 1991年，英特尔通过引入带有“intel inside”口号的标志来象征其在个人电脑和计算机技术领域成为“关键要素”。这一新的标志战略取得了巨大的成功。——译者

助供应商取得成功[60]：

- 利用最终产品的正面形象
- 提高在终端消费者中的知名度
- 在其所在行业设立进入壁垒
- 提升客户忠诚度
- 为其产品定更高的价格
- 增加其品牌价值

创建品牌价值需要经历一个漫长的学习过程。因此，竞争对手要想赶上并创造自己的品牌也需要很长时间。

而与此相对的是，品牌形象可以在顷刻间被毁。麋鹿测试*就是一个很好的例证。奔驰小型 A 级轿车在新车发布测试中意外翻车，这次事故给奔驰品牌造成了巨大的灾难，经过很长一段时间后才恢复。类似地，当新闻曝光宝洁旗下的 Olean 牌食用脂肪替代品具有导致肠胃问题的隐患时，品客（*Pringles*）——使用 Olean 成分的一种产品——其品牌也深受其害。其他与要素品牌相关的风险还包括[61]：

- 要素品牌的弱点可能会影响主品牌的形象
- 主品牌可能会丧失其客户基础
- 如果主品牌与要素品牌之间没有独家合作协议，那么主品牌就没有可持续的竞争优势
- 主品牌可能模仿要素品牌并最终成为其竞争对手

基本感知质量和对合作品牌的态度可能会影响要素品牌战略的最终结果以及主品牌公司对要素品牌的选择。

尽管如此，要素供应商还是有很多机遇。近年来，在食品行业，以大豆为原料的产品以及代糖类产品在市场上大行其道。一些保健产品中的某些成分在消费者心目中的地位越来越重要：Nanotex，Ingeo，CoroWise，Z-

---

* 麋鹿测试是国际上衡量车辆安全性的重要标准。其检验的是车辆回避障碍的能力。——译者

trim，Amicor，等等。这种要素产品生产公司很多都是中小型企业，并都在想方设法实现差异化。而要素品牌为它们提供了契机，让它们有机会[62]：

- 为大众所知
- 实现有竞争优势的差异化
- 为竞争对手设立进入壁垒
- 提升客户忠诚度
- 创造需求压力
- 避免被替代
- 为主品牌树立一个正面的形象
- 提高价格/销量
- 创造拉动效应
- 增强其相对于 OEM 的市场力量

这些都是带来的机遇，但同时也会面临很多挑战，其中对要素供应商来说最大的挑战就是：

- 其品牌形象更加依赖最终产品的质量
- 高成本和时间管理
- 提高了对质量保证的要求
- 成为竞争对手攻击的目标
- 可能会受最终产品生产商的负面形象的影响
- 工业客户的强烈抵制

所以，对要素供应商来说，实施要素品牌战略的风险很大，但同时收益也很高。

正如我们在计算机行业中看到的，要素品牌战略潜在的拉动效应可能会改变整个行业。在汽车行业，专业部件供应商，如布伦宝刹车或 ZF 齿轮箱都在为提升其知名度进行大规模投资。德州仪器对其 NASCAR 系列中的 DLP 品牌进行投资，以便创造拉动效应。据目前的发展情况来看，这可能并不是最好的策略。不过，要实施要素品牌战略光靠这些部件供应商是不够的，他们需要最终产品生产商或价值链中其他参与者的支持，如增值分销商（value added reseller），他们利用成分部件为市场提供某些系统或产品模块。另外一个例子就是向大客户销售辅助动力系统的 Kohler Industrial Division。Kohler 所有的柴油发动机产品都购自康明斯（全球最大的独立发动机制造商）；他们也可以购买道依茨发动机（Deutz engine）。最终产品生产商或 VAR 能创造很多收益，如：

- 巩固其正面形象
- 能够区别于其他竞争对手
- 降低营销成本
- 增加产品价值

不过，这些收益都需要付出一定的代价，即风险和潜在冲突。在很多情况下，这是关乎对未来前景判断和理解的问题。

在原戴姆勒克莱斯勒公司的蔡澈博士（Dr. Dieter Zetsche）执掌克莱斯勒期间，他有效地避免了克莱斯勒的品牌淡化趋势。在他离任（克莱斯勒从戴姆勒克莱斯勒分拆出来）以后，其高性能车型，如 200 CSR T8，都采用了布伦宝制动系统。路虎和许多其他汽车制造商纷纷效仿，使得布伦宝成为全球最受尊重的刹车系统制造商。目前，其他一些竞争对手，如博世，也被迫采取行动以提高其在最终用户中的声誉。

托森公司就是一个有趣的例子。该公司颇具实施要素品牌的潜力，却因为经常易主而错失良机。丰田卡车只把托森品牌的标签贴在越野车上。托森为众多越野车型提供制动系统，如以 Quattro 的品牌为奥迪服务，以 Syncro 的品牌为大众服务。该公司还服务于通用的悍马、马自达、福特、宝马、雷克萨斯等品牌，但本身并没有什么品牌知名度。

概　要

- 在 B2B 领域建立品牌不同于针对大众建立品牌。工业品牌战略的作用和机制必须比消费者市场中的更为专注。
- 以要素品牌作为主品牌的品牌延伸理念，只是利用要素品牌影响力

的一种方法。

- 供应商的要素品牌化理念为要素品牌提供了一条让最终用户建立认同的途径。

- 当要素品牌的功能特性能为最终用户带来附加的使用价值和消费愉悦时，他们就会接受这一要素品牌。

- 近年来，企业的品牌化努力不断增加，在许多行业中创造出了大量的要素品牌（见第五章及附录）。

- Intel Inside 战略是要素品牌理念的一次成功应用，使很多公司认识到了要素品牌这一理念，但对多数公司来说这种成功难以复制。

- 品牌间的合作可以通过许多合作品牌策略的方法得以实现，要素品牌只是其中之一。

- 消费品牌公司也可以创造属于自己的要素品牌，来向消费者宣传其产品中的高级原料（反向要素品牌战略）。

- 理解推拉原则对建立要素品牌的基础至关重要。

- 要素品牌的框架为品牌战略的开发和实施打下了概念上的基础，但它还需要对消费产品品牌的理念有一个多层次的理解。

- 消费品牌（如凯迪拉克的北极星发动机，奥迪的四驱系统 Quattro）也可以使用要素品牌策略，并结合推拉原则，来提升自身的品牌知名度。

理解 B2B 和 B2C 这两个市场环境，是使要素品牌战略概念化的必要条件。利用二级市场（如汽车配件市场）也可以为零部件供应商赢得消费者的关注。

3. Intel Inside——要素品牌成功故事

Ingredient Branding

2008 年，也就是在计算机芯片的基本构成元件晶体管问世 60 余年后，英特尔成为计算机 CPU 领域首屈一指的供应商，引领了电子行业的变革，也颠覆了人们对要素营销理念的认识。2006 年 1 月，在推出“内置英特尔”（intel inside）标志 37 年后，英特尔再次改变了其品牌战略——希望成为最终成品制造商，并在 2020 年使收入达到 1 000 亿美元（2007 年收入为 400 亿美元）。

这项战略转型和品牌重新定位是由英特尔新任首席执行官保罗·欧德宁（Paul S. Otellini）提出的，并于 2006 年 1 月 3 日正式对外宣布。英特尔的创始人安德鲁·格鲁夫（Andrew S. Grove）对此举表示认同，同意英特尔从要素品牌向主品牌的转变。英特尔不再只专注于微处理器，而是将其重心扩展到了最终产品，包括电子消费品、无线通信、自动化和医疗保健等。英特尔除了生产计算机芯片，还研发其他芯片及软件，并将其整合成金炳国（Eric Kim）* 所说的“平台”[1]。

他们不光提供电信接线总机的硅片，还供应单板机、平台，包括所有附件。英特尔可以提供电信公司需要的所有产品和工具以便让这项工作更加简便。他们没打算夺走其当前客户的生意，但由于其提供了很多附加值，总有一天他们会取而代之。

针对这种产品，英特尔需要制定另一种品牌战略。其著名的“下沉的 e”（“dropped e”）标志必须更新换代，“内置英特尔”（intel inside）理念也必须改变。直到那时，很少有人注意到新买的电脑上已经不再显示“intel inside”标志，取而代之的是英特尔的新标志，并将其产品命名为 Inside™。从开发英特尔迅驰移动技术平台起，英特尔就开始推行这一重大转变了。

---

* 金炳国 2004 年加盟英特尔，任首席营销官。以前曾担任三星执行副总裁。他于 2010 年 6 月离职。——译者

2005 年，公司围绕该平台模型进行了重组，并将其注意力集中在了四个主要的细分市场：手机、数字家庭、企业和医疗保健[2]。

“内置英特尔”战略于 1991 年推出，成就了电脑要素生产商与消费者的首次直接沟通。“内置英特尔”活动也是全球最大的合作营销活动之一，受到了成千上万个获许使用“内置英特尔”标志的计算机制造商的支持。根据多项排名显示，英特尔是全球十大最著名的品牌之一，与可口可乐®、迪斯尼®和麦当劳®齐名[3]。其新的品牌架构有三层（参见图 16）。

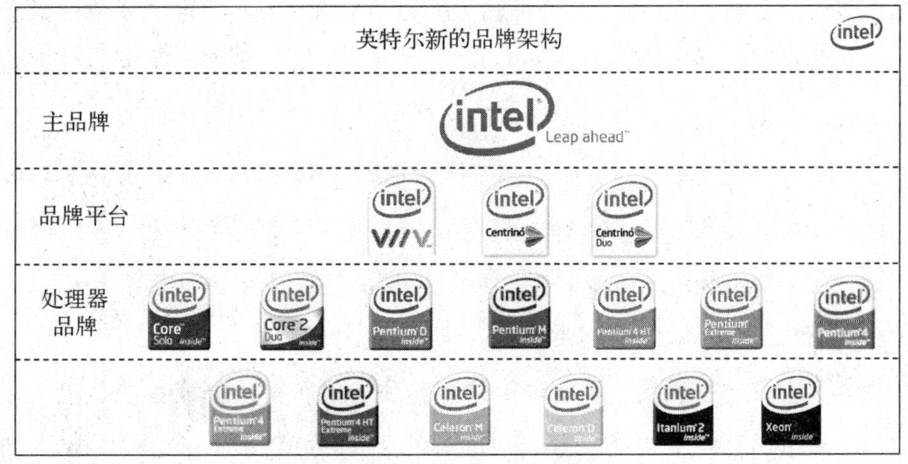

图 16　英特尔新的品牌架构

此外，英特尔在硅创新领域也是全球引领者。1968 年，三位工程师共同创建了英特尔公司，开始研发多晶硅存储器芯片并很快引起了电子行业的变革。1981 年，英特尔迎来了其发展过程中的一次重大机遇：IBM 选定了英特尔 8088 作为其计算机的芯片，并将英特尔排在了芯片制造商列表的第一位[4]。自 20 世纪 70 年代后期个人电脑开始蓬勃发展起，计算机经销商和软件开发商一直都是市场宣传的主力军。在那段时期，英特尔处理器所引领的技术革新使计算机从基本的生产和商务管理工具转变为一种全新的信息、娱乐和教育工具，同时也是一种被广泛应用的商务工具。

英特尔处理器使计算机性能大大提高，从而让系统运行得更加顺畅、高效、可靠。但要想把这一信息传达给终端消费者，英特尔必须依赖电脑生产商，而电脑生产商并不乐意这么做，因此，英特尔的知名度很低，终端消费者对计算机中的处理器及处理器制造商知之甚少，就像他们不了解汽车所使用的引擎一样。实际上，计算机用户通常都不知道有哪些高级的处理器，也不清楚摩尔定律*所揭示的性价比的不断改善[5]。英特尔认为人们应该了解他们所使用的计算机的处理器及生产处理器的公司。

英特尔市场经理丹尼斯·卡特（Dennis Carter）组建了一个小团队并史无前例地发起了一场针对为公司采购电脑的 IT 经理推销 386SK 处理器的营销战役。早在 1989 年，卡特说服了时任英特尔 CEO 的格鲁夫准许他进行一次营销实验。当时，格鲁夫告诉他："这有 500 万美元，先花 1/10，如果有成效，剩下的钱就由你支配。"[6]

卡特和其他三个人，其中包括安·路尼斯（Ann Lewnes），开始进行市场调研。调研结果证实了卡特的猜测：大多数电脑购买者认为 286 已经够用了，没必要升级到 386 处理器。而且，调研还发现很多计算机购买者都担心他们在用 286 时使用的软件无法与 386 芯片兼容。

为了改变这些观点，卡特和他的团队决定进行一次低成本的试验：在一个单一市场上使用展台广告。他们先在丹佛的广告板上展现一个巨大的 286，用一个圆圈围住。几周后，他们在 286 这几个数字上画上了大大的红色╳，又过了几周，他们又增加了一台 386，同样用一个圆圈围住，并使 386 与划掉的 286 比肩而立。这个广告告诉人们现在 386 与 286 价格一样，但 386 却有更多优势。与此同时，他们趁热打铁举行了一次公关活动。虽然很多人不太明白英特尔所谓的红叉活动（Red ╳），但 CIO 及 IT 经理们显然都接收到了英特尔想要传达的信息。386 处理器的销售员们立即在丹佛展开行动。随后的市场调研表明，消费者们确实因为这次持续六周的宣传活动改变了他们的购买计划。286╳活动的标志和英特尔"下沉的 e"标志参见图 17。

---

* 摩尔定律是由英特尔创始人之一的戈登·摩尔提出的。其解释为：每一美元所能买到的电脑性能，将每隔 18 个月翻两倍以上。这一定律揭示了信息技术进步的速度。——译者

图 17 英特尔 286 X 活动及英特尔“下沉的 e”标志

基于试验的成功，卡特（最终成为英特尔市场部负责人）拿出了那 500 万美元的剩余部分，用于将此次推广活动扩展到十个城市。当时，英特尔内部很多经理对公司直接向消费者进行推广活动的做法持严重怀疑态度。有的担心红叉所传达的信息是否合适，有的对其涂鸦式的风格不以为然。不过，正如卡特所说，“幸运的是，我们的红叉活动成功了——不光在丹佛如此，在其他城市也都成功了。试验完成后，公司上下都有些兴奋，因为这项策略奏效了。”

IT 决策者了解了新型 386SX 之后很快就选择了它。不过，386 也遭遇了一些挑战，如法律方面的事务。20 世纪 80 年代末，英特尔认为 386、486 处理器都是受法律保护的商标，其他公司不得使用。然而法庭却判定它们不是商标，这样一来，竞争对手们就可以随心所欲地使用它们。此时，对英特尔来说，一场新的营销战役是时候打响了。

为了将新处理器的优点有效地传达给计算机购买者，英特尔应该将处理器的数字代码替换为公司名称，以提升公司的知名度。英特尔在前沿技术的研发、保证产品的性能和可靠性方面进行了大量的投资。这一点必须通过一个强大的品牌传达给消费者，以便将英特尔与同类竞争公司区别开来。对半导体公司来说，直接向终端消费者进行市场推广的确比较新鲜。虽然英特尔受到了众多电脑生产商的广泛认可，且其处理器是电脑的“核心”，但该品牌在终端消费者中却鲜为人知。媒体对此提出了疑问，不知道一个纯技术公司能否与宝洁、通用汽车和麦当劳等公司齐名。就连英特尔公司内部的很多人都认为该计划有点“赶鸭子上架”的感觉。

第二点就是，虽然处理器是电脑的关键部件，但它仅仅只是一个组成部件而已。因此，为了有效地向电脑购买者推广该部件，最好和电脑生产商合作。毕竟，处理器是嵌在电脑内部的，虽然它很重要，但在购买电脑之前很难判断使用的是哪种处理器。卡特和他的团队学习了一些成功的营销技巧，借鉴了某些知名要素供应商，如纽特™，特氟龙™和杜比™所采用的策略。他们也着手进行了各种营销试验，并设想了一个品牌要素的发展前景。

这项战略的关键在于树立消费者对英特尔品牌的信心，告诉他们购买行业领先公司的处理器的价值。根据广告公司的建议，英特尔采用了新的广告语："英特尔：电脑的内核。"这条广告语明确了处理器的重要作用，同时将英特尔与"安全"、"领先的技术"和"可靠性"联系在一起，这样一来，消费者很可能对英特尔信心倍增。这也会为使用英特尔处理器的电脑创造一种拉动效应。这条广告语的最终版本为"内置英特尔"。

处理器的重要性已经传达给了消费者，不过，要想真正有效，还必须针对其要素身份下工夫。1991 年，卡特发起了"内置英特尔"合作营销计划。该计划的核心就是以奖励为基础的合作广告模式。英特尔将从处理器采购价格中抽出一定比例用作广告基金，以分担电脑生产商的广告（包括英特尔的标志）费用。该计划的好处显而易见：增加英特尔的标志不光能最大限度地利用电脑生产商所花的广告费用，还能告诉消费者他们的系统采用了最前沿的技术。该计划于 1991 年 7 月实施，到当年年底，有 300 家电脑生产商与英特尔签订了协议，支持该计划。

在电脑生产商计划正式推出之后，英特尔又发起了一项全球平面广告计划，以向消费者解释英特尔标志的内涵。1992 年年初，由乔治·卢卡斯（George Lucas）创办的工业光魔公司（Industrial Light Magic）制作的英特尔电视广告首次亮相，广告强调了英特尔处理器的速度、性能和合理的价格。广告使用了先进的特效技术，在宣传英特尔新型 i486™处理器之前先带领观众进行了一次计算机之旅——进入计算机内部了解其构造。1991 年英特尔为 DSW 支付的广告费用约为 1 480 万美元[7]。英特尔于 1990 年开始与 DSW 合作。之前，英特尔与旧金山的 Chiat Day Mojo 合作了 9 年，随后花了9个月时间寻找新的广告合作商。在过渡时期，英特尔的广告业务约为1 000万美元。

1996年3月，英特尔宣布将其全球1亿美元的广告业务交给总部设在巴黎的Euro RSCG[8]，这家公司最近成了DSW的大股东[9]。Euro RSCG将向全球提供客户管理和针对消费者的广告咨询服务。位于东京的Dentu依然是英特尔在日本的合作伙伴，业务量约为3 000万美元[10]。Euro RSCG将接管欧洲和拉美的业务，其位于香港的子公司Ball Partnership Ltd.依然是英特尔在亚太地区的业务合作伙伴。英特尔全球广告业务总监安·路易斯解释道：

> DSW一直是推进我们品牌化进程的一股强大的力量，我们很高兴能够将其保留。阳狮集团（Publicis Group）也是我们在欧洲不可多得的业务合作伙伴。不过，英特尔业务的全球化要求我们不得不采取全球化的发展战略，而我们现在正好有机会制定统一的全球战略[11]。

电视广告在向消费者宣传"内置英特尔"计划时非常有效。除了色彩缤纷的广告之外，英特尔还加入了一段三秒长的音乐动画，在播放旋律的同时，展示英特尔的标志。这个创意始于1995年，现在已经家喻户晓，为英特尔品牌在广大消费者心目中树立了良好的形象。

从消费者心理占有率的角度来看，随着奔腾微处理器Pentium® Pro（1994）的高调发布，英特尔在市场方面的投资已经初显成效。广告效果非常出色，卡特这样评论道：

> 我觉得"内置英特尔"计划的实施在行业内催生了更多的广告，而这又帮助提高了人们对电脑的需求。如果你认为广告有效，那么更多的人就会因为"内置英特尔"计划认识到电脑的好处。

英特尔为品牌建设投入了大量资源。1993年初，英特尔推出了一款洋溢着学生气息的运动装，衣服上印有类似于电脑芯片的几何图案，同时打出了外置英特尔（intel outside）口号。据估计，在1994年第二季度，英特尔为推广奔腾微处理器花费了1 500多万美元。“内置英特尔”计划实施仅3年就花费了3亿多美元。而为了推广奔腾系列，英特尔的预算为1.5亿美元，是之前任意一款产品推广预算的3倍。业内人士认为，将近一半的预算都花在了在欧洲和美国投放的电视广告上[12]。

20世纪90年代，人们普遍认为该计划取得了成功。英特尔创新的营销理念帮助人们更好地认识了电脑，刺激了消费者的消费需求，同时电脑的价格也在不断下降。这就使电脑变得越来越普及，成为商业、娱乐和教育的日常工具。从某种意义上说，英特尔成了这场电子革命中的避雷针。如今，在电脑行业打拼数十载的英特尔被广泛认可为世界级公司，其品牌享誉全球，英特尔也已经成为计算机行业的代名词。

随着“内置英特尔”计划的不断深入发展，它将一直秉承其崇尚“技术领先”、“质量”和“可靠性”的优良传统。这些特点对于现在的在线用户和高端服务器购买者的重要性就如同20世纪90年代时它们对于台式机购买者的重要性。由于“内置英特尔”计划，个人电脑购买者对英特尔公司的芯片的认知度从1992年的22%上升到了1994年的80%[13]。

康柏公司——美国最大的电脑生产商，也是英特尔的主要客户——不接受英特尔芯片的价格，认为英特尔应该为大客户打折，并且拒绝在电脑上粘贴英特尔公司的标志。为了使其产品具有价格优势，康柏开始使用英特尔的竞争对手生产的价格更优惠的芯片。当康柏公司的CEO艾克·菲弗尔（Eckhard Pfeiffer）抱怨英特尔故意大肆宣传其要素品牌以削弱康柏电脑的品牌时，康柏和英特尔之间的冲突就已经完全公开了[14]。

到2002年，“内置英特尔”计划已经成为全球最大的合作营销计划，有超过2 000家电脑生产商（共有2 700家）参与了该计划[15]。自1991年英特尔开始使用“内置英特尔”这一口号以来，英特尔和其他公司已经在广告上投入了40多亿美元，英特尔这一品牌也曾多次荣登全球最具知名度的十大品牌榜单[16]。

这种成功的方法已经到了要素品牌发展的最后一个阶段（参见第二章

表1）。在收购了康柏之后，惠普就成了基于Windows且使用英特尔品牌的最大的个人电脑生产商。

在要素品牌发展之初，英特尔与IBM、日立、摩托罗拉和西门子竞争，并在最终产品生产商的帮助下赢得了知名度。由于实施了“内置英特尔”计划，英特尔得到了广泛的认同，而且由于“内置英特尔”合作营销方法的突出成果，该品牌便有可能实现突破。在接下来几年中，英特尔开始为它过去从OEM得到的支持（第三阶段）进行回报（如图18所示）。

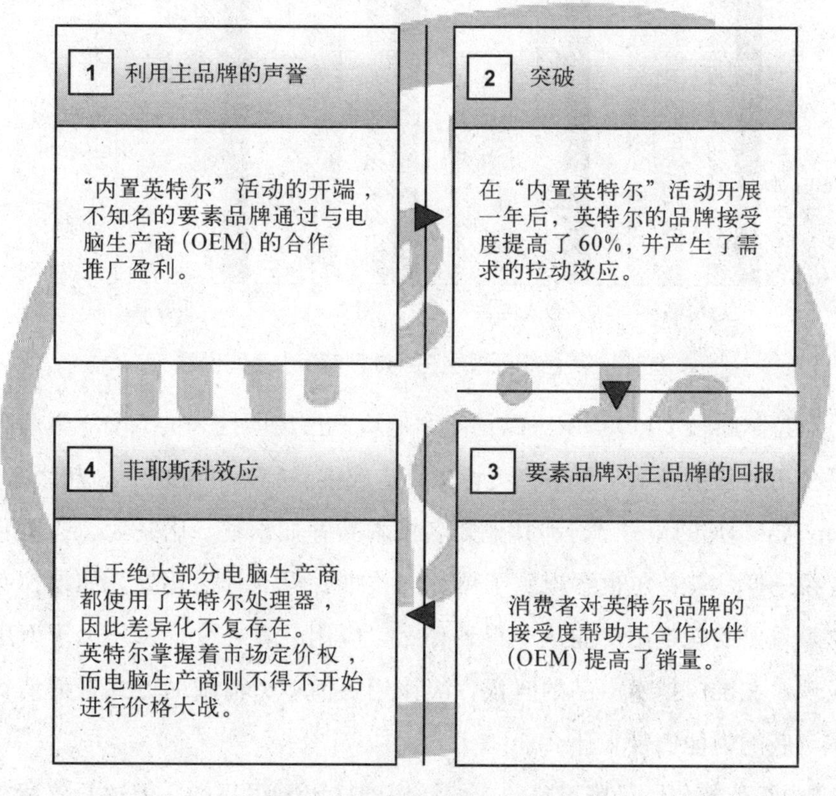

图18 要素品牌发展的阶段

2005年6月6日，史蒂夫·乔布斯（Steve Jobs）在旧金山举办的苹果全球开发商大会上正式宣布苹果公司将选用英特尔处理器来替代之前的IBM Power PC。过渡初期，他们先在低端机器上进行试点，到2007年年中，所有苹果电脑都开始使用英特尔处理器。这是对其竞争对手和差异化可能性的致命一击：菲耶斯科效应已经显现，英特尔的品牌战略必须改变。图 19 显示了英特尔处理器在不同领域所占的市场份额。对此，管理层做出了回应。

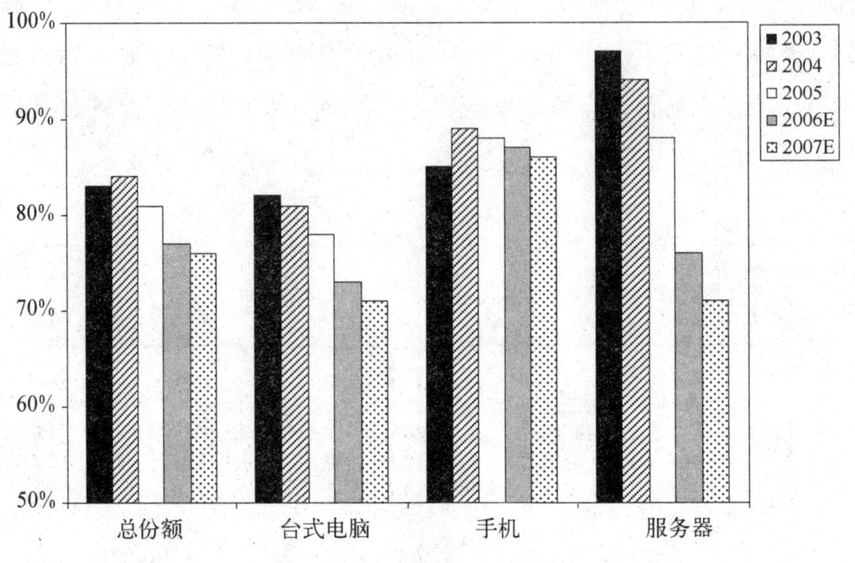

图 19　英特尔处理器在不同领域所占市场份额

英特尔新任 CEO 保罗·欧德宁和他从三星集团挖来的 CMO 金炳国改变了公司的营销模式，希望将英特尔打造成主品牌，并提出了“超级未来”（Leap Ahead）的口号[17]。和其他知名技术品牌如索尼、诺基亚、三星和摩托罗拉一样，英特尔也意识到了单纯的技术并没有什么用处。如果你有市场，最重要的就是用户能从中得到什么。应用一直在变，每年上千万用户都发现，在推广技术产品的时候，应该用更简单、清晰的方式告诉消费者技术到底能为他们带来什么。

“内置英特尔”品牌策略让人们认识到技术是可靠的，但这只停留在消费者的头脑中，却没有在他们的心灵深处建立稳固的情感纽带。正如金炳国所说：“这种演变将帮助英特尔赢得更高的知名度，与公司的受众建立更牢固的情感联系，加强公司的市场地位。”

这种方法对英特尔公司的业务发展方向和战略都有很大的启示。自 2006 年以来，公司雇用了 2 000 多名外部经理，大多数有营销背景，98 000

名员工中的大多数都因为公司在各个市场创立了新的业务单元而得到了新的工作机会。英特尔不再只专注于个人电脑市场，而开始进军若干新的市场，包括电子消费产品、无线通信、医疗保健和其他领域。此外，英特尔还想借助 DVD、游戏机和手机等电子消费品进入娱乐市场。其他市场也在其计划范围之内，而且与苹果、诺基亚、三星、谷歌和 RIM 等公司的合作也在进行当中。

英特尔相对于最终产品品牌来说，依然是个要素品牌，但它将更新其产品品牌阵容以替代已经过时的奔腾系列。奔腾系列的推出是为了帮助消费者更好地理解各种产品的功能。新的产品主要是改进过的处理器、完整的芯片组和主板，以及刀片服务器和完整的产品。这就意味着英特尔将支持其客户并最终占领他们的市场，但使用这种方法要想成功并不容易。2006 年，英特尔的 EBIT* 下降到 17.61%，但还必须进行大额投资。不过，2007 年，英特尔扭转了局势，前景也变得光明起来。表 2 显示了英特尔的一些关键财务数据。

表 2　英特尔 2006—2008 年的主要财务数据

截至 2008 年 12 月 27 日 之前三年的关键财务数据 （以百万美元计，每股收益除外）	2008 年	2007 年	2006 年
净收入	37 586	\$38 334	\$35 382
销售成本	16 742	18 430	17 164
毛利润	20 844	19 940	18 218
研发	5 722	5 755	5 873
营销、一般和行政	5 458	5 417	6 138
重组和资产减值费用	710	516	555
营业支出	11 890	11 688	12 566
营业收入	8 954	8 216	5 652
股权投资纯收益	(1 380)	3	2

* 指未计利息、税项、折旧及摊销前的利润。——译者注

续 表

截至 2008 年 12 月 27 日 之前三年的关键财务数据 （以百万美元计，每股收益除外）	2008 年	2007 年	2006 年
其他股权投资纯收益	(376)	154	212
纯利润及其他	488	793	1 202
税前收入	7 686	9 166	7 068
税收	2 394	2 190	2 024
净收入	5 292	$6 976	$5 044
基本每股收益	0.93	$1.20	$0.87

为了展现其在业务和品牌方向上的转变，英特尔更换了企业标志，并且将之前的口号“内置英特尔”替换成了“超级未来”（如图 20 所示）。为了向全球消费者传达这些变化，告诉他们新的标语的含义，公司在重树品牌形象和组织变革方面的投入非常巨大。不过，要牢记，公司在品牌战略方面花多少钱并不是最重要的，最重要的是这些钱是怎么花的。

图 20 英特尔新的品牌标志及含“内置英特尔”标志的苹果图案

近年来，英特尔在 Interbrand（全球最大的综合性品牌咨询公司）发布的全球品牌排行榜上的名次从 2000 年的第 5 位下跌到了 2008 年的第 7 位，品牌价值也下降了 4%（309 亿美元）。英特尔的长期目标是增加公司的价值，但最大的问题是从要素品牌到主品牌的转变能否带来预期的结果，现有客户是否愿意无条件接受这一变化。虽然，公司已为接下来 3 年的营销和广告活动预拨了 26 亿美元，但这一转变还是有很多风险。和其他成功的品牌管理一样，执行对英特尔来说至关重要。

由于公司对市场营销越来越重视，成功的几率就比较大；现任 CEO 欧德宁是英特尔首位非工程师出身的首席执行官，公司还聘用了一位首席营销官（CMO），而且很有可能会再聘用一位首席品牌官（CBO）。然而，这是一个艰巨的任务，对于一个在计算机行业以外的领域鲜有成就的公司来说尤其如此。善于转型的公司如日产（之前的达特桑）、苹果或德州仪器，在成功实施变革之前都经历了一段危机时期。不过，一个伟大的领导者有时可能在避免危机的情况下取得成功。

概 要

- 英特尔的要素品牌战略从小规模试点开始起步。
- 市场调研和销售上的巨大成功促使公司扩展了这一计划。
- 让公司内部人员认同公司的这一战略与在外部市场上取得成功一样重要。
- 为市场宣传而花钱被认为是对市场的投资。
- 营销试验和不断的调整改进了营销沟通理念。
- 引进合作营销计划将投资提升到了新的高度，而且在价值链中建立了更紧密的关系。
- 要素品牌理念的实施让公司取得了前所未有的成功，同时也改变了整个行业的结构。
- 即使理念已经确定，也需要不断的调整和改变；英特尔的领导层发现，新的思维方式需要新的头脑。

4. 要素品牌战略的实施

Ingredient Branding

在很多行业，要想让某一产品与众不同非常困难。同质化泛滥、商品化和其他因素导致利润率越来越低，还有其他一些威胁因素影响品牌的发展。面对这种挑战，一种应对方法就是通过标贴要素品牌来强调产品或服务中的某一知名要素，或者通过将自己的产品或服务看作某第三方公司的产品或服务的组成部分来进行推广。哈佛商学院教授约翰·奎尔奇（John Quelch）在最近发表的一篇文章中总结了实施要素品牌的四个条件[1]：

1. 要素极具差异化，通常有专利保护，因此提升了整个产品的品质。

2. 要素对最终产品的功能起关键作用。

3. 最终产品自身的品牌知名度不高，可能是因为该产品类别相对较新，消费者购买频率不高，或者是因为该产品的差异性不够明显。

4. 最终产品非常复杂，由多家公司提供的部件组装而成，这些部件也可以在配件市场上单独销售。

这些条件可以帮助一个本不知名的品牌树立可信度。虽然要素品牌战略越来越受欢迎，但供应商在决定实施要素品牌战略之前必须对要素品牌战略和联合品牌战略进行透彻的分析以确保所选战略正确无误。越来越多的行业都开始接受要素品牌这一理念，如纺织品生产商、食品和化妆品公司。

很多时候，当一个品牌在进行要素品牌合作时，会碰到各种权力级别，而且也会直接暴露给消费者。要素品牌和主品牌的契合度以及两个品牌的精髓必须对消费者有意义。与许多临时实施的联合品牌策略不同，要素品牌策略实际上是在某种特定情境下的一种关系。在这种关系中，要素供应商和成品生产商只有某些特定的选择。如果要素供应商有机会直接进入市场，那么它就可以将此作为它的首选。

在此，我想举个 Aloe Corporation——全球最大的芦荟产品供应商的例子。该公司成立于 1988 年，并实施自主推广产品策略。2007 年，他们发现了一个新的业务模式，即将其产品销售给食品公司用作生产要素，但却不打算采用要素品牌策略，因为他们觉得公司目前还没有足够的实力来进行这笔巨大的投资。另一家电信公司英国大东电报公司（Cable and Wireless）的思路却截然不同，他们策划了一个营销沟通计划，为其工业客户提供了多种品牌合作的选择，以帮助它向终端消费者推广其产品的性能。这些选择包括：powered by，networked by，hosted by Cable and Wireless，如图 21 所示。

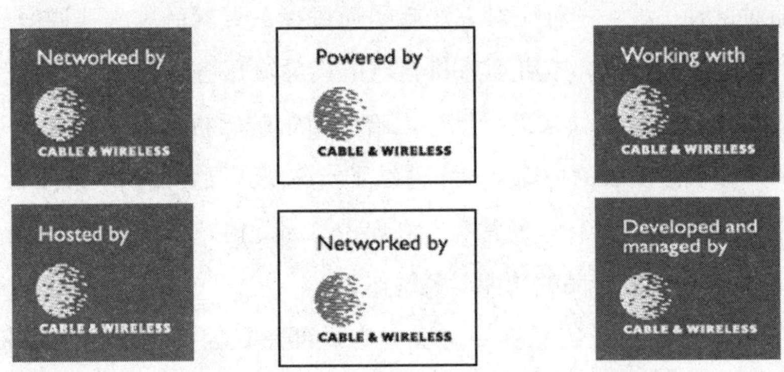

图 21　英国大东电报公司的要素品牌选择

4.1　品牌概念的重要性

“我们目前生活在一个‘眼球经济’的时代，只要你的要素或品牌能获得人们的关注，你就能赚钱。”[2]这就是营养补充领域的专家 Shane Starling 对要素品牌的原则和目标的定义。其前提是，要素产品供应商或最终产品生产商的成功首先取决于其品牌能够吸引消费者的注意力。不过，品牌关注度的提升并不是保证产品成功的唯一因素。尤其对要素产品供应商来说，客户（最终产品生产商，个人消费者）对其品牌关注度的提升可以帮助其区别于其他竞争对手。截至目前，对消费者的关注只针对市场中的下一个毗邻的层面，或者换句话说，B2B 领域的客户。

然而，目前企业几乎不可能只通过改进产品性能或创新的方式，增加服务支持，更快捷、可靠的交货或更低的价格等途径也实现了产品差异化。客户对上游产品的需求（即最终用户越过直接的生产商，对其上游供应商产品的需求）使得许多要素产品彼此之间在性能特点、应用范围和质量上几乎没有区别。品牌化战略为这些供应商公司提供了一个利用多品牌组合的理念来为自己的产品实现持久差异化的契机。

在论述要素品牌中的品牌概念前，有必要澄清一下品牌在公司斟酌其销售政策时的重要性及其作用，以及它最终为公司带来了多大的价值。

就这点而言，全球最大的一些制造商的品牌价值经常占其总市值的50%以上。这点充分证明，品牌是任何一个公司在价值创造过程中获得成功的关键所在[3]。

品牌的创造和功能

Linxweiler[4]认为，品牌创造主要是公司市场部和领导层的事。

任何一家公司的市场部的首要目标就是将产品转化成品牌。为了达到这一目标，公司利用了一系列营销政策工具。结果，品牌塑造成了所有营销活动的终极目标，这其中包括产品和系列决策、定价、分销和沟通政策等。

那么，为什么需要为某种产品打造品牌呢？为了回答这一问题，我们可以将品牌看作是产品的一种代码，通过它可以了解产品的性能特点和质量。强大的品牌会给消费者提供一种独特的销售主张（unique selling proposition），将其产品区别于其他同类竞争产品并赋予其独特的市场地位[5]。表3列出了品牌的其他功能。

表3　品牌的功能

功　　能	描　　述
区分功能	品牌可以将一个公司的产品和服务区别于其他公司的产品和服务。
保证和信心功能	品牌是产品质量的保证，能够反映科研方面的进步。
质量功能	品牌能够保证某特定产品具有与其他公司类似产品相同或更好的性能。
识别、推广和产地功能	品牌能够帮助消费者识别产品。
导向功能	品牌能够简化筛选过程，做出购买决策。
透明和保障功能	由于品牌能够被严密监控，因此可用作消费者保护的工具。

品牌的差异化功能是指将其产品或服务区别于其他公司的产品或服务，同时确立公司在市场中的地位。信任和质量功能能够说服消费者做出购买决策；识别、导向、透明和保障功能为消费者在各个产品阶段提供指导。

对要素品牌战略而言，品牌的个体功能与品牌在个人消费品领域的功能是一样的。特别是，品牌的识别、推广和产地功能能够确保各种上游产品和提供的要素被整合进最终产品的品牌，这就形成了成功的要素品牌的基础。如果不为要素打品牌，任何涉及要素品牌的多品牌组合体营销方法都不会有真正的效果，因为它无法与消费者建立情感纽带。

一旦一个要素品牌在市场上取得了初步成功，其他功能，如信任功能、质量功能及营销政策和某上游产品制造商实施的相关活动就开始发挥作用。正如前文所述，我们可以把这些功能看作是一种代码，通过它就能在消费者的头脑中树立产品的正面形象。而且，由于消费者在不需要广泛验证或了解产品的所有细节的情况下就非常信任产品的性能和质量，品牌就成了产品所包含的所有价值的“传递者”。

决定品牌价值的因素主要包括品牌知名度、品牌形象、该产品与消费者的关联度及其在竞争中的差异度。特别是对于供应商公司而言，其产品原先只出现在供货商市场上，现在，其产品的品牌形象成为决定其要素品牌战略成功与否的关键指标[6]。

品牌价值的发展

仔细观察一下那些耳熟能详的品牌的价值发展过程，你就会发现这些品牌的成功并不是一朝一夕练就的。相反，品牌价值的成长需要经历一个漫长的学习过程，并且需要投入大量的时间和金钱。不过，这也为公司提供了一个具有决定性意义的竞争优势，其他竞争对手必须付出巨大的努力才有可能赶超。一旦某一品牌成功立足于市场，其他“进攻者”需要花很长时间才能塑造出与之匹敌的品牌形象。另外，不要忘了，尽管一个品牌需要经历很长一段成长期才能取得成功，它却可能因为某些不幸的事件，如化工行业中的意外事故或食品行业中的污染事件，而毁于一旦。

为了避免这种事故为品牌带来的后果，我们应该用长远的眼光来看待品牌战略的成功。这一点既适用于消费品领域的品牌发展也适用于工业品领域。这也告诉我们，要素品牌战略的成功需要极大的耐心和忍耐力[7]。

4.2 要素品牌战略的品牌概念

要素品牌战略的品牌概念与普通的消费者品牌或最终产品的品牌概念之间并没有明显的区别。诚然，两者所涉及的产品针对的是不同的市场，但两者采取的销售策略和营销计划都是以最终用户为其主要目标群体。如前所述，只有通过直接诉诸最终用户，才能为要素品牌产生需求上的拉动作用，这是任何品牌组合营销计划的首要目的。

有些最终产品生产商就是要素供应商的直接客户。在这种情况下，采用要素品牌策略的目的就是为了让处在终端位置的个体消费者更加注重某些供应商提供的部件。这样一来，最终产品生产商就不得不在其产品中使用某个特定的要素供应商提供的部件。

虽然供应商市场上的品牌概念和消费品市场上的并无显著差别，但在要素品牌战略中，首先需要从品牌专长的广度和垂直深度两方面为品牌进行战略定位[8]。需要指出的是，相比于消费品的品牌开发，大多数要素品牌已经在 B2B 市场上存在多年，品牌组合营销概念的出现为它们提供了一个新的销售策略。借助要素品牌，现有的产品已无必要从头开始塑造自己的品牌，而应将重心放在调整品牌或产品的战略定位上。正如本书中多次提及的，新的战略定位中的一部分，应针对终端消费者和价值链上的下一家厂商。

本着从概念上建立结构的目的，Baumgarth 为要素品牌战略的构思绘制了一个矩阵，将品牌构思的要素细分为三个层次：目标层次、战略层次和执行该战略所需的营销策略工具，如图 22 所示。

这包括营销组合中的各种工具（产品政策、价格政策、沟通政策和分销政策），其中沟通政策是要素品牌战略中最重要的营销工具，因为要素生产商最关心的是通过沟通方面的激励措施创造一种需求的拉动效应。

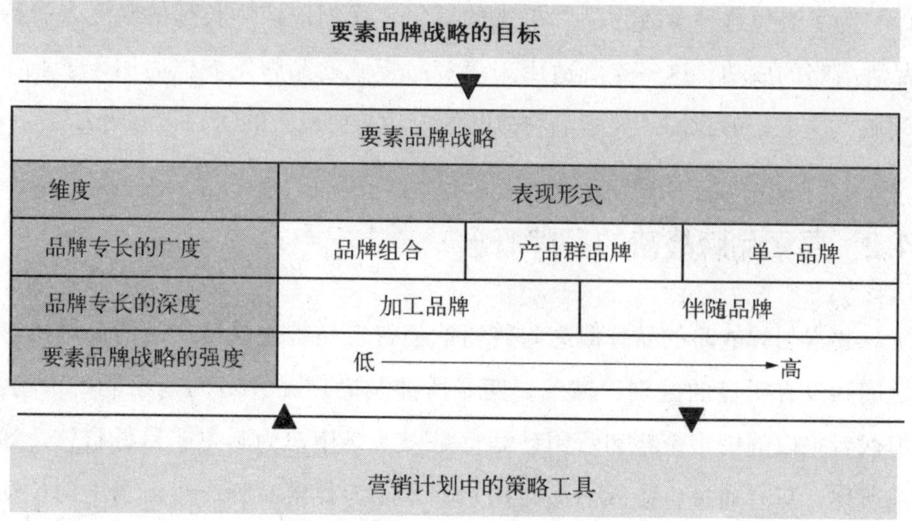

图 22　要素品牌战略构思

要素品牌的目标

目标层次位于任何品牌战略构思的金字塔顶，而战略层次及其配套的营销工具主要针对制定目标的过程。通过采用要素品牌战略，要素供应商旨在改变其产品不为人知的状况。而随着品牌认知度的提升，要素产品就实现了一定程度的差异化，这将使利润达到最大化，或者增加所推广的产品或要素的市场份额。

要素品牌战略的目标主要包括让目标客户群对其产品产生偏好，改善客户的品牌忠诚度（客户忠诚度），扩大销售潜力。由此带来的价格政策（溢价）上的杠杆效应可以在多个方面对竞争对手形成挑战。不过，这些目标都从属于主要目标，即利润最大化和增加市场份额，同时，根据不同公司和产品的具体情况可以排列其优先顺序。

4.3　战略选择

一旦要素生产商确定并量化了各种目标，就必须制定相应的实施战略。

首先，应该确定要素品牌战略的强度和实施范围。这一过程需要考虑到该要素品牌的品牌专长的广度及其垂直深度。

品牌专长的广度

无论是针对哪个个别要素品牌的分析，一个显见的事实是这些品牌往往并不只是与一个单一的产品联系起来。一个品牌往往能伴随着多种各具特色的产品而出现。这一规律在汽车行业和计算机行业最为突出。博世为汽车行业生产的所有组件，如ABS（汽车制动防抱死系统）、ESP（电子稳定程序）、制动系统、雨水传感器，都贴有公司的品牌名称，尽管它们在功能上差异较大。计算机行业的情形与此类似，不管是电脑、打印机还是显示器，大多数厂家的产品都使用了公司名（惠普、索尼、三星）。

在制定完要素品牌战略的目标后，接下来需要确定品牌专长的广度。它规定了一个品牌确切的应用范围及其应包含的性能特点。根据这一广度，品牌可以被进一步细分为单个品牌、产品组品牌和/或家族品牌、品牌化组合和多品牌（品牌集合的概念）。表4是对各个品牌战略的概述。

表4 品牌战略

品牌战略	描述
单一品牌战略	公司的每种产品都有独立的品牌名，公司名通常不被消费者知晓
品牌化组合战略	公司的所有产品和服务被组合起来，都隶属于公司品牌旗下
产品组品牌战略	几种相关产品采用统一的品牌进行营销，单个产品从整个品牌家族的品牌形象中获益
多品牌战略	不同的品牌以平行的方式在相似的产品范围和/或细分市场上销售
混合品牌战略	单一品牌战略和品牌组合战略的结合

单一品牌通常出现在消费品行业中，其中许多公司都倾向于利用熟悉的名字来隐藏公司的身份，如费雷罗公司隐藏在其产品品牌 Nutella、

Duplo、Giotto和Raffaelo的背后，而宝洁公司则是隐藏在洁净先生、海飞丝和帮宝适等品牌背后的公司。在B2B领域也有一些这样的例子，如凯莱（Xella）国际有限公司生产的伊通（YTONG）。该公司的产品范围还包括MULTIPOR（矿物纤维板）、FERMACELL（石膏纤维板）、AESTUVER（消防板材）和SILKA（外墙砖）等。另一个例子则是杜邦公司，它拥有众多强大的产品品牌，如特氟龙（涂料）、Vespel（封料）、可丽耐（Corian，板材）和BAX系统（食品检验）等。

在品牌组合（branded house）战略中，公司的所有产品和服务都被统一到公司品牌的旗下。这方面的例子包括汽车制造商（保时捷、宝马、大众）、计算机和软件业的大多数公司（戴尔、SAP公司、惠普、IBM、微软）以及机械工程领域内的公司。位于德国奥斯特布尔肯（Osterburken）的AZO公司是一家为多个行业提供自动传送系统的中等规模的公司（www. azo. de），品牌组合的概念在这里以一种鲜明而又独特的方式建立了起来：

AZO食品：烘焙食品、谷物食品和香料等

AZO生命：药品、乳制品和糖果等

AZO化学：卫生用品、化妆品、颜料、油漆等

AZO塑料：塑料加工、合成等

另一方面，产品组品牌（product group brands）常见于如Kendrion BV公司（www. kendrion. com）生产的磁铁技术中：用于汽车用途的磁铁技术以Binder（www. binder-magnete. de）为品牌名进行销售，而用于工业用途的磁铁技术则以Thoma（www. thoma-magnettechnik. de）为品牌名进行销售。

多品牌（multiple brands）最常出现于高度饱和的市场。在相似的细分市场中，公司利用其不同的品牌来达到增值的目的。我们以来自德国拉尔市（Lahr）的Oscar Weil公司为例，其用于工业部门的钢丝绒采用RAKSO为品牌，同时又以Abrazo为其家用清洁布的品牌，并号称是“最受青睐的家用清洁布”。消费品领域，如洗涤用品市场和香烟市场，流行采用不同的品牌[9]。通过这种方式，那些精于品牌管理以及那些善于通过并购来扩大自

身规模的公司将会获得一个有趣的品牌工具。

总部位于瑞士圣加仑（St. Gallen）的 Filtrox 公司通过其在欧洲市场上的各个附属公司为客户提供多种工业用途中所需的过滤系统和整套解决方案，并通过多品牌组合体（house of brands）策略做到了这一点。公司特意不在所有市场上采用统一的品牌，而是针对不同市场上的专业客户采用不同的品牌名称。这些品牌都被刻意地保留了下来，Filtrox 的品牌战略的目的是让公司在每个市场上都至少拥有一个“优质品牌”和一个“挑战者品牌”。多品牌组合体策略使得垂直差异化和基于价格差异的水平差异化成为可能。另一个例子是 Atlas Copco，在其核心业务部门的压缩机市场上，它将中国的低成本品牌 LIUTECH 纳入其产品系列，并最终收购了该品牌。

为了确定哪个品牌策略能最有效地实现公司的要素品牌战略的目标，首先需要对各个品牌策略面临的机遇和挑战进行仔细的研究。一方面，单一品牌战略能够使公司聚焦于特定的目标群体上，从而为品牌打造一定的品牌形象；另一方面，当许多单一品牌共同分享营销资金预算时，这些单一品牌获得很高品牌认知度的难度就会加大。

品牌组合战略的好处是通过建立一个卓越的主品牌（企业品牌），使之像一把大伞呵护其旗下一系列产品品牌，这样各个产品品牌可以从企业品牌的公共认知度上得到强大的“背书”效应。这意味着所有产品将分担品牌管理的成本。此外，品牌并不依赖某个产品的生命周期，而且新产品也是依靠主品牌的商誉效应推介出去的。但是，威胁仍然存在，这种威胁甚至有可能会抵消机遇带来的好处。例如，在品牌化组合策略的框架下，几乎不可能为单个产品建立清晰的品牌形象，也不可能聚焦于个别的目标群体。此外，如果在品牌化组合里包含一些明显的替代品，这时，“品牌替换效应”就可能会发生。

产品品牌战略（product brand strategy）面临的机遇和挑战与品牌化组合的情况类似。在这种情况下，建立产品形象相对容易些，因为，与品牌化组合策略不同，产品可以归入不同的组别中。在所有这些品牌战略中，最不适合于要素品牌的是多品牌组合体策略和混合品牌策略（the hybrid brand strategy）。公司采用这些策略主要是希望能更好地渗透进高度饱和的市场。如果细心研究一下供应商市场，我们会发现特定细分市场上的潜在客户数量实际上相对有限，这意味着市场很容易达到饱和。因此，供应商有必要通过差异化来增加市场份额，同时也可以规避销售额被替代品侵蚀的潜在威胁[10]。

混合品牌的结构通常出现在公司收购的情况下，并且只被看作是一种过渡形式。在意韦克（IWKA）集团，实施这种策略的目的是将中小企业的灵活性、创造性和组织应变性等与中等规模公司集团的协同效应、规模效应和资本实力有效地结合起来，并且让各自的品牌和谐共存。这使得公司在瞬息万变的市场环境中能够及时应变，同时保持与世界各地客户的紧密接触。表 4 是对各种品牌战略的一个概述。

我们并不能笼统地说究竟何种策略才是要素品牌该有的品牌战略，因为这种选择首先来自品牌理念的目标的形成过程中，而这又因所处行业、公司和产品的不同而不同。但我们可以观察到，大多数要素品牌是建立在品牌化组合策略之上的，如英特尔、纽特、禧玛诺、杜比和利乐包装。

有很多要素生产商决定采用品牌化组合这一策略的原因可能是，在实施要素品牌战略前，他们就已经将其产品品牌纳入企业形象标志的理念中了。因此，对上游的产品生产商而言，对其要素产品实施单一品牌战略就意味着较高的金钱和时间上的成本，因为价格政策和产品政策在 B2B 领域内发挥着主导作用。

相比之下，品牌化组合的理念拥有另一个优势，那就是可借助已有的品牌价值推出新产品。这意味着品牌化组合战略还能起到质量徽章（quality emblem）的功能，让最终用户在真正了解新产品的性能特征之前，就对其产生信任。

在美国有关品牌的文献中，可能的品牌战略往往以一种品牌关系光谱的形式呈现。一方面，产品品牌的分支被划分为子品牌和背书品牌；另一方面，在上一级的类别中作了更多的区别和细分。此外，大量的混合形式也开始出现，它们被指定为混合品牌[11]。

品牌专长的垂直深度

品牌专长的广度提供了关于品牌的范围和专业能力方面的信息，而品牌专长的垂直深度则是在多层次或品牌化组合营销的层面上概括了品牌的范围。Baumgarth 在其关于“伴随品牌”和“加工品牌”的矩阵中对此作了区分。“伴随品牌”这一术语是指那些在下游产品的制造中持续被用到的产品的品牌，这意味着它们出现于整条价值链的各个阶段并最终传递给终端消费者。而“加工品牌”的产品只出现在一个市场或与其相邻的市场上。在这种情况下，最终产品中并没有该特定要素的品牌出现[12]。

因此，品牌专长的垂直深度决定了要素品牌战略的强度和力度。这里应当指出的是，大多数公司在实施要素品牌战略时将其品牌置于“伴随品牌”的位置，目的是为了获得高“强度”。这是很有必要的，因为它是获得拉动效应的唯一途径，尽管这一横贯供应商产品和最终产品的综合品牌管理的费用可能会对供应商公司造成负担。在中小企业领域，最终决定要素品牌战略成败的是其在最终消费者中的品牌知名度和需求水平。

4.4 沟通政策

为了达成要素品牌战略的目标，需要采取多种多样的销售措施。首先，它们包括了营销组合中的一些常用工具（产品、价格、沟通和分销政策）。在上一章中，我们阐述了这些营销工具应该采用什么形式才能最好地适应要素品牌战略，以及哪些工具能最有效地服务于品牌化组合策略。过去，B2B 产品策略中处于主导地位的是产品和价格政策，而现在，要素品牌计划的重点应放在沟通政策上。借助正确的沟通政策，产品品牌可在各级市场中被介绍给终端消费者，从而让消费者建立起对其品牌的偏好和对其内部产品的需求。沟通政策的主要工具包括[13]：

1. 广告：包括但不限于行业和公共领域的杂志、电台和电视台广告、海报。

2. 个体宣讲：直接对一个或几个相关群体宣讲该产品（如销售讲演和贸易洽谈会）。

3. 促销/特别活动：通过提供短期的购买诱因来提高销售额，如将货物展示在零售店出口的货架上、特别折扣和特别的广告活动等。

4. 公关活动：公司形象以及公司在社会活动中的参与。

在要素品牌战略中，沟通政策虽然是重点，但也不能因此忽略了营销组合中的其他工具。实现成功品牌沟通的唯一途径是让所有这些“乐器”共同演奏出最和谐的乐曲。

对沟通政策的启示

在要素品牌战略中，沟通政策作为一种销售工具，还需要面对几个问题。例如，要素品牌完全有可能被后续市场层面里的客户错误定位，因为对该要素实施的全方位的品牌战略在客户处可能并不明显。这时需要利用标签、附件或贴牌等手段，提醒客户注意这样一个事实，即这一待加工产品或最终产品中包含了一个确定的要素品牌。

另一个问题则是该品牌所承诺的优势的可信度。这主要是由于要素品牌在最终产品中所占份额较为有限，而且只有通过各要素之间的互动，最终产品的总体优势才能体现出来。这可能会在消费者的心里造成一种印象，即尽管该要素品牌很有价值，但其他要素和产品的生产过程可能会损害最终产品的性能和质量，因此他们并不相信这些实际的好处。

为了应对这种情况，我们呼吁公司应该尽可能地直接和最终用户建立沟通以向其介绍产品的优势，并和知名的最终产品品牌建立密切的合作和联系。例如，纽特公司将添加了阿斯巴甜的口香糖分发给全美数以百万计的家庭，以直接向他们宣传该产品的优势。英特尔在实行要素品牌战略的初始阶段，将重点放在与知名个人电脑品牌，如 IBM 或康柏的联合广告上。通过与这些品牌的捆绑，英特尔能够显著提高其要素品牌战略的信誉度，也使英特尔和最终产品的优势更为凸显。

垂直一体化沟通又造成了另一个问题，这是要素生产商在其沟通政策中需要面对的。最终产品生产商基于自身的多层次营销或品牌化组合策略，可能会向制成品公司传递关于要素品牌的不同信息或不同的优势。为了防止这种情况的发生，要素生产商可以利用一项促销费用的资助计划与最终产品生产商联络起来，从而能更好地对沟通内容产生影响和/或施加控制[14]。关于这一点，下一章将以英特尔公司为例对此进行详细的阐述。

通过促销费用资助计划提高客户忠诚度

如前所述，电脑微处理器制造商英特尔公司的“内置英特尔”营销计划是全球最成功、最为人熟悉的要素品牌战略的案例。成功的基石之一就是英特尔自己开发的创新的促销费用资助计划。这一做法使英特尔能够通过最终产品制造商对其品牌的沟通施加影响，从而确保英特尔及其 OEM 伙伴（索尼、惠普和戴尔）能够向最终消费者传递出同样的品牌和/或产品信息，即能够“合唱同一首歌”。这一资助计划得以实现的前提是 OEM 有了直接参与“内置英特尔”营销计划的物质诱因[15]。简单地说，个人电脑制造商只要将“内置英特尔”的标志融入其沟通活动和品牌宣传活动中，就能够收到英特尔的资助金（“内置英特尔”资助金）。表 5 显示了这一资助计划的实际费用和彼此的依赖程度。

表 5　英特尔营销费用资助金数额的决定因素

因　　素	描　　述
微处理器的订购量	订购数量是决定营销费用资助金数额的最关键因素。订购数量越多，PC 生产商获得的英特尔的资助金数额也就越多。
微处理器的代型/类型	OEM 在其广告中宣传的微处理器代型和/或类型决定了资助金的多少。为支持新处理器的发布，通常对宣传新处理器的 PC 厂商给予更多的资助金。
OEM 促销手段的类型	PC 厂商在合作广告中使用的宣传手段也对资助金的数额大小有影响。

借助这一计划，英特尔公司得以确保最终消费者全面而清晰地了解其

垂直的品牌沟通策略。

英特尔的这一计划收获颇丰。其中品牌化努力的贡献究竟有多大，从外部很难确切地进行衡量。由于英特尔对其市场表现的度量非常严格，同时在建立消费者的认可度方面不遗余力地进行投资，我们有理由认为这会带来可观的效果。此例和许多其他案例都证明，品牌投资是 B2B 环境中公司用以创造利润和股东财富的一个有效工具。其他因素，如创新和生产效率——或者是缺乏这些——也可以创造或消散股东财富。

哥本哈根商学院的 Lars Ohnemus 教授和中欧国际工商学院（CEIBS）的言培文（Per Jenster）教授[16]通过一项对近 1 700 家公司（均在美国或欧洲证券交易所上市）的研究，证明了品牌投资是公司获得成功的一个决定性因素。他们的研究显示，这一重要关系可以用一段 W 型曲线加以描述，依公司的品牌战略的位置可以划分为五个阶段：树立抱负、品牌聚焦、中间阶段、品牌天堂、超品牌（见图 23）。英特尔目前处在品牌天堂阶段，但在其品牌塑造过程中曾经历过两个低谷。这些研究成果为我们确定品牌的现状和未来可能的发展过程带来了启发。

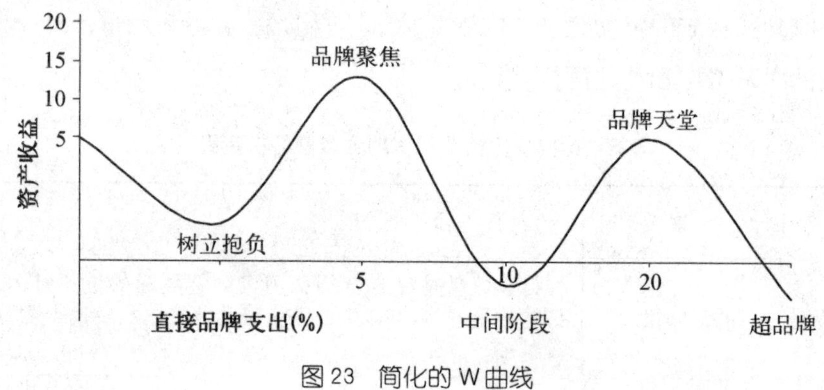

图 23　简化的 W 曲线

这项研究还表明，上升到战略层次的品牌投资一般都能为股东带来回报（5%—7%或更高）。因此，至关重要的是，核心管理人员和董事会成员需要对公司品牌的战略地位、自己的品牌投资相对于竞争对手的表现，进行系统性地评估和跟踪。对品牌的投资是战略发展的一个组成部分，借助一个拥有强大市场势力的品牌，产品能够获得较高的价格溢价或销售额增长，因此管理层需要决定在什么情况下采取什么措施，而想要两者兼顾通常是非常困难的。根据公司的战略优先事项和其资金实力，公司可以选择要么追求市场份额，要么追求现金流的创造。这些选择在付诸实践前都需要仔细进行评估。

概 要

- 要素品牌战略能够有效地克服品牌扩散。
- 要素品牌的实施原则和普通品牌管理一样，只是其重点在于创造需求拉动效应。
- 需要有意识地采取措施，使品牌成为价值的传输者。
- 可选的品牌战略有很多，但许多要素品牌一开始采用单一品牌战略，然后逐步过渡到产品组品牌战略。
- 营销沟通是要素品牌营销工具箱中一个不可或缺的组成部分。由于我们运作的是一个多层次沟通理念，因此各个参与者都必须被整合进来。
- 针对分销链上的合作伙伴的促销费用资助计划已经成为一个成熟的理念，如果使用得当，将会提升顾客忠诚度。

5. 要素品牌战略的成功故事

Ingredient
Branding

在英特尔公司采纳了要素品牌理念并取得成功之后，计算机行业很多其他要素公司开始竞相效仿，调整其战略，向终端消费者宣传其产品及性能方面区别于其他同类竞争产品的独特之处，这些公司包括 AMD、MSI、ATI 和 nVidia（CPU、主板和显卡制造商），它们成功说服了电脑生产商将其产品标志贴在电脑上，同时让零售商和终端用户相信它们提供的要素产品品质出众、性能卓越。不过，需要指出的是，一台电脑上可贴的品牌标志数量是有限的。目前，电脑上粘贴的主要标志一般包括处理器、显卡和操作系统软件，因为这些被认为是对计算机性能（处理器和显卡）及用户友好度和安全性（操作系统软件）影响最大的要素。

定位、差异化和业务增长可以通过根据某些原则制定战略决策来实现。这些原则类似于勒尼・莫博涅（Renee A. Mauborgne）和金伟灿（W. Chan Kim）提出的“蓝海战略”[1]。他们的研究表明业务的成功依靠的既不是低成本也不是缝隙市场。“蓝海”思维提倡的是在传统战略和细分市场之外的其他方面寻求价值，而要素品牌也是通过改变游戏规则而创造新的市场空间的一种方式。

由于商业环境越来越变幻莫测，公司所有者和管理团队不妨借鉴“蓝海战略”来构建其战略愿景。不过，蓝海大都是未知海域。在此之前，战略思考的焦点一直都是以竞争为基础的红海战略。英特尔成功的案例表明蓝海战略卓有成效。如果你仔细观察一下周围，你会发现很多其他品牌也在采用蓝海战略来创造没有竞争的市场空间，如杜比、瑞昱、莱卡、戈尔特斯、特氟龙、诺梅克斯、Nanotex、肖特赛兰、蔡司和禧玛诺，这些只是书后附录中列出的实施要素品牌的公司中的一小部分。

在某一时期内，每个行业都会有一些特定的调查：你的客户是谁，你的竞争对手是谁，哪个市场是你的，等等。不过，这些调查限制了公司的发展，而且随着越来越多的参与者进入市场，竞争变得越来越激烈，大家相互厮杀，于是市场就变成了一片红海。要素品牌将打破传统商业理念，重新定义品牌的影响力。最终结果可能给品牌带来巨大的市场机会，而无需面对激烈的竞争。因此，有必要发展一种可持续的竞争优势，这样一来，即使是红海领域的巨头也很难超越。为此，我们需要理解该品牌所在行业及其战略选择的特点。有些作者已经对这些选择进行了探讨并且得出了令人惊讶的结果。不过，他们的分析研究都于几年前进行，而且也没有考虑到品牌的影响。20 世纪 80 年代，汤姆·彼得斯和罗伯特·沃特曼出版《追求卓越》[2]时，他们关注的是如何理解客户需求，提供优质产品。10 年后，吉姆·柯林斯在其著作《基业长青》[3]中追随了前者的脚步，并在之后的作品《从优秀到卓越》[4]中回答了为什么有的公司实现了飞跃而有的公司却没有做到。他对公司进行了仔细的研究，得出了一些结论。他的分析也适用于采用要素品牌战略的公司，但他没有把品牌维度放入其筛选标准。现在，我们知道品牌管理[5]是帮助公司取得成功的另一种工具。

利用策略草图寻求新的要素品牌机会

我们想把《蓝海战略》作者金伟灿和勒尼·莫博涅用来憧憬竞争性差异化和创新机会的方法应用到所谓的“策略草图”上。它既是一种帮助你认识目前所面临的竞争环境的诊断工具，又是一种识别潜在创新机会的规划工具。策略草图以异常简洁的形式浓缩了大量信息。图中横轴包含了一系列该行业竞争及投资的因素，以及可以为客户创造价值的潜在领域。纵轴表明每位竞争者为每个因素投资的多少。在勾画策略草图时，你只需根据你的公司及竞争对手当前的业绩描点，然后将这些点连成若干条线，代表每个公司的“价值曲线”。策略草图对革新者来说有以下优势：

1. 它可以让你迅速看到你的战略与竞争对手的战略重合的区域（大家都遵守同样的规则或经营理念）。
2. 它可以让你看到你的战略显著区别于竞争对手战略的区域。
3. 它还能让你看到创新机会和竞争性差异化的机会。
4. 策略草图同时也揭示了你的公司是否为创造客户价值而采取了漫无

目标的方法。如果你的公司在策略草图上的曲线呈 Z 字形，在某些领域价值较高，而在其他领域价值较低，这就表明你和你的战略规划团队需要解决这个问题。西南航空就是一个很好的例子（参见图 24）。

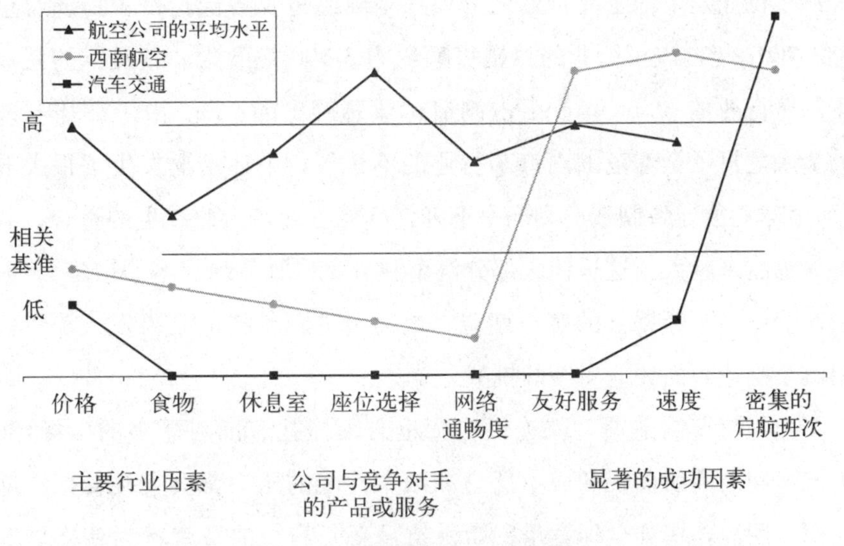

图 24 西南航空的策略草图

这个例子清晰地表明了西南航空如何通过只关注三个因素，即友好服务、速度和密集的班次成功实现差异化，使其区别于其他航空公司及其他具有竞争力的交通工具。

我们认为这是一种功能强大且简便有效的规划工具。但在使用前需要明确以下几点：

- 该行业的主要因素和发展现状；
- 该公司与其竞争对手提供的产品；
- 产品、服务和理念方面的“明显”成功因素以及产品、服务、理念和交货方面的成功因素。

针对某些特定行业，我们已经制定了一份策略草图，并且强调了在这些条件下成功的要素品牌有哪些战略选择，现在我们将讨论要素品牌对汽车、纺织品、玻璃和甜味剂供应商的作用。本章将简要概括上述各个行业的发展现状，看看要素品牌战略能为公司带来哪些发展机遇。

5.1 汽车行业部件

汽车行业是全球主要行业之一，在全球经济及各国经济中扮演着重要角色。2007 年，汽车行业的总销售额约为 3 500 亿欧元，其提供的就业机会占制造行业的 6%，其产出占制造行业总产出的 7%。由于 2008—2009 年的金融危机及全球范围内汽车行业的不景气，上述情况发生了很大的变化[6]。全球竞争导致制造商利润率下降，产能过剩，由此产生的整合、兼并的压力也越来越大，这迫使大部分汽车制造商采取节约成本的措施[7]。只关注股东价值、不断提升的客户期望、快速引进新科技的结果发人深省。这表明汽车制造商需要应对新的挑战。

不光是汽车制造商，就连供应商也必须挣扎着面对恶劣的市场环境，因为汽车制造商所面临的成本压力和汽车性能的压力都会直接转嫁给部件供应商。因此，诸如全球竞争、新科技日新月异、消费者行为新格局等因素迫使汽车行业进行结构转变以应对不断变化的市场情况。

埃森哲开展的一项名为“Auto 2010”的研究发现下列变化可以驱动汽车行业的结构剧变[8]：

- 新竞争：其他行业的供应商，如电信行业、金融服务行业和娱乐业将与汽车零件供应商、制造商和经销商一起成为汽车行业未来的竞争对手。
- 汽车制造商所必须承担的高昂的固定成本将迫使其把汽车的研发、生产、整合和组装外包给行业内外的专业公司。这就预示着公司正在从销售及产品驱动型战略（推式战略）向关注客户需求和服务（拉式战略）转变。
- 目前的经济形势迫使汽车制造商采取严格的成本削减措施，而这部分成本又会直接转嫁给零部件供应商。这可能导致制造商将研发、生产和组装等活动进行外包，将与产品创新和汽车性能相关的责任转嫁给供应商。正如美世咨询公司[9]所做的一项研究所揭示的，主要车型的附加价值份额均来自供应商的外包支持（如图 25）。

- “万能”的因特网：因特网让市场变得越来越透明[10]，同时其在 B2B 事务及汽车销售中的作用也越来越重要。

图 25 比较了 2002 年及 2015 年汽车制造商与供应商之间的份额对比（估计）。

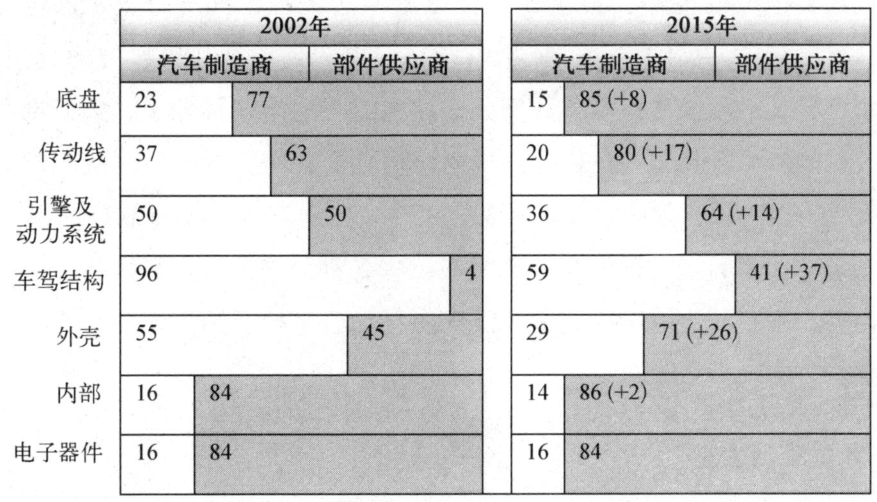

图 25　附加值分配，汽车制造商与部件供应商（单位：%）

在下一章中，我们将探讨这些结构性市场变化如何促进供应商要素品牌战略的成功，以及对它们起决定性作用的因素有哪些。

作为成功因素的品牌

Sattler 教授于 1999 年所做的一项研究显示，作为非物质资产，品牌价值通常占公司总价值的 56%。他最近的一些分析明确了这一现象的重要性[11]。该研究的结果明确表明，品牌是保证公司成功的一个关键因素。这个发现尤其影响了汽车行业，因为更高的品牌价值将提升公司的形象以及顾客的接受度，同时可以提高售价，实现更高的销售额、更大的市场份额以及更高的客户忠诚度。

然而，目前的经济形势和技术的互换性使得汽车制造商及其品牌越来越难于实现其产品的差异化。汽车及其他车辆在技术特性和质量上非常类似，而且由于紧张的经济形势，品牌形象在消费者做出购买决策时的重要性也有所下降，现在人们看重的是性价比。

如今，各汽车品牌提供的产品的性能和质量不相上下，因此很难实现差异化。正是因为这个原因，汽车制造商不得不对其品牌政策和品牌管理进行战略性变革。美世咨询公司董事总经理、汽车行业专家拉尔夫·坎巴赫说，我们将会见证从以产品为导向到以客户为导向的转变，品牌差异化不再依靠技术差异而是建立在完整的客户体验上，包括制造商提供的产品服务和其他服务。这些结构性变化将通过销售和服务结构的变化得以巩固。因此欧洲新颁发的“集体豁免条例”（Group Exemption Regulation）允许独立的多品牌经销商出售各种品牌的汽车。这将会进一步削弱品牌差异化。这些品牌的供应商将是这些行业结构性变革的主要受益者。

OEM 的市场力量

全球化极大地改变了汽车行业的结构，使汽车制造商得到了更大的市场力量。这一点在汽车制造商将其面临的不断增加的成本压力转嫁给供应商这一事实上得到了印证。很多汽车制造商都在削减供应商的数量，同时要求它们放弃原来的生产地，搬迁至“供应商园区”。

在这些园区内，大量供应商分布在生产商周围，这极大地简化了生产商的流程。另外，越来越多的活动，诸如研发，都外包给了供应商。因此，迫于不断增加的成本压力，整个供应行业变得越来越集中，供应商公司也面临着一个战略决策：究竟将自身定义为成本很高的一级供应商（系统集成商组装各部件，负责交货）还是二级供应商（零部件生产商）以评估商业风险。

要素品牌战略：汽车部件供应商的新机遇

要素品牌战略是巩固一个公司相对于最终产品生产商和竞争对手长期

地位的一种方式。需要注意的是，虽然供应商公司可能负责最终产品75%的工作，但消费者却很少意识到供应商所作的贡献。因此，全球15大供应商公司（按销售额计算）中只有博世品牌为大部分汽车购买者所熟知就不足为奇了。虽然法雷奥（Valeo）和德国采埃孚（ZF Friedrichshafen）等公司的产品对汽车性能起着关键性作用，但其品牌的知名度却非常有限。正因为如此，供应商提供的部件就始终面临着被替代的风险，因此，部件供应商必须提升自身地位和品牌形象。目前，供应商所采取的营销措施和活动都还局限于产品和定价政策，以支持其销售政策。为了强化其品牌价值，供应商可以采取的重要一步就是更加注重营销组合中的沟通政策。只有当消费者意识到该品牌及其优点时，才能产生长期的拉动效应，从而改变其产品被替代的命运。

供应商的优势主要来源于多品牌策略，因为它提高了消费者对特定要素品牌的需求，这一拉动效应促使汽车制造商不得不向某一特定的供应商购买特定的部件。这样一来，供应商不但可以实现溢价，还可以降低被替代的风险。因此，要素品牌战略强化了公司的可持续发展战略。

在汽车行业25个要素品牌中（完整列表参见附件），大部分都来自美国，新的营销理念也发源于此。欧洲的供应商近来开始应用要素品牌理念。到目前为止，虽然很多公司都在应用这一理念，但只有少数公司承认他们确实在这么做。不过，很多公司实际上并不明白这一理念的相关原则。北极星是通用汽车公司推出的一个自主要素品牌，它向消费者展示了高性能引擎的威力[12]。在很多情况下，这一理念的实施开始于产品生命周期的后期，尤其是成长和成熟阶段。这些公司在向消费者进行宣传的时候非常谨慎，尽量避免与其大型OEM合作伙伴产生任何冲突。汽车行业生产商的市场势力和品牌知名度都十分强大，这种冲突很可能导致要素供应商与其OEM客户间的摩擦。通常，最终产品制造商会赞助要素供应商的研发工作。但鉴于组件和最终产品之间关系的复杂性，组件能对最终产品的功能发挥起到重要的作用，这促进了众多要素品牌理念的成功实施。虽然，下游公司的支持非常有限，但由于要素具有很高的附加值，要素供应商的地位也变得越来越重要，其品牌实力也在不断增强，如 Recaro 座椅或布伦宝刹车。实施要素品牌理念的新兴公司通常都是中小型公司，其沟通预算非常有限，但近年来，很多公司都因此获得了成功，利润率和增长速度都非常可观。图 26 列出了汽车行业的部分要素品牌。

图 26 汽车部件供应商要素品牌示例（版权所有）

供应商公司也必须意识到，实施要素品牌战略也存在很多风险。实施要素品牌战略需要投入很多时间和财力，需要针对终端客户进行宣传——而这正是很多中小型企业不敢贸然投资的领域。而且，当产品出现缺陷时，明晰责任分配也是一个问题。如果某个部件出现了缺陷，知名供应商品牌就会面临被制造商摈弃的风险，以避免汽车制造商的品牌形象受到损害。另外，汽车本身的缺陷和质量问题，虽然与供应商无关，也会对供应商品牌造成负面影响。

另一方面，汽车制造商可能从要素品牌价值的提升中获益。最终产品制造商可以从供应商品牌的正面形象中盈利，并因此区别于其他生产商。此外，采用知名品牌供应商提供的部件甚至可以在新车型或特别版本发行时在消费者心目中树立最终产品的正面形象，而不显著增加营销成本。表 6 列出了全球 15 大汽车部件供应商（以销售额排名）。

表 6　根据销售额排名的全球前 15 大汽车部件供应商

排　名	公　司　名	2008 年的销售额（以百万美元计）
1	Bosch	39 006
2	Denso	33 213
3	Magna Steyr	26 067
4	Bridgestone	23 356
5	Michelin	22 024
6	Delphi Automotive Systems	22 024
7	Aisin Seiki	21 982
8	Johnson Controls	21 887
9	Continental	21 078
10	Goodyear	19 664
11	Faurecia	17 359
12	Lear	15 995
13	Siemens（VDO+Osram）	15 184
14	ZF Group	14 915
15	ThyssenKrupp	14 893

在这方面，生产商和供应商一样，也面临着一些风险。对最终产品制造商来说，供应商提供的部件如有缺陷或质量问题也会对最终产品的形象造成不良影响。不过，汽车制造商最关心的还是自己的品牌通胀度（brand inflation）高于其他制造商。

汽车的结构和性能取决于由很多不同的供应商提供的部件，所有这些供应商品牌都可能采取要素品牌战略，这可能会削弱或者淡化汽车制造商自身的品牌。

图 27 显示了一辆整车上的品牌通胀。因此，我们必须问自己这样一个问题：鉴于汽车所使用的部件数量庞大，消费者在决定买哪款车的时候是

否真的会关注某个特定的供应商品牌？在做购买决策时，他们对不同部件的重要性是怎么排序的？

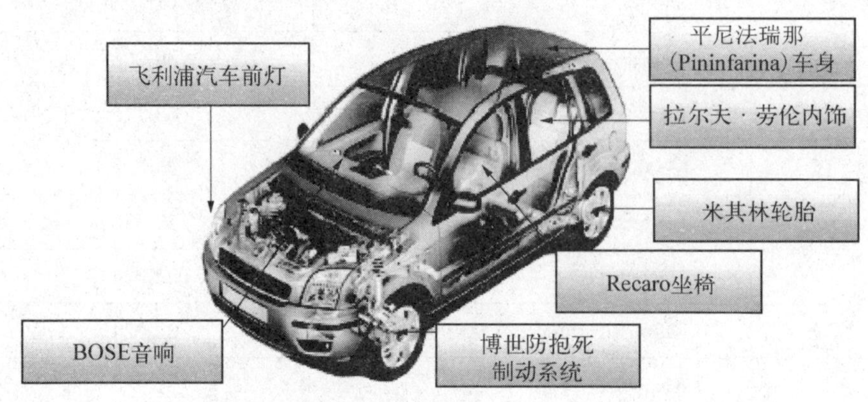

图 27　包含众多要素品牌的汽车

2004 年，在德国普福尔茨海姆大学所做的一项研究[13]中，研究者测试了 83 个人对主要汽车部件供应商的熟悉程度。其中 90%的受测者熟悉博世品牌，66%熟悉 Continental 和 Recaro，最不为人所知的品牌是 Delphi（21%）和 TRW（12%）。男性受访者比女性受访者更熟悉汽车部件供应商。不过，让人惊讶的是，男性和女性对 Recaro 和 Hella 的熟悉程度差异最大，都在 30%以上。

这项研究的一项关键的发现就是人们愿意多花钱购买使用了某一特定供应商部件的汽车。在回答“你是否愿意多花钱购买使用了某一特定供应商部件的汽车”时，48%的调查者都给出了肯定的回答。当然了，针对这一问题，不同的消费者群体可能会给出不同的结果。对于对价格敏感的消费者群体来说，只有 42%的人愿意多花钱。而对于比较狂热的爱好者来说，这一比例则高达 59%。不同性别的消费者对汽车部件供应商的熟悉程度参见图 28。

类似的调研结果证实了全球最大的汽车部件供应商罗伯特·博世公司所采取的方法的有效性，它针对终端消费者所做的宣传活动的确卓有成效。2005 年，博世庆祝其电子稳定程序（ESP）问世 10 周年。

鉴于该公司已经将 ESP 成功注册为商标，它就能实施非常具体、有针对性的营销活动了。例如，视频广告已经在中国电视台开始播放，德国也

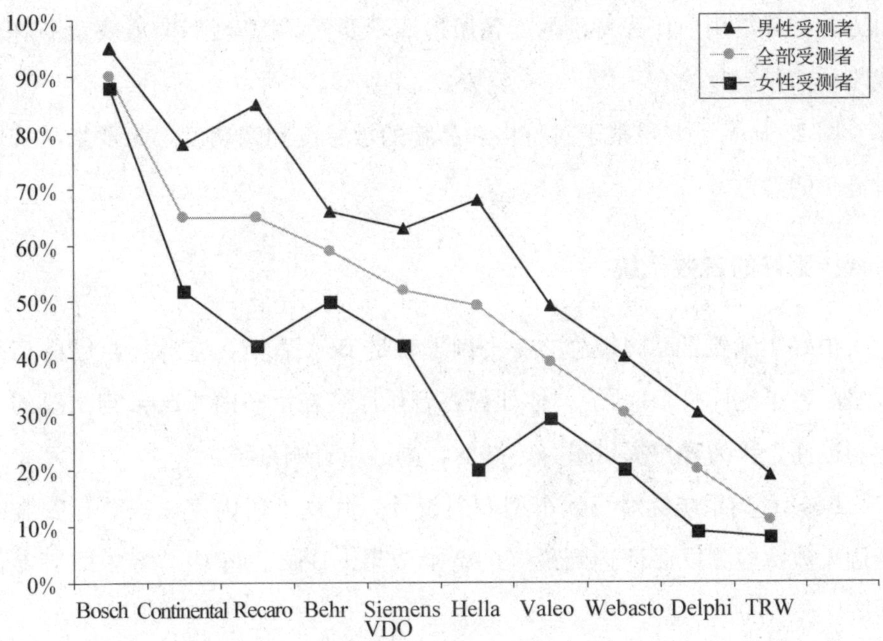

图 28 消费者对汽车部件供应商的熟悉度

开始举行销售点的宣传活动。针对诸如共轨燃油喷射系统等其他产品的推广活动也陆续在美国开展。

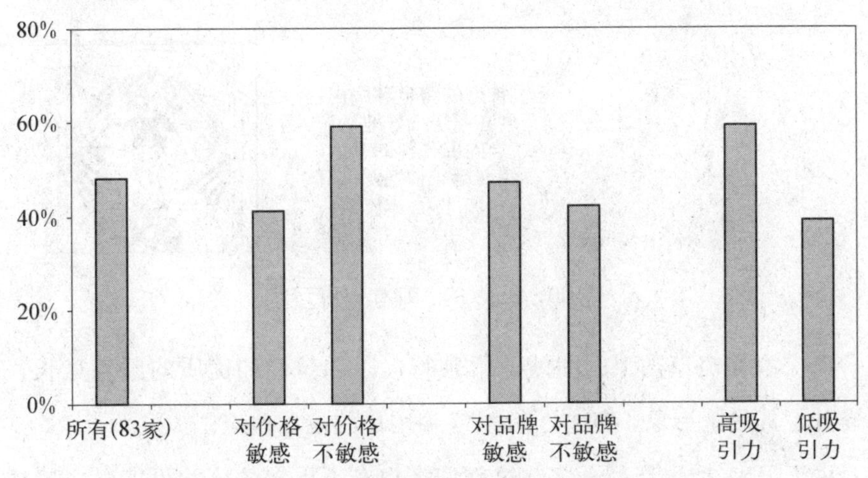

图 29 消费者为含有品牌要素的汽车支付更多费用的意愿

要素品牌战略的机遇主要存在于那些需要供应商和 OEM 密切合作的研发密集型的要素产品上。供应商的产品越是看得见，摸得着，越具有吸引力并被最终用户作为特别的配备所追捧，要素品牌营销和/或要素品牌化战略的前景就越为有利[14]。

图 29 显示了客户基于对价格和品牌的敏感度和亲切度，为要素品牌支付溢价的意愿。

Bose：更好的音效系统

很好实施要素品牌理念的一个例子就是 Bose 音响，它通过自己的产品战略回答了这样一个问题："你如何将音乐厅装在汽车内？Bose 与主要的汽车制造商合作为客户提供量身定制的、高品质音响系统。

Bose 音响系统针对每款车型专门设计，并在工厂内完成安装，安装时经过无数次检测以保证达到最好的音响效果。Bose 的车内"音乐厅"参见图 30。

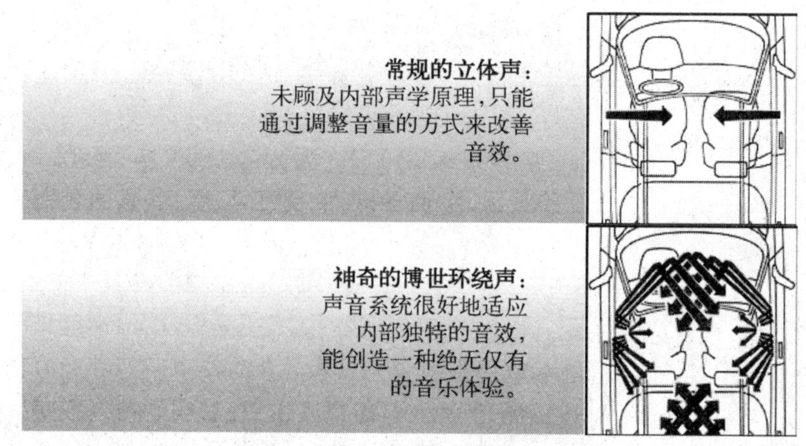

图 30 Bose 的"车内音乐厅"[15]

Bose 在策略草图上的曲线非常独特，以创新性和优质的服务见长，这也提升了其品牌形象，创造了针对终端用户的拉动效应。

由于 Bose 推出产品众多，这就使客户有了更多的体验可能性，这样他们就被广大用户所熟知，同时也能区别于其他汽车音响系统供应商（参见图 31）。

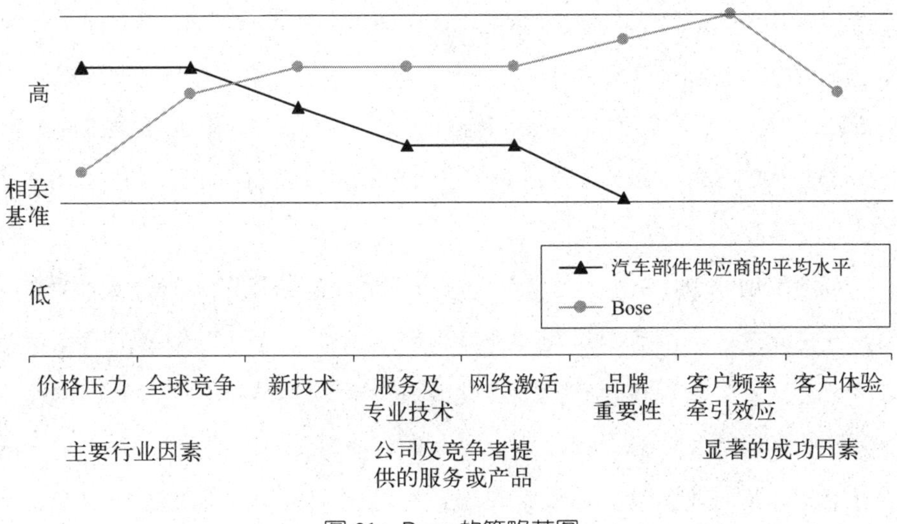

图 31 Bose 的策略草图

布伦宝——刹车专家

作为高性能汽车的刹车制造领域的全球引领者，布伦宝拥有独一无二的技术。其产品拥有卓越的质量和最先进的工艺。正因为如此，布伦宝刹车成为高级赛车和高级轿车的不二之选。该刹车能确保那些产于欧洲、美国和日本的顶级汽车达到无与伦比的性能。布伦宝以其生产过程的垂直一体化为特色，整合了所有的工序，是寻求最先进的制动盘的汽车厂家的理想合作伙伴。布伦宝在生产过程中使用独有的铸造工艺，加以精于专业知识的协同作用，实现了生产流程的最优化。布伦宝在研发阶段都有测试阶段与之衔接，包括静态舒适度测试、路面测试和在测试台上进行的动态测试。之后，产品便制造完毕并进入了产品推广阶段。令人惊讶的是，布伦宝从未在其任何声明中提及过要素品牌战略，即便如此，它却在用实际行动实践着这一理念。

2009 年初，现代汽车首次选用布伦宝刹车作为其新版 Genesis Coupe 2.0 升和 3.8 升的标准配置。还有很多其他赛车和高端汽车都配置了布伦宝刹车。布伦宝也是法拉利 F1 的供应商，其高性能刹车是汽车爱好者狂热追求的一个部件。使用布伦宝刹车的汽车包括：

Alfa Romeo 159，Alfa Romeo Brera，Audi A8，Audi Pikes Peak，Aston Martin V8 Vantage，Land Rover Range Rover，Dodge Charger SRT－8，Cadillac CTS－V，Ford Nuova Mustang V. Cobra，Nissan Z350 Roadster，Mercedes McLaren Slr，Mercedes Cl Class，Dodge Viper，Ford Shelby GT500，等等。

布伦宝创建于 1961 年。几年后，布伦宝开始制造第一批意大利产制动圆盘。在此之前，圆盘都从英国进口。创建伊始，他们共有 28 名员工，包括 4 个合伙人。而现在，布伦宝的员工约为 6 000 人，其中超过 9%都是研发领域的工程师和产品专家。该公司业务目前覆盖 3 个大洲，在 11 个国家设有工厂，其商业活动主要集中在瑞典、法国和美国，但产品却在全球 70 个国家有售。

不同于其他刹车制造商，布伦宝一直都在跟其顾客沟通。最初，它通过向赛车爱好者和旧车翻新提供配件与消费者进行沟通。参与赛车赛事，尤其是 F1 吸引了很多人的注意。现在，布伦宝甚至为流行的网络游戏中的汽车和摩托车“安装”了布伦宝刹车。图 32 展示的是布伦宝产品示例。

图 32　布伦宝产品示例

布伦宝的标志和独特的红色都清晰可见，这在汽车部件中非常少见。顾客们非常看重这一点。2008 年，根据汽车专业杂志《汽车与运动》进行的一次调研，布伦宝已经连续三年蝉联顾客最喜爱的制动系统制造商这一荣誉称号。布伦宝过去 20 年的飞速发展证明了其营销理念的成功。很明显，它采用了要素品牌战略，只是未在其官方声明中使用这一术语。

同样重要的是将 B2B 营销（如培训计划）和 B2C 营销区别开来，后者是直接渗透到 OEM 的最终客户的。B2C 营销措施对供应商来说可能还意味着巨大的挑战，但却变得越来越重要。博世的例子告诉我们即使不具备实施要素品牌战略的必要条件，供应商仍然能有效地应对最终客户。不管怎样，通过有效执行品牌形象战略，有效的品牌沟通以及供应商和生产商之间的有针对性的合作，都可以进一步推动供应商的品牌建设。

5.2 纺织行业的纤维品牌

若没有要素品牌，纺织行业简直无法想象，纺织品在生活的方方面面占据着重要的地位，因此，我们一般格外重视其质量，关注其手感、耐用性和功能。为了满足客户的上述期望，实施要素品牌战略的制造商需要告诉购买他们产品的顾客，他们所购买的产品中使用的是关键产品要素。美国拥有最多的要素品牌和最先进的管理团队，所有纤维要素品牌中的 80% 都来自美国，而且它们承认采用了这些理念。由于 OEM 数量庞大，而且应用繁多，因此没必要隐藏或掩盖要素供应商在做什么。目前，OEM 还未开始发展其自有品牌。

大多数纺织业的要素品牌始于产品生命周期的早期，但由于很多已经出现 20 多年了，因此已经进入了成熟期，而且还在使用要素品牌理念。他们通过各种媒体向终端用户进行宣传，其营销沟通预算也非常充裕。当然，要素的功能也必须非常出色，这样才能为差异化奠定基础，而该行业也在不断研发新型纤维。下游公司一般对要素供应商的支持力度不大，因为要想制造出最终产品，还需要完成价值链上的很多其他步骤。高度碎片化的区域性市场通常都不允许 OEM 大力支持要素品牌。有些要素品牌其实并不需要 OEM 的支持，它们已经拥有较高的品牌知名度，并以此获得了高额利润和快速增长。一个概念上的问题是，要素品牌战略会面临菲耶斯科效应的风险。例如，戈尔特斯限制其要素供应商的数量，保留了独家的合作权，彼此间合作基础牢靠，而不让要素供应商过快成长。随着市场日渐成熟，可能会出现其他挑战，图 33 中列出了一些要素品牌的标志，其中大

部分都是全球知名品牌。

图 33　部分纤维要素品牌（版权所有）

其中之一就是特雷维拉，其公司名称和品牌名称一样，自 1956 年成立以来，特雷维拉公司就一直在向终端消费者宣传其提供的要素的特性。公司前身是赫斯特公司（Hoechst AG）的一个部门，1998 年分拆出来，如今隶属于印度的信实工业公司（Reliance Industries）旗下。特雷维拉是欧洲生产聚酯纤维的主要厂商之一，在德国、比利时和丹麦都设有生产基地，其纺织行业的客户遍布全球。不过，其核心业务还在欧洲。特雷维拉的产品系列包括各种用途的纤维，如高品质布料、运动服装的布料、防风及防水布料、家用防火纺织品、窗帘、羊毛材料及床上用品。

特雷维拉这一品牌名称源于一个语言错误，而且这一错误早在 1956 年特雷维拉首次用作聚酯纤维品牌名称之前就已经出现了。特雷维拉这个词在 1932 年就被一个叫阿道夫·肯普夫的人注册成商标，此人当时在博宾根（奥格斯堡附近）的一家人造丝工厂的车间当经理。于 1946 年至 1947 年间担任车间经理的保罗·施拉克教授回忆道：“肯普夫意图使商标名称取自于奥格斯堡市的拉丁语名称，只是它并不是他所认为的 Augusta Treverorum（即 Trier），而应该是 Augusta Vindelicorum。虽然这一错误被改过来了，但这一商标却一直沿用了下来。有时我们甚至基本不用这一商标，直到 50

年代初期。” 1956 年，它成了赫斯特公司新研发的聚酯纤维的名称。

1954 年年底，博宾根工厂（自 1952 年开始就属于赫斯特公司）开始了涤纶短纤维的生产，这是当时初生的人造纤维市场最新的一项创新。为将其推向德国市场，赫斯特公司最初连同 Vereinigten Glanzstoffabriken（后来的恩卡，即 ENKA）以迪奥纶为商标推广这种新型纤维。1956 年初，公司又推出了连续螺纹（长纱线）纤维产品，并以特雷维拉（Trevira）作为其品牌名称。1956 年，这种新型纤维首批产量仅为 5 000 吨，而到 1996 年公司重组时 全球总产量已超过 100 万吨。赫斯特聚酯纤维部门在收购了丹麦的 Ernst Michalke 和 Kaj Neckelmann（今天的 Trevira Neckelmann）后进一步扩张。1987 年，公司又收购了美国的塞拉尼斯（Celanese），德国统一后，又合并了古本。

20 世纪 70 年代末期的纤维危机过后，业务逐渐从普通纤维转变为越来越专业化的功能纤维和纱线。如用于轻薄织物、羊毛织物的微丝、弹力纱线、特殊类型的无纺布。另外，某些产品还针对汽车行业及卫生产品进行技术应用。通常进行小规模生产，但产品却具有较高价值，可以量身定制。

所有单个产品品牌的标志都有相同的设计。它们与其他子品牌的不同之处，仅是加上了用与特定子品牌相关联的颜色书写的名字。特雷维拉品牌无所不在，无论消费者购买何种最终产品总能识别出这种要素。为了得到许可使用这些品牌标志作广告，特雷维拉的客户、纱线和面料生产企业必须签署一个品牌协议。例如，在批准子品牌 Trevira CS——用于制造阻燃材料的纤维——之前，必须先提供该材料的样品进行防火测试。材料必须 100%由具有防火性能的特雷维拉制成。使用其他品牌也必须对材料样品进行测试，材料必须至少包含指定数量的特雷维拉品牌的聚酯纤维，才能使用特雷维拉的品牌名称。

假设材料通过了测试，允许使用这个品牌的最长期限为五年。在此期间，织物生产商有权在其织物上贴上特雷维拉品牌的标签，并使用该公司的广告宣传资料。对于每一个品牌，特雷维拉都提供展示材料、宣传册、可粘贴标签、各种产品标签和特制的缝在织物上的标签，用来说明材料构成和洗涤符号。织物生产商也可以授权给其客户（如服装生产商或面料批发商）。不过，这些公司也必须先和特雷维拉签署品牌协议，才能使用该品牌及相关的广告宣传材料以推广其产品。

特雷维拉品牌战略的一个关键益处在于它能给加工企业带来优势，加工企业可以使用特雷维拉这一成分要素实现差异化，以区别于其他竞争对手，避免产品特色全无、易被替代的命运。如前文所述，在纺织商品中，尤其是在服装行业，消费者非常看重熟悉的品牌生产要素，并将优先考虑这些品牌产品。鉴于这种消费者的喜好，最终产品制造商，如运动服装、床上用品、窗帘等软装饰生产商，更倾向于使用有品牌的要素。

特雷维拉很好地利用了市场对高品质、功能性面料及纤维的需求，而且由于整个欧洲都存在这种需求，特雷维拉品牌因此得到了广泛认同。通过对特雷维拉及其子品牌的持续培养，消费者已经树立了对特雷维拉品牌的信心，并与其产品建立了情感联系。

就平面广告而言，特雷维拉把主要受众放在其直接客户——纱线和纺织品生产商上。譬如它在欧洲贸易杂志上刊登的时尚广告主要为各种子品牌做宣传，以便让加工企业认识到各个产品的关键优势。直接针对终端消费者、经销商和加工商的宣传，主要是通过与特雷维拉的客户一起制作的平面广告来进行。

本着多层次营销的理念，特雷维拉致力于为其合作伙伴在整个纺织行业增值链中提供一流的支持。例如，它提供了一个在线数据库，在这个数据库中，采用不同的搜索标准，用户可以找到所有加工和使用特雷维拉产品的公司的地址[16]。为了帮助销售顾问，公司还提供上文提到的品牌宣传册、证书和专家报告等可用于营销的资料，同时还有事先准备好的销售说辞。

特雷维拉充分利用其品牌的拉动效应。公司的目标是不断改善其品牌形象，使消费者认可其品牌并产生情感依赖，这样就创造了拉动效应，使零售商愿意进用特雷维拉纤维生产的货。在商场，终端消费者也将通过零售商和销售顾问了解到特雷维拉高科技纤维的优点和好处，从而进一步刺激需求。

含特雷维拉的纺织品以不同的方式进行品牌标示来吸引（潜在）客户的注意力。拥有自己网站的面料生产企业和中间商除了利用其特有的宣传方式和模式外，往往也会提及与特雷维拉的合作。室内装潢设计商店通常在家具装饰织物的样品或窗帘布料的样品上展示特雷维拉的标志。在邮购目录上，特雷维拉品牌也经常出现——有时以品牌标志的形式，有时在声明产品所用原材料时会出现品牌的名称（如 100%特雷维拉）。

特雷维拉与终端客户的直接沟通几乎完全局限于与其合作伙伴的联合广告的范围之内，其目的是为了通过在宣传册、零售商店的样品展示、邮购目录等渠道的不断曝光，培养终端用户的品牌认知意识。同时，它还会向销售顾问提供最好的支持和销售辅助工具。因此，向客户传达特雷维拉高科技纤维的优势的任务就几乎完全落在了销售顾问的肩上，他们的工作就是扩大消费者对产品的需求。

其原因是，特雷维拉是一条长增值链上的第一个环节[17]。首先，特雷维拉纤维被纺成纱线，之后由纺织公司纺织，再由印刷公司印刷，然后，如果必要的话，由纺织品生产商进行缝制，最后它们在商场呈现给消费者。在拉式战略的背景下，与生产过程的所有下游阶段沟通是相当复杂的。或许，特雷维拉认为该价值链中的加工、销售阶段是广告和沟通活动最重要的目标，因此将精力主要集中在这两个环节，而不是旨在针对终端客户的推广活动。如果特雷维拉采用一般意义上的要素品牌战略，这种情况可能会发生变化，导致与最终消费者更密集沟通。

新保适的要素品牌战略

新保适（Sympatex）技术有限公司致力于生产那些应用于功能性服装和饰品的高科技要素。公司的主要研发结合了不同特性和功能的产品。因此，它并非只提供一种新保适产品而是八种，以迎合个人对安全和舒适的不同需求。新保适产品拥有极好的透气性，其独立设计的产品还具有防风和防水功能，并提供诸如热反射和防潮等其他功能。

德国新保适技术股份有限公司成立于 1980 年。当时，合成纤维行业销售增长缓慢，没有人会想到新保适会成为一个应用广泛的知名品牌产品。

最初，新保适选择将精力主要集中在一个已被开发的产品上：一种由 Copolyetherester 制成的聚合物，这种聚合物可以为食品行业使用的玻璃纸包装提供一种更环保的替代品。但是新保适对这种具有防水和防风功能的聚合物进行了大量研究，并提出了生产一种具有无孔结构的薄膜的创意。

薄膜与标准信函重量相同（80 克），厚度为 0.01 毫米。下一步是生产层压材料，即由薄膜和载体材料制成的复合材料，因为这种薄膜本身很难转换。事实证明，当初做出的“只生产薄膜而非层压材料”的决定是正确的，因为这样公司可以利用几家专业公司的知识，并与之合作完成。

第一家制造层压材料的公司是普路启（Ploucquet）。新保适现在就隶属于普路启集团公司。该公司的研发部门显然认识到了这种产品能为服装行业带来额外收益。第一件新保适夹克是与纺织品技术部门合作研发的。1986 年公司通过这种日常穿着的夹克取得了重大突破。自那时起，新保适品牌在欧洲已成为功能性服装系统及配饰的代名词。

同时，公司也提出了市场营销理念。为了给要素品牌创建合适的参数，品牌名称必须出现在最终产品上，并为广大消费者识别。该公司选择了“新保适”这个品牌名称，并设计了一个蓝色三角形图案作为其品牌标志，代表衣服的功能[18]。这种品牌战略使得该品牌为广大消费者所熟知并且很容易识别。这种三角形标志成了品质的象征，也是带有该标志的夹克定价较高的原因。

这一理念基于品牌联营（pool of brands）的观点，它是实现“围绕商标展开的所有营销活动由公司指导”的基础。这些活动所需的主要资金来自薄膜的销售收入。该公司现在已经有能力打造自己的品牌形象。经销商也积极响应这一理念，他们认识到了新产品的优势，并将其作为物有所值的优质产品向终端消费者进行推广。所以，参与各方都能够受益于这一成功的营销理念。新保适品牌的知名度和形象大幅飙升，这反过来又有助于提升最终产品的差异性。

这家公司经营一系列业务发展计划。除了品牌营销和公共关系，该公司还提供一系列有效、高品质的装饰材料，如特定产品信息包装、新保适灯箱、功能鞋模型等，以帮助其合作伙伴销售产品并传达统一的形象。使用“使其他品牌更强的品牌”的口号，新保适与零售商合作组织全国销售网点的活动，并为零售商和销售顾问提供培训。从销售网点到贸易展览会和平面广告，公司都在尽量维护一个统一的品牌形象。锁定特定目标群体的广告刊登于《碧姬》(*Brigitte*)、《跑步者世界》(*Runner's World*) 和《户外杂志》(*Outdoor Magazine*) 等专业刊物上，旨在传达新保适的信息：“2004 年新保适回归知名杂志——为自己和合作伙伴创造可持续的成功。”在诸如梅西百货 (Macy's)、西尔斯 (Sears)、格雷力 (Galleria) 等著名的百货公司，全年都在开展各种推广活动。表 7 显示了新保适的品牌价值。

表 7　新保适的品牌价值

新　保　适	品　牌　价　值
市场份额 鞋 夹克	 24.0% 45.0%
熟悉度 (分等级的)	67.7%
满意度	98.0%
所有权	27.0%

新保适向材料加工商颁发许可证。这有两个优势：第一，许可证允许合作伙伴参与营销计划并受益于联合广告。其次，它要求材料加工商遵守严格的加工要求，从而保证产品的质量。这是要素品牌获得成功的一个很重要的方面。这种适用于所有产品阶段的质量保证系统是欧洲纺织行业最先进的系统之一。它保证给终端消费者提供始终如一的高品质产品，而且成果显著：在很短的时间内，新保适的品牌识别度高达 70%左右。

这个欧洲薄膜服装的标杆肩负着巨大的责任，因为一个品牌必须向客户和授权商提供高质量产品。正因为如此，新保适在每个生产阶段都严密监控其产品。为此，新保适进行了多种测试：喷雾试验、耐磨测试、模拟行走和压力测试。除此之外，这些产品还在造雨机器中进行测试，同时必须通过皮肤测试。公司还会从商店随机购买一些产品进行测试，以保证产品达到其要求的质量标准。这是确保品质和价值始终如一的唯一方法，而卓越的品质和价值则是这种要素品牌战略必不可少的条件。

积极营销和以顾客为导向的创新管理是新保适的核心价值观，也是使公司取得辉煌成就的原因。顾客把新保适看作高品质的象征，并且信赖这个品牌。正因为如此，他们积极寻求使用这种面料的功能性服装（拉动效应），而把那些不含品牌要素的“其他”服装统统排斥在外。零售商在出售带有“蓝色三角”的服装时甚至不需要花费很多口舌，而且可以比其他没有品牌的产品卖到更高的价钱。“新保适代表了始终如一、卓越品质以及对持续改进的不懈追求。”[19]

戈尔特斯要素品牌

新保适的一个劲敌是戈尔特斯。戈尔公司由威尔伯特（比尔）和吉纳维芙·戈尔于 1958 年创立。随后，他们的儿子——化学工程师鲍勃·戈尔也加入了戈尔公司。目前，该公司已成为氟聚合物应用领域的全球领导者[20]。

通过拉伸聚四氟乙烯（PTFE），鲍勃·戈尔发现了氟聚合物——一种非常坚固的微孔材料——具有一系列新的特性。现在，这种材料被冠以戈尔特斯的商标在世界各地进行销售。利用这种材料，人们已经开发出了数以万计的新产品。目前，公司在美国、苏格兰、德国和日本都设有生产基地并以戈尔特斯为品牌生产各种产品。戈尔特斯被用于：

- 血管及心脏手术、口腔手术、口腔颌面手术、骨科手术及神经外科手术中的医用植入体；
- 氟聚合物纤维，如包装线、纤维、牙线；
- 工业薄膜技术，如工业过滤、微过滤、通风；

- 先进的电子介质材料；
- 功能性纺织品。

1969年，戈尔公司推出了一种新产品，这种产品引发了纺织行业的变革，并创造了一个全新的细分市场——户外服装市场：戈尔特斯薄膜。这种薄膜的关键特征是它的毛孔，比一滴水的两万分之一还要小，但比水蒸气分子大700倍。这使得戈尔特斯层压制品——由戈尔特斯和其他布料层压而成（外部面料，有时包括衬里）——具有永久的防水性和防风性，同时透气性非常好。

戈尔特斯薄膜自问世以来一直在持续发展，新的应用层出不穷。直到今天，它依然是功能性服装的中流砥柱。戈尔公司采用的市场模式是要素品牌战略[21]，但它在市场上实际取得的成就已经远远超过了一个要素品牌。

公司从成立伊始发展到目前在纺织品和服装行业占据领导地位是一条漫长的道路。戈尔公司最初创建于特拉华州的纽克瓦市。比尔·戈尔曾在杜邦公司担任化学工程师，在那里他主要研究如何提高计算机行业中电缆的传导性。项目结束后，他决定在自己的公司实现他对产品和企业文化的梦想。

戈尔坚信，人们在一个平等的团队里工作时最具创造性，因此戈尔发明了格子组织模型（lattice organization）。该模型包含了属于同一层级的小单元，员工之间的承诺、高度责任感和直接沟通能够促进成功。该模型基于四个指导原则[22]：

自由：每位成员都有发展自己能力的自由。

奉献：一种自发的奉献精神，愿意承担而不是服从“上级”的命令。

公正：每个人都努力做到公正。

吃水线：这是一种类比。只有在和船上的人（相关的人、专家等）商量以后，你才能在船体（公司）低于水线的地方（如采取一个很可能影响公司成功、声誉或财务状况的决定或行动）凿洞。

公司的业务活动仍然基于聚四氟乙烯（PTFE）的加工。2009年，该公司第八次被《福布斯》杂志提名为美国100个最值得为之工作的公司之一——现在则位居第二。在英国，戈尔公司第二次被《星期日泰晤士报》

评选为最佳公司（2005 年排名第二），而且在《金融时报》和《资本》（德国）最佳雇主竞争中排名前十。

1989 年，公司提出的“保证让你保持干爽”的承诺成了其业务模式最重要的转变[23]。在此之前，戈尔公司主要销售中间产品，即“功能性纺织品”，但到那时，公司开始对最终消费者购买的成品服装或鞋子中使用的戈尔特斯产品的功能性承担直接责任[24]。

戈尔公司推行这种业务模式的转变时，欧洲的纺织品行业正在遭遇经济萧条。市场购买力下降、销售量下滑和不断增长的成本压力导致利润率越来越低甚至出现亏损，于是，纺织品行业的生产基地开始向东欧转移，而在西欧，纺织行业开始裁员。

戈尔对消费者的承诺使上游和下游生产环节之间的关系发生了根本性的变革。戈尔给合作伙伴颁发许可证，只允许用合格的生产设施加工材料。在整个增值链上，公司注重其所生产的、被用作功能性纺织品的要素的质量，同时确保消费者意识到其功能。这包括制定衣服和鞋子具体的设计和生产方法，使产品达到承诺的标准。此外，综合测试技术也被广泛应用于增值链的各个阶段。

戈尔特斯对消费者的承诺之所以成功，在很大程度上归功于这样一个事实，即消费者可以在商场看到材料并在最终产品上识别出戈尔特斯的品牌。这是通过戈尔特斯的品牌标志实现的：一个中间印有戈尔特斯字样的黑底黄边的菱形图案。根据这个品牌标签，消费者可以立即辨认出戈尔特斯服装。每个参与方（加工商、零售商、消费者）都能从要素品牌战略获益。生产该功能性材料所需的成分也是该战略的一部分。为了提高原料的特点并进而不断优化戈尔特斯层压制品的品质，公司与其原料供应商维持着非常紧密的合作关系。

专家设计也起着至关重要的作用。公司与世界各地的设计师和时装设计学校合作，创造新的流行趋势，将创新引入市场。

比如，20 世纪 90 年代末，始祖鸟（ARC'TERYX）采用戈尔特斯功能性材料推出了一款新的登山运动服。功能性的简约设计为该行业的发展创造了新的推动力，并引发了登山服领域新一波的创新浪潮。图 34 演示了戈尔特斯薄膜的作用原理。

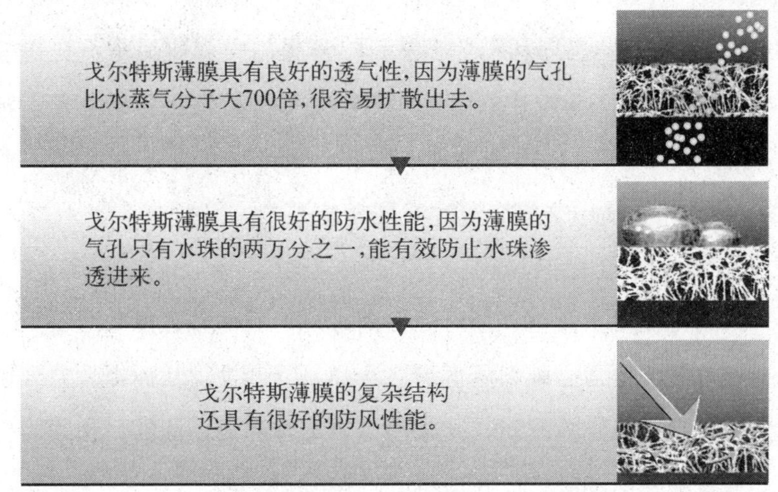

图 34　戈尔特斯薄膜的作用原理

戈尔特斯织物系统有广泛的网络支持。各种各样的戈尔特斯产品在世界各地都可以买到。除日常穿着外，这些材料还被广泛应用于适合登山、徒步旅行、滑雪、摩托车、水上运动和高尔夫球等运动项目的服装、鞋袜和手套上。这种多样化导致行业分布相对较广，与零售商的联系相对较紧。该公司的产品随处可见，这使它得以在销售点利用宣传资料和产品展示（展示橱窗、测试展示和店中店解决方案）来推广戈尔特斯的产品。媒体和专业运动员也是这个网络的一部分，有助于进一步提高戈尔特斯的品牌形象。

戈尔公司坚信每位员工都有发展和成长的权利。下面的这些数字能够反映公司所取得的成就：2004—2005 年，戈尔的营业额约为 18 亿美元，在全球 45 个分支机构雇佣了 7 300 人。其中，公司在德国设有三个分支机构，公司的雇员超过了 1 100 人，覆盖 4 个公司部门。

这些部门分别是：

- 电子产品，特种电缆和特定应用的电缆组件，例如航空；
- 医疗产品，如微创治疗中的替代血管；
- 纤维织物，用于运动服、休闲服、工作服和防护服的品牌功能性纺织面料；

- 工业产品，例如燃料电池技术的膜、特种纤维及应用于建筑行业的特种纤维织物。

2004 年，由《明星周刊》杂志发起的一次品牌调研显示，在接受调查的 800 多种品牌（来自 19 个行业）中[26]，戈尔特斯仅次于诺基亚，被评选为与消费者情感纽带最牢固的品牌。因此，大部分主要的服装生产商现在都在其产品系列中使用戈尔特斯就不足为奇了。

戈尔特斯品牌的主要特点是：

- 产品可以要求溢价，还可以提高最终产品的顾客感知质量*；
- 通过关注要素品牌来降低最终产品的复杂性，从而提高差异性；
- 通过要素品牌战略树立起来的对该品牌的信任能够简化购买决策；
- 通过联合活动降低广告成本。

在面对铺天盖地的各种产品时，人们倾向于信任那些之前有过良好体验的品牌。这就形成了消费者对要素品牌的忠诚，进而有利于最终产品生产商及包含该要素的其他产品的销售。例如，如果终端消费者对他们购买的戈尔特斯手套很满意，当他们想买休闲鞋时，就很可能会选择含戈尔特斯的产品[27]。另一个好处是这些产品随处可见。在欧洲，超过 2.4 万件零售商的库存产品由戈尔特斯制成。据估计，目前全世界共有 1 亿多件戈尔特斯产品正在被人们使用。

创新对品牌的长期成功至关重要。从 20 世纪 90 年代中期开始，戈尔公司每季度至少推出一种新产品，包括它旗下的其他品牌（如Windstopper® 面料和 Airvantage® 可调绝缘材料）的新产品。该产品良好的品牌形象和先进的技术让它占据了非常特殊的市场地位。整合的沟通过程和品牌在增值链上的位置是至关重要的因素：它们确保消费者要求创新而媒体会进行报道。图 35 列出了戈尔公司旗下的一些品牌。

---

* 顾客感知质量，是指顾客按自己对产品的使用目的和需求状况，综合分析市场上各种经由正式或非正式途径获得的相关信息，对一种产品或服务所做的抽象的主观评价。——译者

图 35 戈尔公司旗下的一些品牌

品牌成功的一个关键方面就是公司与其合作伙伴在增值链中进行合作以创造针对消费者的直接拉动效应。这种拉动效应可以实现品牌差异化从而使产品区别于其竞争对手，以占据更有利的市场地位。不断的创新和在增值链中坚实的地位会让这个过程持续下去。就广告而言，戈尔特斯与帆布背包生产商多特（Deuter）和自行车生产商捷安特（Giant）合作。为了促进销售，戈尔特斯与多家手套制造商保持合作关系[28]。公司还利用电视进行广告宣传，其最著名的戈尔特斯广告在 20 世纪 90 年代播出：

> 一对年轻的夫妇开着一辆四驱轿车正在穿越澳大利亚腹地，在路上他们遇到了一只袋鼠。司机及时刹车，好不容易才没有撞到它。他下了车，体贴地把他的戈尔特斯夹克披在这只可怜的动物身上。妻子觉得这场景很滑稽，于是开始拍照。然后还要他给她和袋鼠拍照。当她递相机给他时，袋鼠穿着夹克跳开了，而车钥匙仍在那衣服口袋里。这对夫妇只能眼睁睁地看着它消失了。

这则难忘的广告使观众印象深刻，并在推广戈尔特斯产品的过程中起到了重要作用。戈尔特斯始终在以行动实践着自己信奉的格言：“台上一分钟，台下十年功。”另外，公司还赞助各种运动赛事。

戈尔特斯品牌现有的优势是由“品牌中的品牌”这样一个理念成就的。它已经达到了第二阶段（突破），这意味着客户将特意寻找[29]用戈尔特斯制作的衣服和鞋子，实际的成品生产商是谁反而成了次要的因素。曾经的匿名成分现在已经成了“品牌个性”。戈尔现在有义务维护其要素品牌的优良品质。因此，与终端消费者的直接接触成了公司的优先事项。这在过去的25年中引发的一波又一波的创新浪潮，促进了纺织行业的发展。

今天，在这个销售和利润全方位下降的纺织行业，功能性服装市场无疑是一个不断增长的、成功的细分市场。据外部资源估计，公司的价值已高达9位数（以美元为单位），如果戈尔公司没有实施要素品牌战略，还是一个纯粹的B2B公司，它是不可能达到这个高度的。我们估计，这种积极的趋势能够维持相当长的时间。其他要素品牌供应商必须采取一切可能的计划，以避免“菲耶斯科效应（Fiesco-Effect）”[30]。

英威达要素品牌

在结束对纤维要素品牌的讨论前，我们再来看看英威达公司。该公司拥有好几个知名品牌，其中，最著名的是莱卡和Stainmaster（原为杜邦公司旗下的品牌）。自2004年起，英威达及其品牌一直隶属于科氏工业集团，是全世界最大的私有公司，总资产超过900亿美元。

2008年初，全球领先的纤维制造商英威达，为它旗下的旗舰品牌莱卡开展了一场全球营销活动，口号为“衣随心，真换爱”（Some Clothes Love You Back™）。图36展示了英威达旗下的要素品牌。

这场新的营销活动是英威达和法伦（一家位于伦敦的广告公司）耗时一年的努力的结晶，体现了莱卡品牌对消费者需求的独特解读。活动通过包括在线网络在内的各种媒体在全世界广泛传播。

这场营销活动建立在对消费者观察研究的基础之上。研究表明，消费者认为莱卡是一种值得信赖的品牌，并与之建立了牢固的情感纽带，因而在调查时，超过60%的消费者选择了莱卡。而在全球，高达90%的消费者都认可这个品牌。

莱卡品牌活动通过强调衣服怎样改变一个女人的外表和感觉来实现其品牌的差异化。在四大洲开展的针对此次活动的消费者测试表明，该活动利用了这样一种消费心理，即消费者只喜欢自己钟爱的衣服，以及这些衣服带给他们的感觉。

图 36　英威达旗下的要素品牌（版权所有）

另外，活动还想证明莱卡仍是时尚和纺织行业的知名品牌。扎克·珀森（Zac Posen）、粗斜纹棉布品牌、rue Religion、JBrand 和内衣品牌拉·佩路拉（La Perla ）和香泰尔（Chantell）都参与了以“衣随心，真换爱”为口号的宣传活动。

目前，莱卡依然是时尚产业发展的推动力之一。作为英威达同中国东方卫视联合推广的重点，莱卡赞助了中国的流行音乐电视节目“莱卡好男儿”。莱卡品牌对中国消费者来说不仅仅是使服装更舒适的纺织品牌，它还代表着时尚、创新和创造力，引领着整个市场新的时尚潮流。作为推广莱卡品牌的长期战略的一部分，英威达公司赞助创新型高端电视节目，这些节目向中国观众介绍最新的流行趋势及现代生活方式。所有这些营销活动让客户对莱卡品牌留下了深刻的印象，并刺激他们购买由莱卡制成或带有一个印着莱卡商标的小三角形标签的衣服。这种拉动效应大大提高了由莱卡制成的衣服的销量，越来越多的客户更喜欢买莱卡，而不是真正的名牌服装。莱卡的要素品牌战略和拉动营销宣传给莱卡及其合作伙伴带来了巨大的回报。

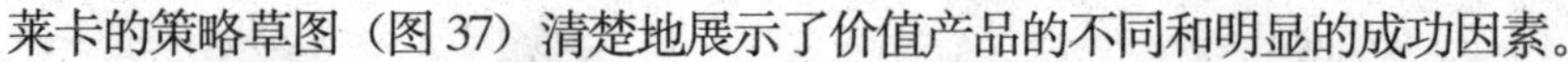

莱卡的策略草图（图37）清楚地展示了价值产品的不同和明显的成功因素。

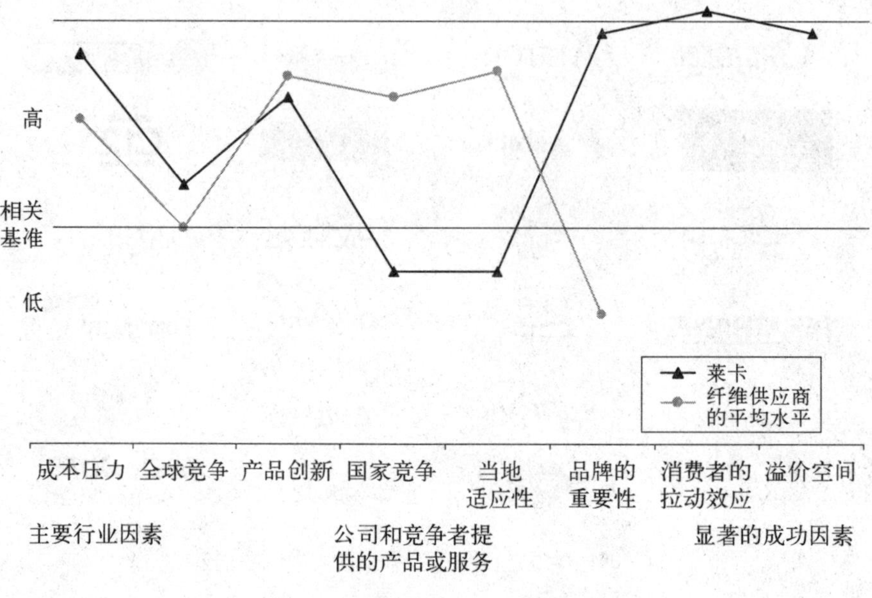

图37 莱卡纤维行业策略草图

如何巩固要素品牌的市场地位

这些纤维要素品牌的例子清晰地表明了在竞争激烈的市场环境下实施要素品牌战略的好处。那些公司努力进行差异化以区别于其他竞争对手。类似行业的其他公司可以效仿上述公司的成功案例，实施要素品牌战略以获取更有利的市场地位。比如土耳其的棉花和纺织企业可以通过为其高质量的产品打造品牌来创造竞争优势，从而压过亚洲的廉价织物[31]。

5.3 一种重要的成分——玻璃

人类大约在公元前3500年就开始制造玻璃了。千百年来，制造玻璃的主要原料——石英砂、碳酸钾和石灰石一直都没变[32]。玻璃是在熔融之后的冷却过程中黏度逐渐增强，硬化而不结晶的硅酸盐类非有机材料。化学家塔曼（GustavTammann）对玻璃的定义更加简单，即急剧冷却后固化的液体[33]。通过添加颜料和镇定剂以及使用不同的生产和加工工艺，玻璃已成为世界上最丰富多彩的材料之一[34]。

由于玻璃的种类繁多，其配方也千差万别，因此很难将玻璃分门别类。最常见的做法是根据其化学元素组成进行分类，根据玻璃的用途或形状进行分类也是一种办法[35]。

为简便起见，本书将根据玻璃行业的传统分类方法来区分不同种类的玻璃：平板玻璃、容器玻璃、再生玻璃和特种玻璃。水晶和玻璃餐具类别在此相关性不大，因为它几乎只包含最终产品（用于餐桌或厨房），不包括工业用品。

2006 年，玻璃行业在全球的总产值高达 820 亿美元，主要包括图 38 所示的产品类别。主导该行业的有三家公司，分别为拥有 Pilkington 品牌的英国公司 NSG、日本的 Ashai 和法国的 Saint - Habain。这三家公司供应的玻璃占全球总需求的 60%。在过去 20 年中，该行业的增长率高于全球经济增长（GDP），并预计在今后 10 年中保持高于 4%的年增长率。玻璃是一种奇妙的材料，因为其功能强大、用途多样。玻璃应用方面的创新潜能不光取决于其化学成分，还在很大程度上依赖于新的应用领域的发展。玻璃已经不再只是一种廉价的商品，而成了尖端科技的基础材料，包括光子学、纳米技术和仿生学[36]。

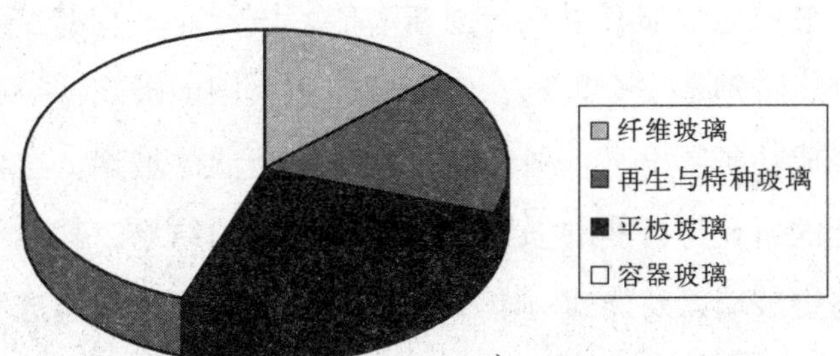

图 38　2006 年全球玻璃总产值：826 亿美元

玻璃行业某要素品牌的结构

成功的要素品牌战略的一个重要条件就是该要素必须是最终产品的一

个重要组成部分，并对最终产品的成功和/或客户对其质量的感知具有积极影响。当它们在一定程度上为终端客户所知，或在多层次营销中具有很重要的作用，就可以实施要素品牌战略[37]。这就意味着购买者必须通过使用体验到该要素实实在在的附加价值。

另一个条件是要素品牌具有很高的创新潜能或比较突出的竞争优势。此外，如果没有销售和市场等下游阶段的配合，根本不可能实施要素品牌战略。最终产品生产商必须同意采纳合作的推—拉战略，同时清晰有力地表明最终产品与要素品牌的关系，告知终端消费者该要素品牌能为最终产品带来哪些益处。

接下来，我们将着重探讨占玻璃行业总产值四分之三的两个最重要的领域，即平板玻璃和容器玻璃。一方面，鉴于本书篇幅有限，不可能对玻璃行业各个领域进行全面、详尽的分析，另一方面，由于玻璃，特别是可回收特种玻璃的产品设计层出不穷，应用领域多种多样，根本不可能就实施要素品牌战略提供任何具有普遍适用性的参考意见。

平板玻璃

在该领域，可以说，玻璃或玻璃产品代表了最终产品的一个重要部分（如家具玻璃、安全玻璃、中空玻璃、太阳能玻璃、隔热玻璃和镜面玻璃）。如前文所述，玻璃通常都有很高的创新潜能。该行业一直都在不断探寻更好的材料成分，特别是安全玻璃、中空玻璃和太阳能玻璃。一些全球领先的生产商已经成功研制出了一种具有自动清洗功能的玻璃。这项不可思议的成就是广泛的研究与自然的强大力量共同作用的结果。其他例子包括适用于车辆的防盗玻璃以及能通过电子控制调节汽车挡风玻璃透明度的电烙玻璃。

但是，平板玻璃行业有很多家制造商都可以生产同样的产品，在这种情况下，就应该仔细考虑一下要素品牌战略（直接针对终端客户，不需要最终产品制造商的任何参与）是否值得投资。例如，印度的平板玻璃供应商在过去的两年里卷入了疯狂的产品竞争。在印度，主要的平板玻璃供应商有 Modiguard、Saint Gobain 和 Asahi。这些供应商的情况和消费品行业类似：如果产品基本相同，就只能通过品牌和形象来实现差异化。这些公司为实现差异化所使用的沟通渠道和设计要素将在下面的章节中进行详细论述[38]。

容器玻璃行业

如果我们把包装行业的利乐看作是要素品牌战略的成功典范，就很有可能认为这一战略同样适用于容器玻璃行业。玻璃包装通常是最终产品的一个重要组成部分，具有很高的创新潜能，尤其是形式、设计和颜色方面。不过，对很多饮料生产商来说，玻璃包装已经成为其品牌特性的一部分了。这一点可以通过下面这个事实得以证明，即消费者只通过包装来识别食品、饮料和化妆品行业的很多品牌产品（如可口可乐和香奈尔 5 号香水）。

笔者认为，基本可以排除在容器玻璃行业实施要素品牌战略的可能性。为了成功实施要素品牌战略，包装生产商必须能为最终产品带来一定的差异化可能。但饮料生产商不会从中受益，因而也不愿实施要素品牌战略。笔者认为，容器玻璃行业的传统产品——标准的玻璃瓶，没有必要的差异化潜能，可以与任何其他产品互换，也不能提供任何附加值。

实施要素品牌战略时，制造商有三个选择：单一品牌战略，产品组品牌战略和品牌化组合战略。除了这三种单一的形式，三者还可以相互结合，尤其是为了实施要素品牌。

图 39 显示的是肖特公司（Schoot）为要素品牌制定的设计要求。肖特的公司品牌与相关产品品牌是相互联系的。

圆圈代表 Schott 品牌名称中的“O”。对于那些没有独立品牌的部件，该公司只是简单地使用了“powered by Schott”这样的口号（参见图 39）。工业品行业和玻璃行业中只有为数不多的几个产品品牌为公众所熟知，肖特公司的赛兰品牌就是其中之一，我们将在下一章节的一个案例研究中详细讨论这个问题。值得注意的是，在选择品牌名称和品牌设计时，人们主要采用以事实为基础的客观的方法[39]。很多品牌名称都反映了某个特定玻

图 39 肖特公司要素品牌的包装设计

璃产品的特性（耐热、防火等）：康宁公司的 Pyrex、肖特公司的 Pyran 和圣戈班的 Glass Pyroswiss。

与肖特赛兰不同，其他品牌都把其产品作为独立品牌直接向终端消费者进行宣传，甚至将该品牌特许给其他公司。康宁的 Pyrex 于 1998 年将其消费品部门出售给了 World Kitchen，但允许其使用 Pyrex 品牌生产烹饪用具（如 Newell Rubbermaid's Newell Cookware Europe）。该品牌在欧洲、中东和非洲的业务目前都归 ARC 公司所有。早在 20 世纪 90 年代，Newell Rubbermaid 将其从康宁公司收购，随后到 2006 年年初，ARC 又从 Newell Rubbermaid 收购了它在欧洲的业务。

精心挑选的形象和与之相连的情感能够在人们心中引起共鸣。即使在制造商向客户提供大量化学数据、规格和特点的玻璃行业，它们仍然能够有效实现差异化，并触发顾客的“关键体验”。这种情绪化当然能够推广到要素品牌上。以平板玻璃生产商 Modiguard 的活动为例，它通过用动物王国和自然界进行类比，成功地创建了人们对其活动的情感联系，而这是无法通过传统的、以强调产品的一般或特殊性能为主的营销活动实现的[40]。

另一个例子是来自印度平板玻璃市场的圣戈班（Saint Gobain），它在电视上投放了一则广告，突出强调了圣戈班玻璃“清澈、明净”的特点。该广告并没有大力宣传其产品的优点，而是纯粹以一种情感的方式推广圣戈班玻璃。

在这种 B2B 困境下，品牌就是规范，最终产品生产商通过他们的零售品牌来销售产品。只有少数公司坚持到底，我们找出了六个品牌（见图 40）。

图 40　玻璃行业要素品牌的例子（版权所有）

一个例子是位于德国美因茨的肖特集团。他们采用一般的产业模式，但偶尔也在某些情况下实施了要素品牌理念，并取得了一定的成功。如前文所述，肖特赛兰就直接接触消费者，并创造拉动效应。我们将在第六章的案例研究中详细介绍该品牌的历史和采用的方法。另一个例子是施华洛世奇元素及其要素品牌施华洛世奇水晶元素（Crystallized），我们将在接下来的部分进行详细讨论。

这些品牌并非集中在某一个国家，但欧洲似乎是该行业大部分公司业务发展的重心，提出了很多创新的营销理念。这些公司都没有选择自有要素品牌理念。因为玻璃行业已经存在了数千年，这些公司都不始于产品生命周期的初期。相反，它们都起步于玻璃产品的成熟阶段并不断创新。附加的产品功能和成分的复杂性对合作伙伴并不是非常重要，所以玻璃行业的供应商并没有从下游合作伙伴得到很多的支持。该行业要依靠它们，而且增值的程度还在不断增加。它们不仅提供原始产品，而且还提供产品模块。同时，由于其规模、实力和行业的碎片化，它们的品牌实力已经超过了 OEM 品牌。该行业的成熟带来了业务的稳定，但同时也不会出现大幅增长。因此，成功的品牌理念可以创造良好的回报。随着照相机行业的数字化，光学镜片生产商发现了玻璃镜片的一个新的应用领域。由于它们没有实力在该领域进行竞争，它们在相机、摄像机等产品中许可和品牌化它们的产品。样本见图 40。

CRYSTALLIZED™-施华洛世奇元素

成立于 115 年前的施华洛世奇（Swarovski），是世界领先的切割水晶制造商和供应商。该公司的传奇始于 1895 年，创始人丹尼尔·施华洛世奇发明了一种革命性的机器，使切割水晶的水平达到了前所未有的高度。三年后，他在奥地利瓦腾斯（Wattens）创立了施华洛世奇公司，时至今日仍保持完全独立。该公司目前由创始人丹尼尔·施华洛世奇的第四和第五代子孙掌管。2008 年，该公司综合营业额高达 25.2 亿欧元。

作为全球知名品牌，施华洛世奇素以创新、引领潮流、产品推陈出新和追求完美著称。这些都是该公司创始人丹尼尔·施华洛世奇所提倡的价值观。直到今天，他的座右铭“不断改善，追求完美”和“用水晶为人类带来欢乐”的愿景仍然是推动公司发展的核心理念。在全世界，施华洛世奇代表着严格的工艺、卓越的品质和创造力。

其产品范围几乎包括与切割水晶相关的所有产品：水晶组件和水晶物体，水晶首饰和水晶配饰。凭借施华洛世奇（珠宝、饰品、手表、水晶物体）、CRYSTALLIZED™-施华洛世奇元素（切割水晶元素）、ENLIGHTENED™-施华洛世奇元素（天然或合成宝石）、Tyrolit（研磨、切割、锯、钻、修整工具和机器）、Swareflex（道路安全反光配件）和 Swarovski Optik（制造精密光学仪器）等品牌，公司在相关领域也取得了领先的市场地位。

施华洛世奇针对消费者和企业客户采用了一个品牌。水晶部件部门是主要的 B2B 领域之一。施华洛世奇为时装、饰品、首饰、室内设计和照明行业提供水晶元件及半成品。施华洛世奇拥有超过 10 万种水晶石及一系列预制构件，是很多用切割水晶生产产品的公司的要素供应商。

2006 年，该公司推出了“CRYSTALLIZED™-施华洛世奇元素”作为施华洛世奇的自由切割水晶元素的产品品牌。这是水晶部件部门开展的第一次直接针对最终用户的营销活动。该公司因此创造了“由CRYSTALLIZED™-施华洛世奇元素制造”的标签以便向消费者证明产品的品质和真实性。这个标签代表了施华洛世奇追求完美和最高品质的承诺。

在如今日趋复杂的购物环境下，消费者面临多种选择的困境，此时，知名品牌可以给消费者提供明确的方向，并让他们相信他们做出了正确的决策。由于“CRYSTALLIZED™-施华洛世奇元素”的标签对于施华洛世奇的业务合作伙伴和消费者来说都是质量的象征，这使得CRYSTALLIZED™产品更具吸引力，并进一步证实了其附加价值。此外，施华洛世奇传统的核心能力——创新和多样性、产品和服务质量——帮助该品牌进一步区别于其他竞争对手。

由于品牌活动的局限性，公司决定特立独行，设计特殊标签。由于最终产品是时装、珠宝、配饰和家居装饰等产品，标签可以是高档银质金属标签、米黄色纸标签或粘贴标签，用以证明该水晶的真实性。带有“由CRYSTALLIZED™-施华洛世奇元素制成”字样的标签对客户来说就是质量的保证，让他们相信在生产最终产品的过程中只使用了CRYSTALLIZED™-施华洛世奇元素。为了保证这项承诺，每个标签上都带有由施华洛世奇认证的特殊数字。

2006年，随着全球广告宣传活动的开展，公司正式推出了其要素品牌。为了推广这一新品牌，公司在各大时尚杂志，如《世界时装之苑》（*ELLE*），《时尚》（*Vogue*），《型时代》（*Instyle*），《嘉人》（*MarieClaire*）和《大都市》（*Cosmopolitan*）上刊登了平面广告并在商店展示宣传材料、海报和明信片。

1995年，为庆祝施华洛世奇成立100周年，公司聘请了著名艺术家安德烈·海勒在奥地利小镇瓦腾斯（总部所在地）设计建造了水晶世界——被誉为光线和音乐完美结合的“现实中的童话世界”。除了展览，水晶世界还不时举办一些特别的文化活动。截至目前，水晶世界已接待800多万名参观者，成为奥地利最热门的旅游景点之一。施华洛世奇的官方网站上就有推广该展览的相关宣传资料（www. swarovski. com/kristallwelten）。

有些人误以为，一个拥有在线数据库的公司网站的唯一或主要目的是作为某种形式的在线产品目录。实际上，网站可以是宣传品牌的一个手段。由埃森哲开展的一项关于 B2B 在线购买决策偏好的研究揭示了一些令人吃惊的结果。根据他们的报告，对于在线买家来说，熟悉且信誉良好的品牌是最重要的因素，其次是服务、价格和种类。此外，80%的 B2B 客户不太看重价格。

在虚拟世界中，没有实物可以触摸或感觉，没有熟悉的、实实在在的商场去光顾，有的只是无数类似的网站。在网络世界中，公司规模可能不再重要，因为即使是小型或中型公司都可以租用服务器空间并创建一个专业网站。因此，在线品牌建设应该不同于传统方法，主要利用因特网为个人和公司提供的两个优势：

- 信息：即时传播最新信息。
- 简单：随时随地进行交易的可能性。

完美的业务流程和准确的信息是任何在线业务的先决条件。如果你想提高品牌体验，必须时刻关注品牌印象的方方面面。原则上，每次网络互动，我们都有机会进行一对一的品牌体验。这种体验可以以标准化的方法进行，即访问网站的数百万访客可以得到同样的印象，也可以为用户量身定制，也必须这么做！

《华尔街日报》就为注册用户提供了定制服务。用户可以在其主页选择他或她想要看的内容。对这些用户来说，对《华尔街日报》品牌的认知是他们日常生活的一部分。类似的网络营销的成功案例在 eBay 也可以看到。

从战略的角度看，施华洛世奇与其多数竞争对手实力相当，但却在品牌建设上明显胜出，这是它从众多竞争对手中脱颖而出的原因之一（见图 41）。

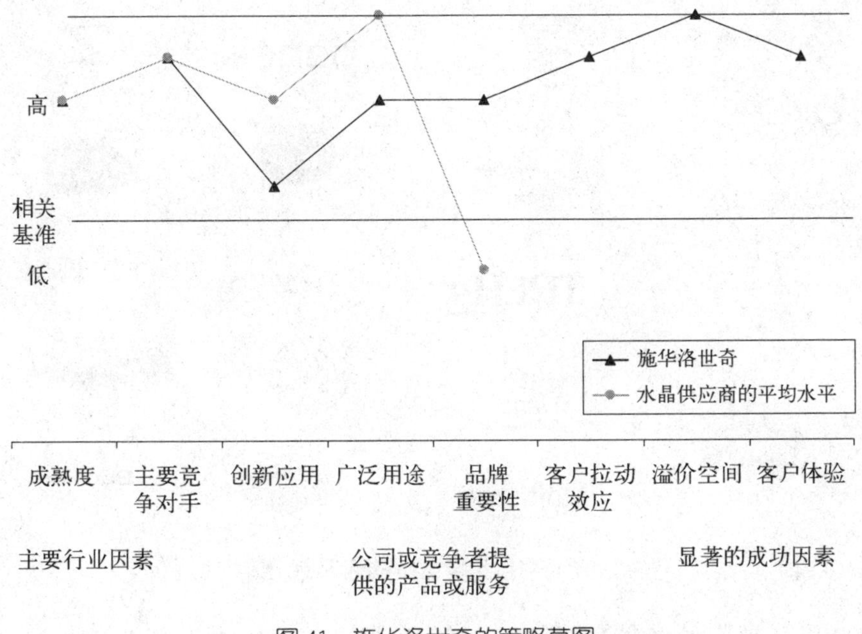

图 41 施华洛世奇的策略草图

5.4 食品行业的例子

在过去 10 年中，食品行业为差异化创造了巨大的空间，尤其是膳食补充品领域。食品行业是一个复杂的多元化产业，供应全世界人口所需要的大部分食物。随着食品创新越来越多，食品生产的工艺越来越繁复，广告和宣传成了传播食品信息的主要媒介。以加工食品为主导类别，商家在产品创新上几乎拥有无限的可能性。由于供应商数量庞大，要让消费者知道它们需要很大的努力。我们已经注意到一些公司，它们不光服务于价值链上下一个环节的客户，同时也向最终用户——产品的实际消费者——推销产品。图 42 列出了部分食品和膳食补充品品牌。

食品要素品牌营销的一个经典案例是美国纽特公司（NutraSweet Property Holdings Inc.），他们打造了纽特要素品牌，并使之家喻户晓。

纽特甜味剂是在 1965 年由 G. D. Searle and Company 公司的研究员 James Schlatter 发明的。1985 年，该公司被孟山都（Monsanto）公司收购，

图 42　部分食品和膳食补充品牌（版权所有）

2000 年又被卖给了美国的 J. W. Childs Equity Partners II L. P.。Childs Associates 公司在食品、饮料和食品配料行业具有丰富的经验，它与纽特公司建立了管理合作并分享经验。现在纽特公司以独立公司身份开展业务，在全球享有盛誉。公司的总部，包括行政和生产部门，都位于美国密歇根州的芝加哥。公司的首席执行官劳伦斯·本杰明（Lawrence S. Benjamin）自 2002 年 10 月起接管公司。1981 年，纽特公司推出了纽特牌阿斯巴甜（纽特健康糖），开创了行业之先河[41]。纽特健康糖，是纽特公司合成的甜味剂阿斯巴甜的品牌，至今已成功应用在 5 000 多种产品中，该产品目前在全球 100 多个国家有售，拥有 2.5 亿消费者。

阿斯巴甜是一种糖的代用品（食品添加剂国际编码：E951）。阿斯巴甜比一般的糖甜 200 倍，每克所含热量仅为 4 卡，它在人体内的分解过程类似于蛋白质。因为它并不提高人体内血糖浓度，也不含大量卡路里，所以非常适合糖尿病患者和希望控制体重的人食用。相对于其他甜味剂，如糖精和甜蜜素，阿斯巴甜的甜味更清新纯正。但是阿斯巴甜的热稳定性不佳，在 200℃以上就会分解，所以不适用于烘焙和烹饪。

苯丙酮尿症患者不能正常代谢苯丙氨酸。美国食品药品管理局（FDA）

要求所有含有苯丙氨酸的食品和饮料必须标有“含有苯丙氨酸”的标签[42]。纽特健康糖在食品行业最为常见，不过，它也可以应用于医药产品的生产，比如 SCITEC NUTRITION 公司的乳清蛋白[43]。纽特健康糖主要用于无糖型食品、饮料以及减肥产品[44]。

案例：可口可乐和纽特健康糖

1982 年，随着纽特健康糖推入市场，健怡可口可乐开始书写其成功的篇章。这是第一款成功推向市场的低热量、健康型软饮料。今天，它已推出了很多品种，比如柠檬味健怡可口可乐和不含咖啡因的可口可乐。

在最初的四年，全球甜味剂消费量每年增长 73%。仅在美国市场，年增长率就高达 119%。日本位居第二，年增长率为 68%，而欧洲市场增长较为缓慢，年增长率仅为 9%。

到 1986 年，甜味剂市场已经日趋饱和，随后几年不太可能出现急剧增长。尽管如此，据统计，在 1986 年至 1991 年间，全球市场年度增长率为 12%，其中美国市场为 9%，日本市场为 15%，欧洲市场为 27%。

自纽特健康糖于 1981 年投入美国市场并于次年投入全球市场以来，纽特品牌实现了快速增长。食品行业在向消费者传达“无脂肪，低热量，适合糖尿病患者，而且比糖更甜”的信息方面做得非常成功。因此，消费者开始更加重视甜味产品、其他食品和饮料包装上列出的成分。这也使得越来越多的客户发现了这种成分能为自己带来的好处，并开始购买更多的“健康”的产品。纽特牌阿斯巴甜也因此变成了低热量甜味食品的代名词。

公司实行的全球扩张策略取得了巨大的成功。欧洲和日本很快迎头赶上，开始向市场引入越来越多的健康产品。“零脂肪”、“卡路里减少 40%”和“适合糖尿病患者”等吸引眼球的标签，被用来吸引糖尿病患者和其他目标群体。

纽特另一个成功的秘诀是决定尽早集中在一个单一的主要目标群体：软饮料制造商。可口可乐公司是软饮料市场的领导者，不仅拥有可口可乐、芬达、雪碧、橙味可乐、雀巢、运动饮料、酷儿、金利、飞雪等取得巨大

成功的品牌，也生产多种健怡类产品，如健怡可乐、柠檬味健怡可乐等。可口可乐是世界上最知名的公司之一，近几年其品牌价值一直排在世界前三名。可口可乐的成功拉动了甜味剂供应商纽特[45]，即使最终产品上并没有明确标明纽特的品牌。

采取新的沟通策略可能可以进一步发掘纽特的潜力。例如，纽特可以选择与口香糖制造商箭牌（Wrigleys）[46]进行品牌合作。一个办法可能是确定具体的目标群体（如中学生或牙医）并分发免费样品，让他们体验一下用纽特健康糖开发的具有护齿功能的新型无糖口香糖。这种做法可以帮助纽特扩大其主要业务领域，而且，更重要的是，能够强化纽特的品牌。

在全球市场上，甜味剂生产商为数不多。法国著名减肥糖品牌Canderel是欧洲市场最知名的生产商之一。与纽特不同，这家公司销售自己的减肥产品（如减肥巧克力），并不只是一家要素供应商[47]。在全球，纽特公司目前控制着甜味剂行业约四分之三的市场份额[48]。

在美国，化学家向市场推出了一种新的甜味剂。该产品被称为Splenda，没有强烈的后味，使用量相当于蔗糖的一半。Splenda不含热量，因为它不会被人体吸收。

这种甜味剂已成为最畅销的产品，也是唯一以蔗糖为基础原料生产的产品。该产品由强生旗下的麦克尼尔营养品公司（McNeil Nutritionals）生产。该公司奉行经典的要素品牌策略，售价也相对较高。在美国，新甜味剂售价是蔗糖的5倍，在英国价格更高。该产品目前还没有进入德国市场，虽然它能使乳糖不耐症患者的生活更“甜”。Splenda是利用1976年首次发现并经过反复测试的一种化学物质合成的。

许多糖浆生产商已经在使用这种糖的替代品，咖啡因饮料和软饮料生产商也逐渐认识到了这个新产品的好处。根据英国市场研究公司Datamonitor发布的数据，2004年Splenda被用于1 436种新产品，而在2003年和1999年，分别只有573种和35种[49]。

2005年夏，可口可乐和百事在美国本土陷入了一场争夺低糖饮料市场的恶战。百事推出了百事ONE®，可口可乐则推出了Zero®。根据可口可乐公司内部消息，这种新可乐添加了 Splenda 甜味剂，将成为该集团减肥系列中的第七种产品。这家全球最大的软饮料制造商声称这款新产品主要针对近期销售业绩下滑的美国市场。现在，它指望借助 Splenda 甜味剂要素品牌重新夺回其市场领先地位（参见图 43），我们可以把这种方法视为反向要素品牌战略。

图 43 含有 Splenda 甜味剂的健怡可乐的包装罐（版权所有）

与食品行业的其他供应商相比，上述示例清晰地展示了不同于许多食品要素供应商的差异化战略。该行业极具多样性，但同时竞争激烈，而且也越来越集中。此外，人们还非常关心盈利能力，一个问题就是为什么玉米甜味剂之类的公司能够保持盈利，而面粉厂等其他公司却不行。大多数实施要素品牌战略的公司都将自身定位为消费者的资产。

在这一高度竞争的行业中，权力在逐渐向大型零售连锁店转移、集中，单一品牌的影响力也逐渐被零售商自身的品牌所遮蔽。通过多次并购，这些大型零售商已经收购或整合了很多知名消费品品牌，扩充了其自身的产品组合。图 44 显示的是食品和膳食补充品行业部分要素品牌的策略草图。

在我们的要素品牌列表中，我们列出了 22 种产品，但由于各个地区和国家的具体情况不同及创新的日新月异，我们肯定不可能罗列所有要素品牌产品。有些品牌明确采用要素品牌战略，而超过 60%的公司虽然也在实践要素品牌战略的各个重要方面，却从未公开宣布过其要素品牌战略。此外，我们还无法将自有要素品牌和 OEM 品牌区别开来。

北美和加拿大保健野生小蓝莓协会（WBANA）运用要素品牌战略将其产品区别于普通人工种植的蓝莓。对高级食品设计师来说，野生或矮灌蓝莓拥有很多人工种植的蓝莓所不具备的优势。它们体积更小，更紧凑，

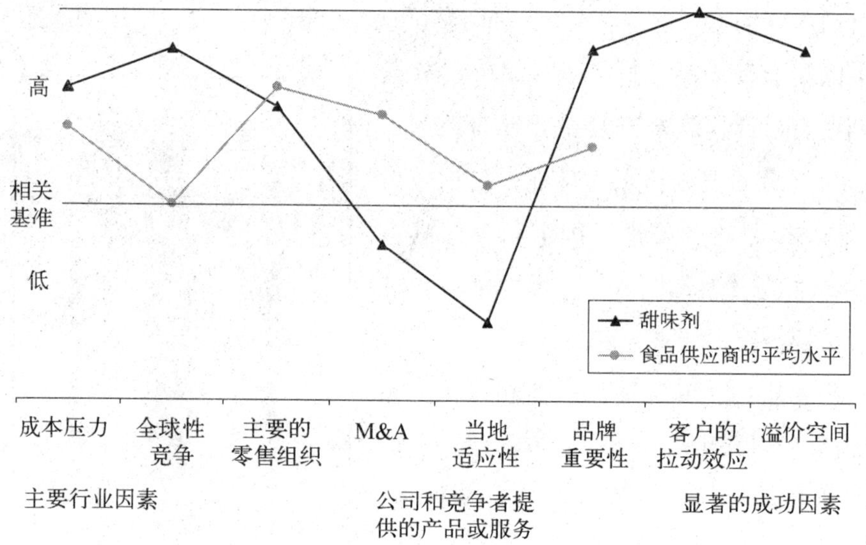

图 44　食品和膳食补充的行业部分要素品牌的策略草图

味道更浓郁，冷藏效果更佳，在许多应用上表现良好。此外，野生蓝莓也具有更强的抗氧化功能，含有更多有益于人体的抗氧化剂和酚类化合物，是优质蓝莓产品的首选。

凭借其出色的产品，野生蓝莓为其用户创造出了一个基于以下标准的真正的优势：

非凡的口味：兼具甘甜和扑鼻香味的野生蓝莓具有其他蓝莓无法比拟的口感，这意味着野生蓝莓产品拥有最终用户所至爱的鲜明的、令人难忘的味道。

特殊的大小：野生蓝莓天生比高灌蓝莓小，肉质更紧凑，因此其浆果含量更高，每磅的浆果含量比栽培的高灌蓝莓最多要高出三倍。这意味着最终产品中将会富含更多的蓝莓汁，这也是消费者所期待的，每一口都会洋溢着更浓郁的蓝莓味道。

卓越的表现：将野生蓝莓添加到多种产品的生产过程中，能够在增添风味的同时，保持其原有口味、质地、形状和颜色。事实上，快速单冻（IQF）型野生蓝莓的保质期可长达两年之久，可以冷冻的形态直接用于食品的制备过程中，方便操作。野生蓝莓常年结果，形状大小各异，并始终表现良好。

适销的神秘气质：野生蓝莓天生拥有一种“野生的”谜样气质。作为原产于北美洲的仅有的三种野生浆果之一，野生蓝莓拥有一种极富吸引力的“野生意象”，这一点能够轻易将野生蓝莓产品区别于其他产品。另外，野生蓝莓作为保健品的形象则进一步为整条产品线带来了更高的附加值。

鉴于其产品的优势，加拿大保健野生小蓝莓协会先接触了食品生产商、面包房和食品服务商。随着其全球品牌知名度的提升，野生蓝莓开始应用于各种产品，从谷物和松饼到果酱和果冻，从茶和果汁到酸奶和冰淇淋，野生蓝莓都是一种增加味道、颜色和营养的要素。

在要素品牌战略实施的初期，它们被大力地推介给最终用户。食品行业中的要素供应商要想取得成功，其附加的功能优势尤为重要，因为客户需要被说服以信任这种附加的功能优势，从而将这种产品与其他产品区别开来。食品行业存在很多 OEM，但要素供应商却比较有限。他们不能指望来自下游伙伴的大量支持，因此只能靠自己在营销活动中斥巨资来实现这种拉动效应。有些要素供应商有财力进行推广活动，而有些却无力承担实施要素品牌所需的费用，因此我们将这些要素供应商的发展路径和成功之道做了区分。

通过对这些要素品牌的行业分析的结果加以总结，我们需要承认各行业之间存在着差异，但要素品牌战略所取得的成就表明要素品牌战略是帮助企业实现差异化、保持竞争优势的一种非常有效的手段。要素品牌战略为我们指明了一条进入蓝海的路径，帮助我们在不需要和其他竞争对手短兵相接的情况下实现超越。在下面一章，我们将通过一系列案例进行更加详细的探讨，帮助读者更好地理解要素品牌战略。

概　要

- 通过使用策略草图，要素品牌战略的优势可以体现在以下方面：主要行业因素，公司和竞争对手的产品或服务，显著的成功因素。

- 要素品牌理念可能的优势和劣势在上文所述的行业中都体现了出来。

- 即使所在行业的产品具有很强的同质性，仍然可以发展并实施差异化理念。

- 所选的行业仅限于那些能通过将先进的营销创新手段付诸品牌塑造计划，从而创造出竞争优势的领域。

6. 要素品牌的成功案例

Ingredient Branding

在本章中，我们将详细讨论九个成功实施要素品牌战略的公司案例，读者可以从中借鉴一些最佳实践。这九个案例参见表8。

表8 所选案例

案　例	原　　理
特氟龙	要素品牌战略基础
杜比	创新引导科技发展
利乐	从设备制造商到大众品牌
苦味分子（Bitrex）	完善营销网络
禧玛诺	隐性要素品牌
模克隆	高科技材料
数字光处理技术（DLP）	宠爱你的客户
肖特赛兰	成功的差异化战略
美克邦	说服客户，衡量价值

6.1 特氟龙：要素品牌战略基础

杜邦公司是实践要素品牌理念的先驱之一。公司于1802年由E·I·杜邦·德内穆尔创立。他曾师从法国科学家安东尼·拉瓦锡学习炸药知识，这期间，他意识到北美市场蕴藏着对火药的巨大需求。他成功地募集到了一笔资金，并从法国进口设备用于生产火药。通过努力，公司很快树立了正面的企业形象，不久后便成为美国主要的火药供应商之一。后来，杜邦公司事业不断壮大，业务领域延伸到甘油炸药和无烟火药的生产。今天的杜邦致力于利用科学创造可持续的解决方案，让全球各地的人们生活得更美好、更安全、更健康。杜邦公司的业务遍及全球 70 多个国家和地区，在农业、营养品、电子、通讯、安全与保护、家居与建筑、交通和服装等众多领域提供多种创新产品和服务[1]。

两百年来，杜邦公司一直沿用着其创始人的名字。早在 1906 年，公司就邀请艺术家 G. A. Wolf 为公司设计新的标志。三年后，他设计出的椭圆形标志一直被沿用至今（参见图 45）。

图45　杜邦公司的品牌标志：早期和目前的版本（版权所有）

从 1955 年开始，杜邦公司进入全球财富 500 强榜单之中。公司营业额在 2008 年高达 306 亿美元，居财富 500 强第 81 位。杜邦公司曾利用石油里的碳氢化合物为基础开发出不少极为成功的材料，引领了聚合物革命。聚四氟乙烯（PTFE）——特氟龙——是由杜邦实验室（位于新泽西的杰克逊实验室）的罗伊·普朗凯特博士于 1938 年 4 月 6 日发现的。当时他正在研究冷却剂氟利昂产生的气体，在查看一个冷凝聚合的四氟乙烯样本时，他和同事发现该样本自动聚合为白色固体，形成了聚四氟乙烯。这是一种无色无味的粉末，一种具备全新性能的含氟聚合物涂料。普朗凯特也因这一发现而被提拔为化学部主管。

聚四氟乙烯于 1945 年上市，注册商标名为杜邦特氟龙。特氟龙的相对分子质量超过 20 000 000 MW（分子质量），是人类已知分子量最大的分子之一。其表面光滑，几乎没有什么东西可以黏附其上，它也不会吸收任何东西。因此，随后特氟龙被用于厨具中的不粘涂层也就不足为奇了。这种材料最初被用于曼哈顿项目的军事用途。第二次世界大战后，杜邦公司有很多机会把这个新发现应用于民用项目。

自 1988 年起，杜邦就开始向那些用特氟龙制造出新产品的科学家颁发研究奖。曼哈顿项目完成后，杜邦不断在研发上进行投资。1948 年至 1962 年间，杜邦研发了很多纤维产品，如奥纶、Dacron®和莱卡。自 1961 年起，杜邦一直在不断扩张，并持续开发新的产品。科学家研发出了新的材料，如尼龙®、赛璐玢®、凯夫拉®、芳香聚酰胺纸(NOMEX)®和特卫强®。杜邦研发的先进材料对阿波罗太空项目的成功非常关键，之后其为改造这些材料（以便为普通消费者所用）所作的努力也得到了很高的赞赏。

要素品牌战略

差异化压力和终端客户不断提高的要求是化工行业面临的一大挑战。杜邦为改善人们的生活进行了很多创新。过去，领先的化工公司能够通过提供采用可靠技术生产的多种产品来满足消费者的需求，而这正是其主宰全球市场的原因。

另外值得一提的是，许多零售连锁店已经变得越来越强大，这也是迫使消费品生产商不得不将巨额利润重新投资到营销和广告活动中的原因之一。与之相应，产品要素供应商迫于生产商的压力，也开始考虑发展其自有品牌。近年来，大众传播特别是因特网的发展，使得技术产品信息的可获性与可比性大大加强。在这种情况下，一方面，消费者可以在做出具体的购买决策前，通过网络轻松获得不同产品的信息；另一方面，企业也可以更加直接地与客户进行交流。

化工行业如今被几大巨头所掌控，包括两大欧洲供应商、两家美国企业和一家日本公司。这些企业在市场中的排名已大体趋于稳定，并实现了几乎同步的增长率。相比较而言，只有那些意在通过兼并来实现发展的公司获得了更快的增长。在过去的几年中，化工行业的处境并不稳定。而得益于其低廉的成本结构，亚洲企业控制的市场份额在稳步增长，这一现象对行业竞争形成了巨大的挑战。

为了应对这一形势，很多欧洲公司决定将其生产部门迁至欧洲以外的国家，以此来降低成本。此外，这些公司认为加大市场营销力度或推行要素品牌战略也是一种可行的方法。杜邦是这一行业中规模最大、盈利最多的公司，其旗下注册的品牌已经超过1 700个，其中包括特氟龙和莱卡。表9中列出了其他品牌。

杜邦的品牌战略就是通过一系列创新让终端消费者了解其公司，并向他们传达其产品的优势。杜邦在“要素品牌建设”方面做的比核心行业的其他任何公司都要成功。不论是在B2B领域还是B2C领域，杜邦为一些知名品牌开拓了全新的市场，如特氟龙、可丽耐、凯夫拉和芳香聚酰胺纸(NOMEX)。杜邦在推出特氟龙产品时，就提出了“要素品牌”的概念，比英特尔发起“Intel Inside”活动要早得多。根据内部资讯显示，自1964年推出以来，特氟龙在全球的品牌认知度已高达98%。

表9 杜邦推出的部分要素品牌

品牌名称	材料	最终产品示例
酷玛	纺织纤维	运动服装
考杜拉	纺织纤维	粗呢、帐篷
可丽耐	人造石	厨房台面
达可纶	涤纶	服装
凯夫拉	品牌纤维	防护服和安全设备
莱卡	弹性纤维	衣服、运动服装
密拉	聚酯薄膜	航空方面的应用
Stainmaster	防污渍纤维	地毯
特氟龙	树脂	炊具不粘涂层
特卫强	防护材料	用于包装及绝缘胶布

利用要素品牌战略，杜邦克服了有限的、单向的客户—供应商关系中

所固有的局限和风险；同时他们通过不断创新将客户引入新的产品应用领域。通过产品改进与创新、提供额外服务、更快且更可靠的送货方式以及更低的价格，杜邦创造了竞争优势并实现了区别于竞争对手的差异化。

此外，他们还极力将其公司品牌发扬光大。在《科学镜报》上发表广告词之后，杜邦于 1999 年 4 月在《华尔街日报》上刊登了一篇长达 12 页的广告文章，发布了公司最新的品牌标志[2]。《华尔街日报》探讨了杜邦公司在品牌战略方面新的侧重点，突出强调了该公司 200 年来在航空、农业、服装、电子和医药等多个领域所进行的产品创新。杜邦的下一代创新也暗含其中。特氟龙的要素品牌传播参见图 46。

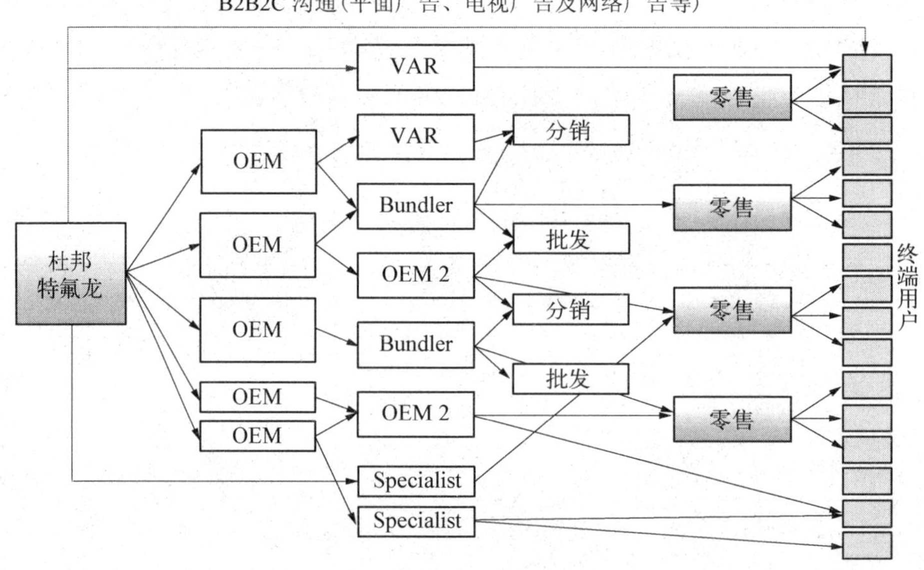

图 46　特氟龙的要素品牌传播

同年，公司在全球打出电视广告。2000 年，杜邦又发布了化工公司第一个在线广告，通过微型网站来吸引化学家们的注意，之所以没有选择广告横幅是为了避免冒犯这个他们非常重视的目标群体。此外，公司还组织了很多针对具体产品的宣传活动。例如，针对特氟龙，公司宣称：

“特氟龙——杜邦独有”

特氟龙品牌旗下有很多种产品应用：

- 含氟聚合物纺织纤维
- 医疗产品
- 炊具和锅

表 10 中的不同系列都冠以特氟龙的品牌名称并在该品牌层级中占据一席之地。

表 10 特氟龙产品系列（版权所有）

DUPONT Autograph	该系列主要针对专业厨师。炊具和锅上都有特殊涂层，使其经久耐用。
Teflon Platinum Pro	该品牌主要针对不经常烹饪的年轻客户。不过，该系列具有较高品质，包括不锈钢和铝。
Teflon Select	该系列主要针对喜欢烹饪的家庭，能让所有家庭成员参与其中。
Teflon Classic	特氟龙基本款产品。

杜邦公司于 2000 年初开始扩大其厨具用品的产品线，并使其成为一项全球性业务。杜邦在其应用领域提供的解决方案是其他产品要素无法实现的。此类应用包括在极端环境中使用的涂料，如船舶用涂料、光学用镜、雨刮器、润滑剂、体育产品、个人护理产品及光电薄膜等。

2003 年，出于战略考虑，杜邦将原纺织与室内饰材子公司更名为英威达。2004 年，该公司收入高达 63 亿美元，拥有 18 000 名员工，生产各类用途的纺织材料。同年，杜邦将英威达出售给了美国科氏工业集团，杜邦在交易中保留了工业应用部门，以顺应公司未来的发展方向，公司今后更关注下游的活动。美国科氏工业集团是聚酯纤维供应商 Kosa 公司的母公司。科氏集团总部位于美国堪萨斯州，是《福布斯》杂志[3]评选出的美国最大的私有公司。其业务遍及多个领域：炼油及化工、污染控制设备和技术、矿业、化肥、聚合物和纤维、商品和金融服务、林业和消费品等。公司年营业收入将近 1 000 亿美元，业务遍及全球 60 多个国家，员工人数超过 70 000 人。科氏集团致力于长期的发展并以创造真正的价值为其公司信条，在上述与杜邦的交易中，公司还同时购买到了 Stainmaster、莱卡和特氟龙这三个著名品牌。

英威达品牌的要素品牌管理达到了一个新的高度。他们继续创新并将新一代特氟龙推向市场。英威达北美纺织染化经理 Lisa Pfrommer 说[4]：第二代高级特氟龙在家居装饰方面的应用包括制作可拆卸沙发套的可清洗织物。她还说全球消费者对特氟龙的品牌识别度高达 98%。要想使用特氟龙品牌，布料必须符合三个标准：布料必须使用汽巴精化有限公司生产的氟化物产品；必须符合用特氟龙织物保护剂处理过的织物必须达到的国际标准；制造商必须签署一份许可同意书。

英威达还通过在电视和平面媒体做广告在北美进行宣传推广，向消费者展示在家庭纺织品及成衣中使用特氟龙的各种优势，并强调这种产品如何“让日常生活变得更加轻松”。该宣传活动从 2004 年一直持续至今。

劳拉·阿什利的例子

英威达服装推出了一种新产品：新型家用杜邦特氟龙（例如可以用来盖护沙发或坐垫）。这种新材料具有更好的防油污及防尘功效，是特氟龙系列中有名的织物保护者。

从 2004 年 4 月开始，专营豪华家居用品的英国品牌劳拉·阿什利就一直采用这种织物保护成分。该材料的特殊之处在于能使织物具备防尘能力，并且方便打理、耐用、持久、耐磨。

劳拉·阿什利对特氟龙纤维的青睐是有原因的。这种纤维材料体现了古典风格和现代科技的融合。劳拉·阿什利公司的创意总监 Meri Stevens 说：“特氟龙的织物保护者满足了装潢市场对我们的两个重要需求：高性能、易护理。”现在，客户都希望衣物方便打理，能用洗衣机清洗并且免熨烫，特氟龙织物保护纤维正好满足了这些需求。

这种特殊纤维于 2003 年秋天上市，两个公司的合作始于同年 9 月。为了推广这种材料，英威达斥资 700 万欧元为该产品举办了口号为“让每一天都轻松”的大型市场宣传活动[5]。致力于创新的英威达公司，与众多的成功品牌都有合作，如莱卡、Stainmaster 地毯、安特强（Antron）地毯纱线、Coolmax 面料、Thermolite 面料、Cordura 面料、Supplex 面料和 Tactel 纤维。

英威达服装采用特氟龙的专业知识来改善其产品的质量。该公司使用特氟龙研发的纤维生产其织物。鉴于该材料的特殊性能及特氟龙的品牌形象，这种“产品/品牌合作伙伴关系”提升了这种新产品在消费者心目中的价值。虽然特种特氟龙纤维厚度不均，但这种织物表面却非常光滑、平整。这种织物不伤害皮肤，手感柔软、丝滑，正好符合消费者的需求，因为英威达服装的市场部发现消费者喜欢手感好且容易打理的产品。通过使用英威达的产品，纺织公司可以利用最新科技为消费者提供创新的终端产品从而提升其品牌形象。

有趣的是，特氟龙甚至还成了人的绰号。尤其是在政界，特氟龙被用来形容那些不会受到批评的人物。这是对特氟龙——一种应用于炊具的“不粘”化学物质的品牌名称——的褒奖。第一个被称作“特氟龙”的是美国总统罗纳德·里根，1983 年，来自科罗拉多州的民主党女议员 Patricia Schroeder[6]称他为“特氟龙总统”。

6.2 杜比：创新引导科技发展

杜比实验室是另一个成功实施要素品牌战略的案例。该公司为娱乐行业的很多领域提供高品质音效。杜比实验室由美国人雷·杜比（Ray Dolby）于 1965 年创办。他于 1961 年在剑桥大学完成其物理学博士论文。他曾在英国和印度从事过各种咨询工作，但真正让他成名的是他发明的

Ampex 视频录制系统并去除了卡带播放机中的“嘶嘶”声。起初，杜比为工作室提供专业录制系统。1970 年，他们把针对消费者的产品授权给了生产模拟磁带录音设备的公司。

杜比的这一特点立刻改变了消费者聆听录制音乐的体验。授权费用每季度收取一次。这种授权结构促进了授权商数量的快速增长。下一步是将降噪系统整合进集成电路。和之前一样，杜比实验室研发了这个系统并支持生产商，但版权费用只在产品销售给终端消费者之后才会收取。杜比的另一个产品是预先录制好的磁带。消费者愿意购买这些磁带，虽然他们不得不使用其他品牌的播放机来进行播放，这些磁带都带有杜比的品牌标志。

如今，除了模拟降噪和家庭影院环绕声技术，杜比的授权技术还包括很多数字技术，比如杜比数字，应用于 DVD 的多声道数字环绕声格式、数字广播电视、数字有线电视及卫星直播（DSB)。最近声音技术应用到电脑芯片上使得杜比大获成功。至此，相同的授权和品牌原则得到了应用，且销量的增长再次证实了广大消费者对杜比的认可。图 47 为杜比数字和杜比系统的标志。

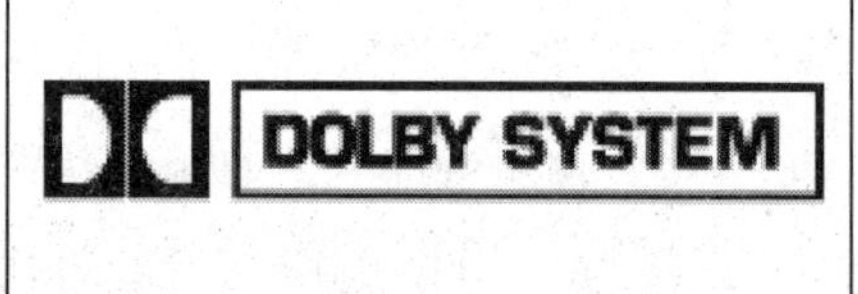

图 47　杜比数字和杜比系统标志（版权所有）

杜比实验室还开发声音编辑系统，为电影、广播、DVD 光盘、电脑游戏和剧院提供解决方案。其授权技术可降低背景噪声[7]，并且被广泛应用于娱乐行业。现在，杜比已经作为独特音质体验的代名词而享誉全球。2008 年，公司全球雇员 976 人，年收入比上年增长了 38.7%。公司在 2009 年的产值达到 4.82 亿美元，收益高达 29%以上，其中 80%来自授权使用费。表 11 为杜比实验室的具体财务数据。

表 11 杜比实验室的主要财务数据

年度损益表（以百万美元为单位）					
年 月	收入	毛利	营业收入	总净利	摊薄后每股平均收益（净利）
2007 年 9 月	482.0	407.8	186.9	142.8	1.26
2006 年 9 月	391.5	315.5	129.6	89.6	0.80
2005 年 9 月	328.0	247.8	84.1	52.3	0.50

杜比公司美国总部位于加利福尼亚州的旧金山市，设有行政办公室、实验室和生产设备。欧洲市场主要由伦敦办事处负责。另外，公司在纽约、洛杉矶、上海、北京、东京都设有办事处。公司特意选择了这些地点，以应对在美国、欧洲和亚洲地区相关监管机构的不同要求[8]。

杜比公司目前拥有大约 780 项专利和 770 个商标。目前，无论是在专业领域还是民用领域中，数字技术正在逐步取代模拟技术成为主流。我们将仔细研究这些领域以及在这些领域最为常用的杜比技术。图 48 显示了杜比数字技术的原理。

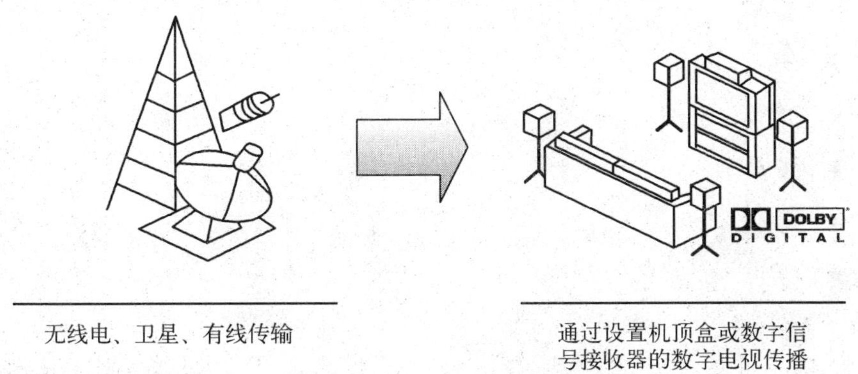

图 48 杜比数字技术的原理

目前市场上大多数电影和 DVD 都依赖于杜比公司于 1992 年开发的一项技术，它标志着一个全新的数字时代的开端。采用杜比数字技术的第一张 DVD 于 1997 年问世[9]，此后便有了《曼尼山夺宝记》和《终结者》等人们耳熟能详的经典电影系列。杜比数字属于环绕声技术，它的 5.1 声道系统可以制造出直接、清晰且极富真实感的声音效果，可以说杜比数字技术是杜比家族中应用最广泛的技术，它还被应用于以下领域：

- DVD 播放机
- 个人电脑
- 游戏机
- 数字电视
- 电影原声唱碟

除了杜比数字技术，消费者还可以通过杜比耳机技术体验到影院级的电影音效。杜比数字技术也主宰了目前的游戏机领域，实际上现今市面上的主流游戏机型皆采用此技术，其中包括：微软的 X－Box、索尼的 PS2 和任天堂游戏立方。沉浸在拥有环绕声效果的游戏中，玩家可以身临其境地体验自己的“一举一动”。

下列是在其硬件及软件解决方案中应用杜比技术的公司：

- Ahead Software
- 苹果
- 戴尔
- 富士通-西门子
- 惠普
- 罗技
- 微软
- 索尼
- 东芝

目前，杜比凭借其精湛的声音技术，在全球娱乐业占据着主导地位。毫无疑问，杜比有能力直接向终端用户市场进行宣传。公司网站上打出了“科技诠释娱乐”[10]的口号，但是除此之外，杜比在自我营销方面几乎没有做过什么努力。装备有杜比技术的电影院为杜比公司做了一些广告（比如通过宣传短片）来凸显杜比能给观众带来的独一无二的听觉享受。图 49 列出了展示有杜比标志的地方。

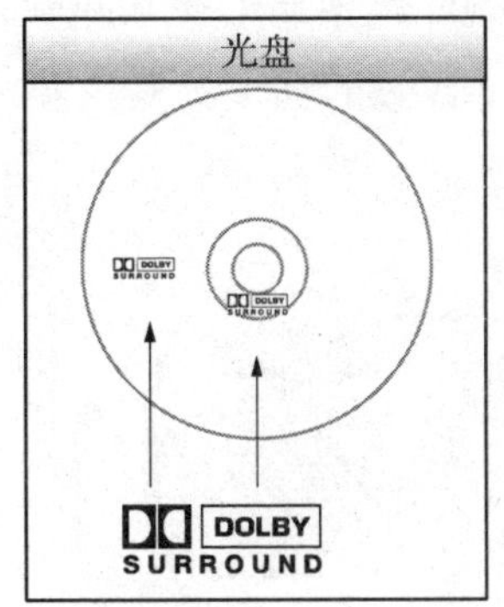

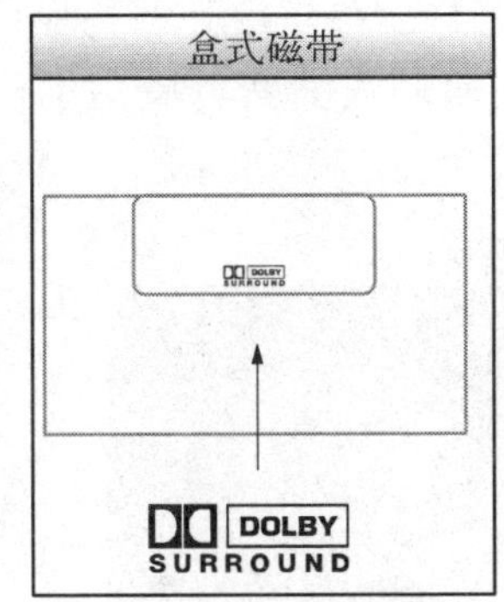

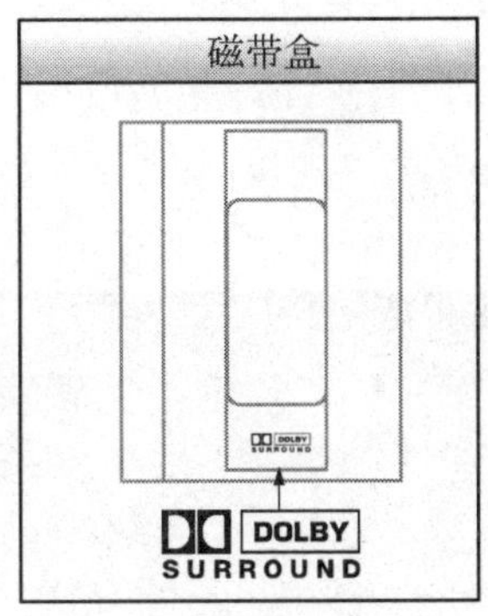

图 49 展示有杜比标志的地方（版权所有）

在其他方面，由于在其广告宣传中使用杜比的品牌名称能够带来额外的好处，生产商就会着重强调其产品使用了杜比技术。杜比良好的品牌形象和技术有利于提升生产商自身的品牌形象和利润率。经常去电影院看电影的人就喜欢看那些用杜比环绕声技术或杜比数字音响播放的电影。使用杜比技术作为其产品关键要素的授权商经常使用这种特殊技术或杜比的品牌标志来推广杜比[11]的品牌组合。2007 年下半年，杜比实验室宣布第一款应用杜比移动技术的手机将由日本的 NTT DoCoMo 推出，从而将杜比技术延伸到了手机通信领域。我们将会看到杜比带给消费者的听觉体验如何改变他们对优质音质的认知。

2001 年，安迪·史密斯（Andy Smith）被任命为杜比第一任全球品牌总监。他曾在英特尔担任战略市场总监，在英特尔的市场推广和品牌化过程中做出过巨大贡献。虽然杜比从未制定过要素品牌战略，但它却是全球公认的要素品牌的成功典范。虽然杜比在很多情况下体验到了拉动效应，却从未在其管理声明中提及过。在全世界，杜比品牌也是影院最佳音效的代名词。为了利用杜比的知名度来提高票房，公司向所有应用杜比技术的电影院提供了各种营销计划和材料，包括广告单页和宣传短片。通过这种方法，杜比接触到了终端消费者，并帮助使用杜比技术的影院和电影行业蓬勃发展。

我们可以在杜比的网站上（http：//www. dolby. com/promo/beemovie/）找到一个非常有趣的宣传短片。宣传片由杜比和梦工场共同制作，主要针对北美市场，它向广大消费者展示了杜比音效的强大力量（见图 50）。

图 50　在影院中播放的针对终端用户的宣传短片

这种直接针对消费者的策略创造了拉动效应，从而更好地推广更加复杂的产品或服务[12]。杜比的商业模式如图 51 所示。

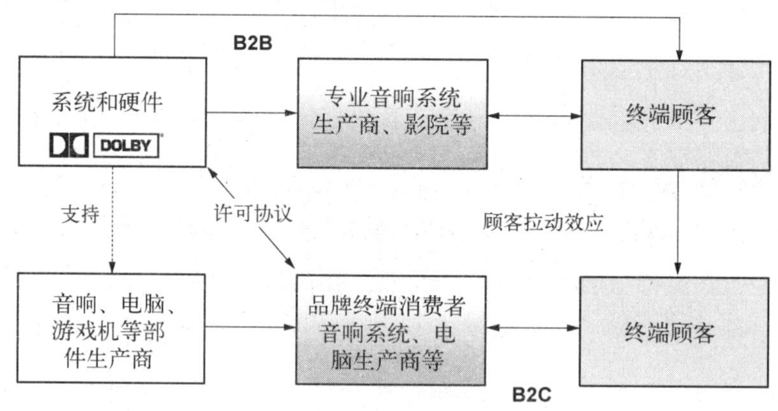

图 51　杜比的商业模式

在杜比的案例中，最终产品或服务供应商不必为了在产品包装或广告中添加要素品牌而削弱自身的品牌建设。杜比提供的是：

1. 一种高度差异化的要素，受专利保护，因此能够提升整个产品的品质。

2. 这种要素对最终产品的性能非常关键，能够提升其音响系统的品质及听觉体验。

3. 与很多其他要素品牌的例子不同，这些最终产品本身也都是知名品牌。不过，应用杜比技术的产品类别在不断变化，消费者在每种类别中（盒式录音磁带到 CD、DVD 和新的手机设备）都真切体验到了由杜比技术带来的性能方面的改进。

4. 最终产品非常复杂，由多家公司供应的要素组装而成，这些供应商也可以在配件市场单独销售这些“要素”。

基于其商业模式和对消费者的理解，杜比有能力将其战略应用于未来的创新之中，并续写现在的辉煌。

6.3 利乐：从设备制造商到大众品牌

“利乐，不只是包装。”利乐的故事开始于 1943 年[13]。这一年，鲁本·劳辛（Ruben Rausing）博士开发了一种经济而又卫生的牛奶包装盒[14]。其主要特点是创新的生产技术和正四面体的外形，这在当时的包装盒里是一种全新的造型。公司的名称也因此而来（“四面体”对应的英文单词是“tetrahedron”，利乐公司的英文名称为 Tetra Pak）。

这位瑞典人发明了一种革命性的由纸和塑料制成的新涂层和一种用于密封纸盒的特殊技术，并于 1951 年在瑞典隆德（Lund）创立了利乐包装公司，该公司一直致力于研发新的包装。1963 年，利乐砖（Tetra - Brik）问世。随后的 1965 年，公司提出了利乐皇（Tetra - Rex）这一包装理念。长方体的外形使利乐砖非常适合在欧洲货盘上堆叠和存放，同时也比其他包装盒能更有效地利用空间。

1961 年，劳辛意识到了欧洲和一些发展中国家对“预制包装商品”[15]的巨大需求，就在瑞士率先引进了用于对巴氏杀菌奶进行无菌灌装的成套系统。70 年代，公司开始将经营重点放在扩大生产和发展上台阶上。到了 90 年代初期，利乐终于在全球市场上拥有了一席之地。

如今，利乐的业务遍及全球 165 个国家和地区，利乐包装公司也是利乐拉伐（Tetra Laval）集团下属的三个独立的工业集团之一。利乐不仅生产塑料包装，还生产纸板包装盒。公司的业务领域涵盖食品加工设备、包装材料、包装盒和塑料瓶的生产、灌装设备和食品外包装等领域。换句话说，利乐为食品生产商提供量身定做的一整套符合其特殊要求和产品特点的系统。

成为包装技术的全球领导者需要经历一个漫长的过程。各色包装生产商及环保利益集团的存在，大大增加了利乐从一个无名小卒转变为能实现和其他竞争对手差异化公司的难度。为此，利乐于 1993 年发起了一项口号为“Somehow Smart”的营销活动，旨在在消费者的心目中建立起利乐关注质量、提倡资源可循环使用的负责形象[16]。活动第一阶段的目标是提高品牌知名度、树立品牌形象；营销对象针对政治家、教师和记者；营销手段采用杂志广告的形式，只强调与受众的情感沟通。其主要目标是通过宣传可回收性这一理念来达到推广产品的目的。公司还通过赞助德国法兰克福足球俱乐部这一举措，使利乐进一步被大众知晓。短短的两年时间里，这一品牌政策取得了巨大成功，以至于利乐渐渐成为纸盒包装的代名词。在德国，大多数人没有意识到利乐只是一个品牌的名字，因此只说“利乐”而不说“纸盒”。

通过伙伴关系建立质量保证

利乐与其工业客户的伙伴关系的一个鲜明特点表现在对新想法的开放态度上。换句话说，利乐在食品业的各个环节与客户携手并进，如开发新产品、进入新市场、加工、包装、营销和饮料包装回收等。比如，利乐引领客户紧跟食品市场的最新趋势，帮助客户分析消费者需求的最新变化。掌握这些信息后，利乐和其客户便能开发出最适合的饮料包装来。

利乐不断地测试和开发新的包装材料，为此，公司在斯图加特建立了独立运营的研发中心。科研人员在这里对饮料包装和饮料内含物如何相互作用进行研究，如食用油和纸盒的内层在长时期内是如何发生反应的。他们还共同合作开发出新的包装产品，这需要和大学、研究机构建立起紧密的合作关系，以便使利乐能及时通晓最新的科研成果，并将此惠及消费者。

总之，利乐与其全球范围内的供应商和客户始终保持紧密的联系，从而能不断地为客户提供成功的创新解决方案，并最终为终端消费者提供高品质的环保产品。

商标

品牌标志用于展示和识别品牌。利乐的品牌标志代表了包装的品质和安全。最初，这一商标被打印在包装盒的底部，后来被标在侧面，现在则出现在显眼的顶部[17]。其广告词为：保护好品质（见图 52）。

图 52 利乐的商标（版权所有）

拉动效应与差异化

利乐公司的一切活动都围绕着创始人鲁本·劳辛博士的一句格言："包装带来的成本节约应超过其自身的成本。"换句话说，通过使用更少的资源，采取环保的技术，包装带来的成本节约和资源节约应该大于其所费成本。利乐在这方面始终不遗余力，因此也提高了公司产品的价值。

利乐还有另外一个理念："利乐，不只是包装。"这意味着利乐不断开发创新的产品和系统，将愿景变为竞争优势[18]。公司成功的战略差异化使得利乐公司在与客户合作时，自己的品牌变得越来越不可替代。另外，消费者对利乐包装的需求也产生了一种拉动效应。他们将利乐和品质联系在一起，抵制其他"第二选择"的包装。消费者忠诚度提高了，使得竞争对手成功打入这一市场的机会越来越少。

沟通活动

利乐的战略依赖于伙伴关系和与客户持续不断的沟通，因为利乐和客户追求的目标是一样的，即“让客户的产品取得最大的成功”[19]。因此，与最终产品制造商联手进行的宣传活动对利乐来说尤为重要。比如，宝洁公司（Procter & Gamble）在宣传其 Valensina 果汁系列时便与利乐联手，其广告词是“利乐的时机已经成熟了”。饮料巨头 Apollinaris & Schweppes 如今也用利乐钻（Tetra Prisma）包装其“沉默”牌纯净水。两大品牌强强联手所产生的协同效应使其拥有了超越其他竞争对手的显著优势[20]。

利乐还运作自己的业务发展计划，这让利乐即便是在新饮品的开发阶段，就能和生产商并肩同行。利乐帮助生产商进行市场分析，把握消费者的偏好。双方在同一个设计工作室里合作完成对产品包装的设计。之后，利乐还参与到产品的营销中，如联合广告、营销活动等。例如，“Joe Clever 学生奶计划”旨在为青少年提供一种健康的、营养均衡的课间休息饮品[21]。作为配套，利乐还组织了一系列有吸引力的活动，如“生产再生纸”活动日等，其目的在于以一种有趣的方式向儿童展示如何回收饮料包装盒。

伙伴关系：创造多赢的局面

“为应对市场的挑战，你需要有信念、想象力，还需要一个值得信赖的伙伴：利乐，不只是包装。”[22]比如，在为工业客户安装一套系统之前，利乐会和客户一起制定符合他们具体需要的技术方案。之后，利乐会为其选择合适的包装系统，同时，加工设备、灌装设备和包装材料也会准备就绪。在公司位于霍赫海姆的培训中心里，利乐可以对客户的员工就灌装设备的理论和操作方面进行培训。为保障生产过程能够连续、流畅地运行，利乐的技术人员和工程人员保证 24 小时随时待命。在食品市场的全球化程度越来越高的市场环境下，基于自身的国际知名度，利乐能够通过分享自己在全球市场的资源和经验，帮助客户跨越国界，进入全球市场。

“利乐，保护好品质”：新一轮的宣传

这是利乐公司新的座右铭，也是公司2004年开始的新的广告宣传中打出的口号。这轮宣传推广活动旨在强调这家包装生产商对“保护”理念的恪守。利乐包装能为其内部的食品抵挡住阳光，从而保存其风味，使食品常葆新鲜，同时也非常环保（见图53）。

图53 利乐的招贴广告（2009）

为了这次宣传活动，利乐在主要频道投放了四则电视广告，广告内容都是富于奇思妙想的小故事。与之配套的是刊登在杂志上的平面广告。这些广告包含了不同的目标群体，他们都希望保护牛奶、维生素或食品原有的风味。

利乐已经在全球多个地方公布了公司2006年新的宣传活动的内容，其关键理念是在不损害产品的健康价值的同时，使之“物有所值”。7月初，电视广告开始在印度各地的电视台播出。宣传活动持续了12周，播出了两则广告，侧重于宣传超高温灭菌乳（UHT Milk）在两种不同的环境中的益处。为配合电视广告的宣传，利乐还在孟买和班加罗尔市各选择了300家门店进行针对消费者个人的“个体推广（retail activation）”行动。类似的活动在其他国家也陆续开展。2008年，推广的重点放在了中国和拉丁美洲国家。图54是利乐2009年的两则招贴广告。

通过这些与消费者的沟通活动，利乐跨出了B2B竞争对手的业务范围。不同于其他设备制造商，利乐提供的是食品加工、包装和分销的一整套系统和全面解决方案。利乐的加工和包装系统致力于最经济有效地使用资源。其加工设备能以最轻柔的方式处理食品，并能在生产和分销的过程中使得原材料和能源的消耗达到最低。利乐的包装完美地诠释了

图 54　利乐的招贴广告（2009）

包装的主要功能：

- 保持产品品质；
- 使浪费最小化；
- 减少分销成本。

利乐同时使消费者确信，在这些产品背后，利乐公司始终关心并知晓顾客的需求。随着产品品质的提高和保存期限的延长，食品工业价值链的中间环节也得益于利乐产品的广泛使用。这两种作用都促发了一种拉动效应，明显地提升了利乐公司的市场表现。如今，利乐在巨大的全球食品包装市场上占据着统治地位，但是仍然有许多地区市场有待开发，因此，利乐有机会借助其要素品牌理念使自己更加成功。

6.4　苦味分子（Bitrex）：完善营销网络

新任命的业务部经理——卡梅隆·史密斯（Cameron Smith）——正坐在他位于爱丁堡的办公室里，从这里他可以俯瞰这座城市壮丽的风景。他所任职的公司几乎和这座城堡一样历史悠久。自 1815 年成立以来，J·F·麦克法伦公司就在医药行业摸爬滚打至今。在许多层面上，公司已经足够兴旺，但如今他面临着一项新的挑战，即如何通过要素品牌理念来向全世界的顾客们推广苦味分子这种“世界上最苦的化学物质”。这绝不是一项简单的任务，尤其是当行业里还有许多其他竞争对手的时候。自公司开始着手打造这一产品品牌后的一年里，他和他的前任彼得·麦肯齐（Peter Mackenzie）已经取得了很大的成就。

1958年，在一次研制新药的工作中，苏格兰麦克法伦·史密斯有限公司（Macfarlan Smith Ltd）的实验室研究人员发现了一种极苦的物质：苯甲地那铵（denatonium benzoate）。研究人员注意到粉末状的苯甲地那铵能令人苦得无法忍受。当被制成溶液时，它比当时常用的酒精变性剂马钱子碱（Brucine）更有效力。同年，公司在英国、加拿大和美国同时为这一物质注册了Bitrex这个品牌名称。这种苦味剂于两年后被推向英国市场，并于20世纪80年代初开始被应用于一系列产品中。

即便是很小剂量的苦味分子，就足以让产品变得难以下咽。由于儿童天生厌恶苦味，并且对苦味非常敏感，苦味分子可防止儿童误吞一些对人体有害的家用产品。其另一个决定性的竞争优势在于它不会改变主产品本身的属性，从而使得产品能够完全保持原有的质量。因此，苦味分子经常被用作最终产品的一个卖点。图55是其分子式和品牌标志。

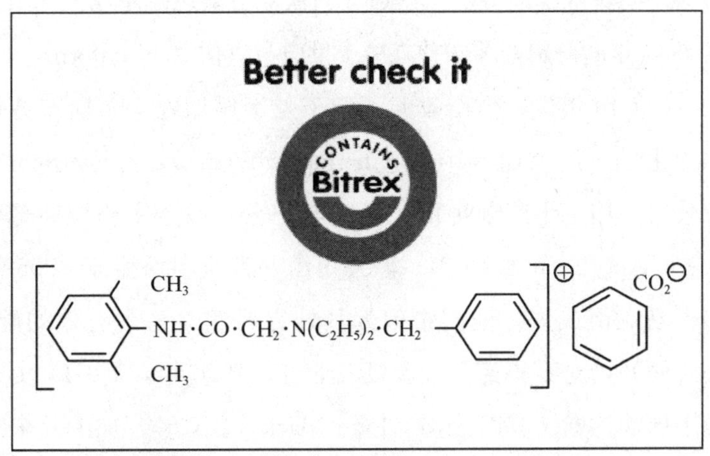

图55 苦味分子的分子式和品牌标志（版权所有）

苯甲地那铵最初的用途是工业酒精的变性剂。这种局部麻醉剂利多卡因（lidocaine）的衍生物被大量用于工业酒精的制作过程中，使得该酒精无法饮用。现在它被广泛添加到家用清洁剂、杀虫剂、DIY 产品和汽车产品中。自从 20 世纪 60 年代初在英美两国被批准使用以来，苦味分子已被全球 40 多个国家视为变性剂的首选。SDA40 - B（B 代表苦味分子）这一工业酒精的配方就是一个很好的证明。

这种批准认证的程序是必要的，因为在所有国家，政府对酒精的课税对象不包括燃料乙醇和非饮用类酒精。因此，这两种类别的酒精必须满足官方严格的界定标准。近来，苦味分子的这种用途随着替代汽油的生物乙醇的广泛应用而日益增长。

麦克法伦·史密斯公司

成立于 1815 年的麦克法伦·史密斯公司是世界上最古老的制药公司之一，拥有超过 200 年的天然物质提取和化学合成经验，其专长是鸦片类麻醉剂，如可待因和吗啡。在过去的两个世纪中，公司经历了几次变革。J·F·麦克法伦创立了公司，一年后由邓肯·弗洛克哈特（D. Flockhart）接替，1827 年 T & H·史密斯（T & H Smith）接手了该公司。在此期间，公司于 1816 年发现了吗啡的提取方法，1840 年首次制成液态咖啡精。邓肯·弗洛克哈特还在 1847 年向詹姆斯·辛普森爵士供应过氯仿（chloroform）。

在 19 世纪 40 年代，公司收购了位于爱丁堡加农米尔斯布劳顿路的布兰德菲尔德化学工厂（Blandfield Chemicals Works），并于 1848 年在伦敦设立了分公司，用于生产咖啡精。1919 年，公司收购了格拉斯哥药剂师公司（Glasgow Apothecaries Co.），该公司由一群全科医生于 1805 年在格拉斯哥的弗吉尼亚街成立，他们希望为其处方药建立一个有效的配药药房。不久，公司便开始对零售药商开展批发业务。1926 年，T & H. 史密斯公司收购了爱丁堡的约翰·马凯公司（John Mackay & Co），加上几个海外殖民地的附属公司，合并成为爱丁堡医药集团公司。1963 年，该集团被葛兰素公司（Glaxo Group）收购，并更名为麦克法伦·史密斯有限公司。

1989 年，Meconic 有限公司成立，并于 1990 年通过管理层收购的方式将麦克法伦·史密斯公司从葛兰素控股公司中分离出来，这是苏格兰当时最大手笔的管理层收购交易。1995 年 Meconic 有限公司在伦敦证券交易所上市，成为 Meconic 股份有限公司。2001 年，被庄信万丰股份有限公司（Johnson Matthey Plc.）收购，麦克法伦·史密斯被合并到制药材料事业部，并更名为庄信万丰-麦克法伦史密斯，但公司的身份维持不变。

"苦味分子"品牌

被《吉尼斯世界纪录大全》称作"世界上最苦的东西"的苦味分子，一旦被加入到液体中，就会使其味道苦得让人无法忍受，使人立刻产生厌恶感[23]。卡迪夫大学[24]心理学系教授维勒论证了苦味分子在预防儿童意外中毒方面的有效性。只需很小剂量的苦味分子就能立刻完全溶解于家庭用品和园艺产品中，而且并不改变原有产品的配方。它对其他许多哺乳动物也很有效，如狗、猫和老鼠等[25]。

儿童安全是购买决策中排在第二位的考量因素[26]。这一结论是通过在英国和其他一些国家进行深入的焦点小组分析后得出的。这也算是提高产品安全性能带来的一个出人意料的好处。出于保护儿童和宠物安全的需要，消费者会考虑购买含苦味分子的产品。

在世界范围内，Bitrex 标志已使众多产品从竞争中脱颖而出。这些产品包括清洁剂、农药、工业用品和汽车产品。

麦克法伦·史密斯公司宣称苦味分子是防止意外中毒的第三道防线。

1. 安全操作：所有的家居化学品都应该存储得当，这一点至关重要。要放在远离儿童的地方，最好锁进橱柜里。还有一点是众所周知的，即不要把这些化学品倒入没有贴好标签的其他容器里。

2. 儿童安全盖：儿童安全包装的使用能降低儿童中毒概率。但它们并非万无一失，主要原因如下：

- 一些儿童能够正确地打开它们；
- 误用容器，如没有正确地关闭儿童安全盖（盖子没有拧紧或忘记关上盖子）或把容器里的物质倒进没有安全盖的容器里；

- 年龄大的孩子将容器打开并把里面的物质给年龄小的孩子；
- 关闭装置超过了使用期限，不再有效；
- 容器破损或有缺陷。

3. 购买含有苦味分子的产品，就多一分安心。一旦某种家用品落入小孩子的手中，它还具有另一层防护措施，即苦得难以入口的味道。你也许会对一些家用产品的吸引力（香甜的气味/鲜艳的色泽）感到惊讶，但每一件带有 Bitrex 商标的产品都已通过标准化的口味测试，以确定最有效的苦味分子的剂量。

苦味分子还可添加到一系列清洁产品中，比如：

- 全能清洁剂；
- 厨房清洁剂；
- 浴室清洁剂；
- 洗衣液/洗衣粉；
- 织物柔软剂；
- 洗涤剂。

所有这些产品一般都存放在使用它们的地方。因此，苦味分子是这个三层安全防护方案——存储、儿童安全盖和苦味分子——的重要组成部分。

灭鼠药和杀虫剂

一些农药中也可添加苦味分子，如蜗牛诱饵。无论是专业用还是家用的毒饵都可能对非目标生物产生极大伤害。很多成分为四聚乙醛和甲硫威的颗粒都被涂上鲜艳的颜色，以阻止雀鸟啄食，同时还含有苦味分子成分，以避免野生动物意外误食，这也有助于防止狗等家养动物中毒。为确保产品更加安全，消费者应留意该产品是否带有 Bitrex 商标。

用来针对老鼠、蟑螂的毒饵通常被放置在儿童和宠物能够接触到的地方。苦味分子能使这些产品在实现预期功效的同时，有效防止人类或宠物误食。

苦味分子还可用于许多汽车产品中，以帮助避免意外吞食，从而保护人类和宠物的安全。汽车防冻剂的主要成分乙二醇是剧毒物质，误食少量便可导致失明、肢体伤残甚至死亡。它同时也拥有特别甜的味道。

已经出现过多起因舔食车道和车库地面上的防冻剂而使猫狗死亡的事件。最近英国甚至出现一起未遂的谋杀案，一名女性在丈夫的食物里掺入了一些防冻剂，企图毒死丈夫以便获得人寿保险的索赔。美国有许多州都通过了相关法律，规定所有含乙二醇的防冻剂都必须添加苯甲地那铵来减少这类事件的发生。法国于 1997 年也通过了类似的法律。汽车玻璃洗涤剂也是一种可能因被误食而使人中毒的产品。许多产品都颜色鲜艳，气味芳香，盛于透明的塑料容器中用以出售。汽车玻璃洗涤剂中甲醇或乙醇含量通常很高，非常适合添加苦味分子来有效防止误食。一些零售商甚至将它作为一种安全添加剂用于车身上的各个部位。它还可以添加到许多其他产品中，包括制动液、昆虫清洁剂和轮胎清洁剂等。

工业酒精是苦味分子用量最多的地方。由于工业酒精仅用作工业用途，所以必须使其变性，变得不可饮用。变性乙醇- B 是常用的变性剂。工业酒精原本以马钱子碱作为变性剂，但它是天然产品，所以价格变化幅度很大，给工业生产带来较大风险。麦克法伦·史密斯的化学家于 1958 年发现了苯甲地那铵，60 年代初便被包括美国在内的 40 多个国家批准使用。与马钱子碱相比，它的优势在于作为一种合成物，其价格波动不会太大，同时它的味道也更苦。

生物乙醇和可再生能源是苦味分子大显身手的一个新领域。按照英国可再生交通燃料义务（RFTO）计划，从 2008 年 4 月开始，燃料供应商将有义务确保其总销售额的一定比例来自生物燃料。到 2010 年，这将会使英国前院所销售的燃料中有 5%来自可再生能源。生物乙醇也被纳入英国海关 2005 年关于变性酒精的规章的范畴。所有的生物乙醇都必须使用甲醇和苯甲地那铵加以变性处理，其配比为 1%甲醇 + 10 毫克/升（10 ppm）苯甲地那铵。这一市场刚刚起步，在未来将很有可能成为苦味分子的一个重要应用。

零售传播

许多零售商已经认识到 Bitrex 这一成分，并借助它来实现其产品的差异化（见图 56）。乐购（Tesco）是这一领域的先行者，它还使用其他要素品牌（如美克邦）来为其客户增加价值。法国零售集团家乐福和德国德罗格尼超市（dm-drogerie market）也是这方面的领导者，并借助国际扩张将这些产品推向其他国家。

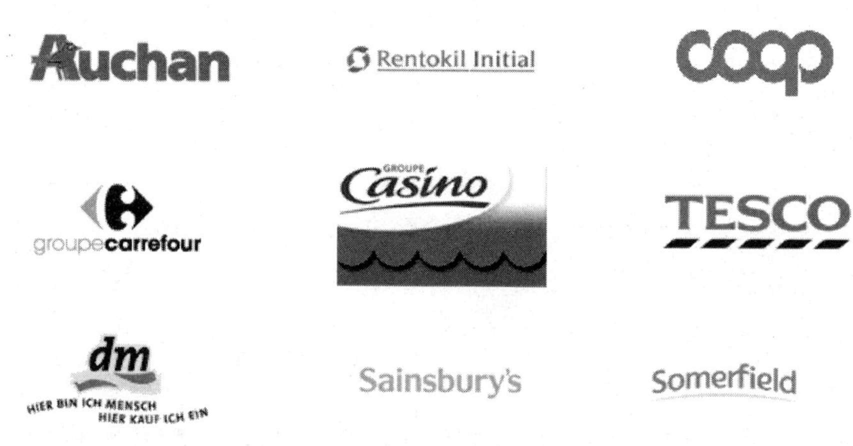

图 56　使用苦味分子的大型零售商的标志（版权所有）

网络营销活动

在每一个国家，麦克法伦·史密斯都会与当地组织和机构的安全专家们合作，像英国的儿童事故预防信托基金会或德国的绿十字会。这些组织在帮助建立一个更安全的家居环境和公众环境方面拥有自己切身的利益。

20 世纪 60 年代，英国皇家事故预防学会曾在降低汽车产品相关事故中发挥过举足轻重的作用，并于 1984 年将苦味分子定位为提高儿童居家安全性的重要工具。2008 年，德国代理商蒂芬巴赫（AE Tiefenbacher）赞助了全国儿童安全日。同年，德国绿十字还联手几家零售集团，如考夫兰（Kaufland）和德罗格尼，成为一项旨在提高儿童安全保护意识和预防儿童中毒的活动的官方支持者。

从 DGK 的网站上可以下载一个名为“儿童安全新闻”的视频，其内容包括儿童在家中中毒的风险来源、规避的措施和一些对儿童安全专家的采访。

公司还为孩子们设计了一套新的有声书籍，书中的“Bitrex”变成了一名巡视中的安全侦探。2008 年首先出版了两个系列“厨房篇”和“浴室篇”。在这两则小故事中，孩子们可以跟随 Bitrex 探员从一个房间到另一个房间，并听他讲解各种安全隐患和相应的应对措施。这套书体现了 Bitrex 故事启发式教育的思路和赞助商们的社会责任。要素供应商、安全组织、各大零售商，有时还有单个产品的厂商共同合作，向终端消费者进行宣传，努力提高他们对儿童安全和预防中毒的保护和防范意识。在英国，有记录的中毒事件的数量时高时低。从 1989 年到 1998 年，中毒事故从 50 000 起下降到约 40 000 起[27]，并持续下降。这说明由相关各方共同参与的共同行动卓有成效。Bitrex 的网络图如图 57 所示。

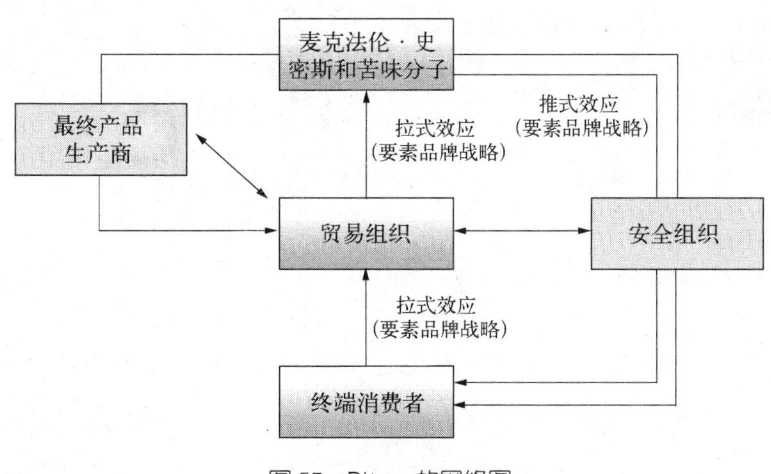

图 57　Bitrex 的网络图

主动接触客户

麦克法伦·史密斯在向终端客户推广 Bitrex 方面更加不遗余力。他们的目标客户是全世界母亲和父亲。在北美，他们开展了一场独特的宣传活动来提高品牌知名度。

Sourpuss摄影比赛是一项互动的推广活动，它通过展示害虫克星（Bug-Gela）——一种用于捕杀蜗牛和刺蛾的杀虫剂——来向消费者介绍Bitrex溶液的安全性。活动背后的主题是产品质量和创新。这项推广活动不仅增加了产品品牌知名度，而且还刺激了销售，因为它不仅在消费者层面取得了良好效果，还在贸易层面和内部销售人员的积极性层面都产生了良好作用。

这是一次既叫好又叫座的推广活动，不仅带来了零售人流、公关机会，销售也得以增长。以美国西北部为例，一种以前非常普通的商品因为添加了苦味分子而实现了差异化，销售额在一个月内增长了25%。国家安全协会出版的报告还补充了相关安全信息，进一步加强了公众的信任。图58是零售商和Bitrex联手进行的一次推广活动。

图58　零售商和Bitrex联手进行的推广活动

德罗格尼连锁药店：越苦越安全

德国的连锁药店——德罗格尼药店也意识到这种苦味剂的妙处。2003年4月以来，他们已经在其自有品牌"Denkmit"系列产品中添加了苦味分子。"在我们的清洗和清理产品中添加这一苦味剂后，能使顾客对我们的产品多一重信心，并为他们提供预防性保护措施。"这家药店负责自有品牌管理的一位管理层人员乌尔里希·马斯（Ulrich Maith）这样解释道[28]。此举使德罗格尼提高了自身产品的价值，也提高了Bitrex的品牌知名度。因此，两家公司的产品都从这种双赢的局面中获益匪浅。

对Bitrex而言，通过专业化和要素品牌的结合，麦克法伦·史密斯公司摆脱了其不为人知的窘境，并在全球市场上站稳了脚跟。积极与终端客户交流的品牌策略也产生了拉动效应，克服了“狭隘、单向的客户—供应商关系中所固有的局限性和风险”，这一点对于那些“接受过更多（品牌）教育的顾客”而言尤为重要。公司目前服务的客户群已经非常庞大，但借助要素品牌战略，公司还有机会继续挖掘自己的市场潜力。在商品上添加 Bitrex 这一商标之前，制造商必须与麦克法伦·史密斯有限责任公司签订许可协议，协议包含以下要点：

- 该商业客户的产品必须经过麦克法伦·史密斯有限公司的测试；
- 必须就产品中包含的苦味分子的最低用量达成共识；
- 商业客户必须按要求提交相关产品样本，以保证适当程度的苦味；
- 对带有 Bitrex 标志的产品的成分或设计所进行的任何改动都需要经过麦克法伦·史密斯公司的同意方可实施。

如果企业满足了上述许可协议的所有条件，它就可以得到麦克法伦·史密斯公司的授权，使用 Bitrex 标志。公司还会对其提供产品营销方面的技术支持和帮助。Bitrex 的优势在于它成功地利用了人们对儿童安全问题的关切，提高了销售额。2008 年，麦克法伦·史密斯公司庆祝了 Bitrex 问世 50 周年，以及与国家安全机构 30 多年的合作，这项合作有效地减少了中毒事故的发生，从而让世界变得更加美好。

“为了安全而行动起来”

本着这一宗旨，麦克法伦·史密斯公司希望提高 Bitrex 品牌在全球商业伙伴和终端消费者心目中的形象，其中的主要目标受众为少年儿童的家长们。

为达到这一目的，公司已与专门从事儿童安全保护的国际组织建立了联系。公司与这些安全机构保持着活跃的伙伴关系，如英国的皇家事故预防学会、美国的国家安全协会和德国绿十字会。公司还在各展会和贸易会上展示 Bitrex 品牌，并赞助了儿童安全周活动。目前，Bitrex 在全球 40 多个国家有售，主要市场在欧洲。

苯甲地那铵可广泛用于家用产品（如洗涤剂）、化妆品、护肤品、护发产品、杀虫剂、止痛药和汽车护理产品，如挡风玻璃清洗剂中。麦克法伦·史密斯有限公司主要在 B2B 领域为那些想通过添加苦味剂而使自己的产品更加安全的企业客户提供苯甲地那铵。偶尔，个体消费者也会有一些需求。卡梅伦·史密斯需要知道如何能把这一成功的品牌故事复制到其他市场。图 59 中列出的是提倡使用 Bitrex 的安全机构的标志。

图 59　提倡使用 Bitrex 的安全机构的标志（版权所有）

6.5　禧玛诺：隐性要素品牌

环法自行车赛是世界上最大的公路自行车赛事，也是每位自行车爱好者每年的头等盛事。1903 年以来[29]，每年夏天都有大约 200 名专业运动员在阿尔卑斯山和比利牛斯山脉海拔约 2 000 英里的山路上奋力拼搏（见图 60）。他们要在挤满了数十万观众的街道上以接近 35 英里 / 时的速度骑行。自行车爱好者们往往要在炎炎烈日下等上数小时，有的甚至要提前好几天到达，只为亲眼目睹自己的偶像擦身而过的瞬间。

车队彼此之间在接近身体极限的情况下竞技激发了观众的兴趣。车手们要骑行 20 天，其间还要跨越雪山，而且每天至少要在自行车座上度过 5 个小时。这已经远远超出了普通人的承受范围。不过，车手们之所以能为观众上演如此精彩的比赛，靠的不仅仅是肌肉力量，精良的装备同样十分关键。因此，评论员和记者们不仅会向观众介绍训练方法以及优秀运动员各自的优势和劣势，还会深入探讨选手们的装备，这已经成为一种惯例。事实上，环法自行车大赛自 1903 年以来除了公布车手排行榜外，还会公布

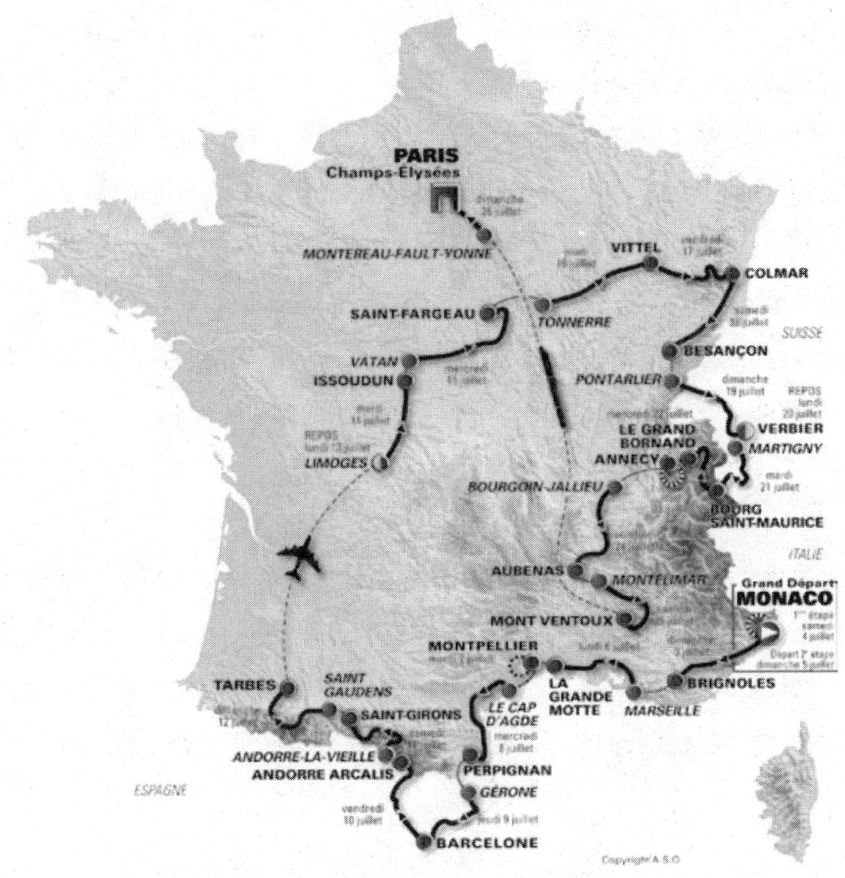

图 60　2009 年环法自行车大赛的路线图

装备的排行榜。

如今，在专业自行车装备的竞争中，主导厂商是两大巨头：日本的禧玛诺和意大利的康帕纽洛（Campagnolo）[30]。车迷们关于究竟哪个品牌在自行车组件中更胜一筹的争论已经延续了几十年。禧玛诺在齿轮、刹车和球齿轮等部件上处于领先地位，占据着 70%的市场份额，它不仅在竞争中占有绝对优势，同时，旗下品牌如 Dura Ace 和 XTR[31]已经成为顶尖高性能和领先技术的代名词。

禧玛诺公司同时也是渔具产品领域的领头羊。自 20 世纪 90 年代后期以来，禧玛诺还开始销售高尔夫用品和滑雪板等体育产品。然而，自行车零件仍然是其主营业务。这一方面与公司历史有关，另一方面，他们的自行车零件之所以能获得巨大成功，就是因为其卓越的品质。更重要的是，他们使用了正确的策略来推广他们的商品。

禧玛诺的例子很好地证明了营销的强大威力。在高端市场里寻找到高品质的零件并不困难，意大利的康帕纽洛和美国的SRAM生产的零件同样质量上乘。但是，禧玛诺已经将这些对手成功地挤进了很小的利基市场中，让它们沦为整个自行车市场中的边缘品牌。在这方面，禧玛诺依靠的不仅仅是卓越的产品质量，更重要的是它还拥有一套更好的品牌战略。要理解他们的战略，我们需要把禧玛诺看作一个要素品牌。

全球自行车市场

"二战"后到20世纪70年代，世界自行车市场的发展基本和汽车市场的发展保持同步（见图61）。在那时，自行车只是一种可供选择的交通方式，通常也是收入较低的人的代步工具。由于当时自行车主要是无力负担轿车的人迫不得已的选择，而不是一项休闲运动，所以自行车的特殊零件

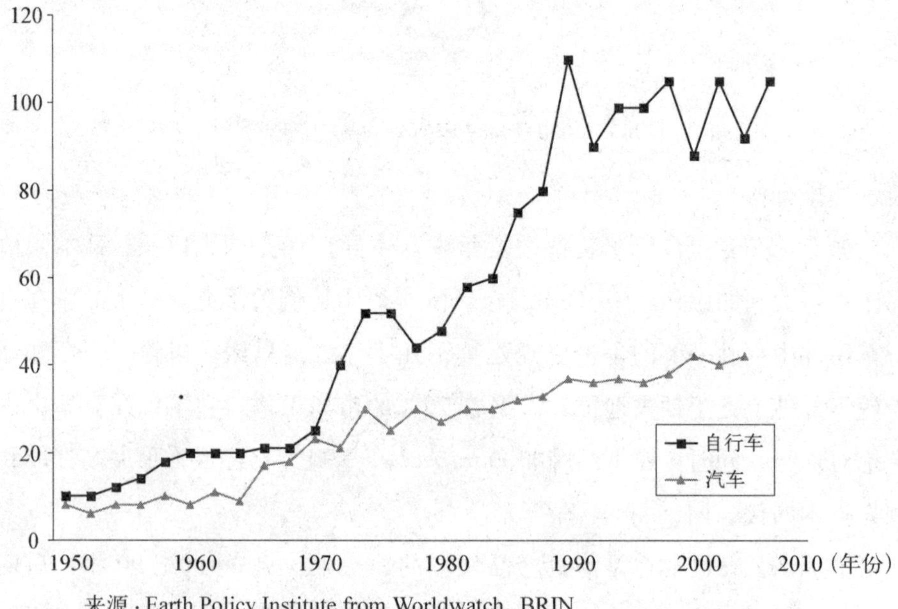

来源：Earth Policy Institute from Worldwatch, BRIN

图61　全球自行车和汽车产量（1950—2003）

和装备市场并不存在。如果人们手头有钱，他们通常更愿意将钱花在第一辆小轿车上，而不是买一辆高品质的自行车。

20 世纪 70 年代的石油危机和汽油价格上涨并没有使上述观念发生转变。但由于开车的费用对很多人来说变得越来越昂贵，自行车的销量开始急剧增长。20 世纪 80 年代初，自行车文化发生了转变，其作为交通工具的作用逐渐被淡化，取而代之的是，人们开始将自行车看作一项运动器械。

如今，骑自行车代表人对身体健康的重视。这种观念上的转变为使人们发掘各种自行车技术开辟了道路。消费者开始将所用产品与自己的身份联系起来，这又为自行车市场上名牌产品的出现提供了可能。目前，人们不但对特殊品牌有需求，还出现了对适用不同用途的不同车型的需求。适合各种地形的自行车也已经问世。其中有些车型售价甚至要高于小汽车，颇具讽刺意味的是，人们在开车回家之后，往往还会推出自行车骑上几英里。

在这种转变出现之前，各国的品牌制造商销售的都是整车，包括美国的米德（Mead）、西尔斯罗巴克（Sears Roebuck）、蒙哥马利沃德（Montgomery Ward）和施温（Schwinn），德国的 Hercules 和萨克斯（Sachs），以及中国的飞鸽（Flying Pigeon）和凤凰（Phoenix）。这些品牌今天仍然存在，但市场份额却小了许多。禧玛诺的崛起削弱了这些品牌的领导地位。

据全球工业分析公司（Global Industry Analysts Inc.）估计，2001 年到 2010 年期间[32]，全球自行车市场的复合年增长率（CAGR）有望达到 5.28%。2010 年的销售额将达到 610 亿美元左右。亚太地区拥有全球范围内最大的自行车市场，2007 年其销售额大约占到全世界的 47.36%。据估计，2001 年到 2010 年期间，这一市场的复合年增长率将高达 6.33%。一项由美国体育用品协会（National Sporting Goods Association）资助的研究项目的结果显示，2007 年，美国的自行车行业销售额达到了 60 亿美元[33]，包括自行车销售、零部件销售和各种流通渠道的配件销售。

自行车市场可以细分为许多部分。最常见是分为成人自行车和儿童自

行车，并进一步按它们的用途进行细分。成人自行车是全球自行车市场中最大的部分，大概占44.17%的份额。其子类别包括山地自行车、混合动力自行车、观光自行车和专门用途自行车。2001年到2010年间，运动自行车这一细分市场预计将一直保持6.15%的高增长率。

业界通常将自行车市场划分为三个主要部分：

(1) 低端市场（300美元以下）；

(2) 中档市场（300—500美元）；

(3) 高端市场（从500美元到超过4 000美元）。

低端市场包括儿童车和用作基本交通工具的自行车，而高端市场则包括了要求较高的运动休闲类自行车。

全球每年大约销售1亿辆自行车。其中，销量最大的市场是中国大陆，大约占全球自行车销售量的30%，美国的这一份额大约为17%，欧洲和日本的市场规模分别是美国的2/3和1/2左右。

虽然全球有几十个国家都生产自行车，但前五大生产国家和地区——中国大陆、印度、欧盟、中国台湾和日本——的产量之和占世界总产量的87%。2004年，仅中国大陆的占比就达58%左右，随后的2005年，中国大陆的自行车和电动自行车产量增长了16%，达到创纪录的80 430 000辆，其中65%用于出口。目前全世界超过60%的自行车都是在中国大陆生产的，美国销售的自行车中有86%是从中国大陆进口的。但中国大陆本土的自行车使用正在急剧下降，相比于1995年的33%，目前，自行车在所有交通工具中使用率只占20%。在北京，2002年只有20%的通勤族使用自行车作为交通工具，而1998年这一比例为60%。

自行车行业经历了几次繁荣、低潮和消费者品位的转变。技术进步推动了20世纪70年代的自行车繁荣期。在20世纪80年代，高油价进一步刺激了自行车销售。随后，到20世纪90年代，山地车销售激增（几乎完全取代了公路自行车）。而在21世纪初，兰斯·阿姆斯特朗在环法自行车赛中取得的胜利又让公众恢复了对公路自行车的兴趣[35]。

“自行车：全球战略商业报告”[36]中的国际自行车巨头（零件、车架和整车厂商）包括以下公司：阿塞尔（Accell Group N. V.），阿迈尔运动（Amer Sports），贝尔体育（Bell Sports Corporation），美国卡洛伊（Caloi USA Bicycle Company），坎帕尼奥洛（Campagnolo SRL），加农戴尔（Cannondale Bicycle Corporation），科力技术（Currie Technologies Inc），欧洲自行车（Cycleurope AB），捷安特（Giant Bicycle Inc），英雄（Hero Cycles Ltd），赫非（Huffy Bicycle Company），美利达（Merida Industry Co. Ltd.），宫田（Miyata Industry Co Ltd），太平洋（Pacific Cycle Inc.），英国拉雷（Raleigh UK Ltd.），SRAM公司，上海凤凰（Shanghai Phoenix Company Ltd.），深圳中国自行车（控股）有限公司，禧玛诺，专业自行车零配件公司（Specialized Bicycle Components Inc.），森恩（Sunn Bicycle），坦顿（Tandem Group PLC），特瑞克（Trek Bicycle Corp），印度Tube投资有限公司，以及郁珺实业股份有限公司（Yuh Jiun Industrial Co. Ltd）。

禧玛诺：历史与现状

禧玛诺的历史可以追溯到1921年。当年，正三郎禧玛诺（Shozaburo Shimano）在大阪附近的堺市创立了禧玛诺钢铁厂（Shimano Iron Works）。这是座闻名遐迩的锻造中心，以生产剑和枪筒著称。高中毕业后，正三郎没有跟随父亲的足迹从事农业，而是去了一个钢铁厂当学徒。后来，他成立了自己的公司，第一个产品是单速自行车飞轮。十年后，公司开始向中国出口飞轮。1940年1月，公司改组成为有限公司，并更名为禧玛诺钢铁有限公司。1951年，重新更名为禧玛诺工业有限公司。1956年，公司开始生产自行车变速器，有时也被称为外部车速转换器，用于在十速车等变速车上使自行车链条在齿轮间转换，从而达到变速的目的。

次年，公司开始着手生产内装齿轮式三速后花毂，安装在后轮轮毂里。这一内装变速器几年后被引进美国市场，并很快成为三速自行车的行业标准。1960年，公司开发了一项冷锻技术，用以更有效地生产高性能产品。最后，正三郎禧玛诺将公司交给自己的三个儿子进行管理。虽然也生产刹车和其他组件，但禧玛诺并不生产整车。“我们的创始人说过：永远不要和客户竞争”，禧玛诺的一个儿子对《海峡时报》[37]这样说。1965 年 1 月，公司在美国设立了禧玛诺美利坚联合公司（Shimano American Corporation），同年也进入了对自行车比较痴迷的欧洲市场。

到 2006 年，禧玛诺已成为自行车部件领域的一个主要品牌，其产品行销全球各地（日本：25%，美洲：22%，欧洲：34%，亚洲：19%）。禧玛诺几乎和每一家自行车巨头都有业务合作，如日本的特瑞克、捷安特、普利司通（Bridgestone Cycle）、全日自行车（National Bicycles），欧洲的欧洲自行车公司（Cycleurope）等，但其中没有一家能在禧玛诺的销售额中占比超过 10%[38]。据加农戴尔的创始人兼 CEO 约瑟夫·蒙哥马利（Joseph Montgomery）[39]介绍，使用禧玛诺零件的自行车生产商只是分销商罢了。20 世纪 90 年代后期，一些自行车生产商也开始自行生产自行车零件，如加农戴尔、特瑞克和专业自行车公司，但取得重大成功的厂家寥寥无几，因为自己生产的零件通常都比禧玛诺的零件成本要高。事实上，到 1997 年，超过 90%的自行车生产商只生产车架而不生产零件，90%的零件生产商也只生产一种类型的零件[40]。

产品质量和技术优势一直是禧玛诺战略的关键组成部分。禧玛诺对其公司战略的成功执行使它拥有一个强大的品牌、高品质的产品和遍及全球的业务范围，这三个关键词在公司 2004 年年度报告里也常被提及[41]。禧玛诺的崛起经历了几个重要的发展阶段。最早的一次出现在公司成立 40 年以后，禧玛诺研制的三速花毂受到美国自行车生产商的热烈欢迎。禧玛诺乘胜追击又开发出了十速传动系统，并借助 20 世纪 70 年代美国赛车热和铁人三项运动的兴起而获得了巨大成功。20 世纪 80 年代中期，禧玛诺成功研制并组装了具备专业品质的公路赛车零件，这使得它能更直接地与坎帕尼奥洛公司（当时这一领域的唯一巨头）进行竞争。

同时，禧玛诺还实现了技术上的突破，成功地开发出了自己的数字变速系统（禧玛诺数字定位变速系统，SIS），使调速变得更容易、更有效。这一变速系统具备更高的可靠性，能为选手省去很多调速的麻烦，节省了时间，从而使选手更有信心。STI 是一种将变速器和制动器整合起来的机械技术。这种创新能让车手在变速的同时不至于让手离开车把。山地车的诞生和流行促使了美国自行车运动的回潮和转暖[42]。受到加州山地车手采用的特殊定制的山地车齿轮的启发，禧玛诺重新设计了自己的齿轮转换系统，以使其符合山地车的特点。禧玛诺于 1982 年设计出了 15 速的山地车组件，随后又设计出 21 速组件系列，这也是现代山地车的主要配置。公司的其他创新包括一款运用电脑设计出的椭圆形的链轮，它能提高踩踏的效率，也能缓解车手的疲劳[43]。

商业战略

1970 年，禧玛诺在日本的山口县建立了当时全世界最大的自行车零部件工厂。根据《设计周刊》报道，70 年代后期，禧玛诺开始聘请工程师为其零件系统设计一种统一的外观，同时提高它们的性能[44]。1972 年公司在西德的杜塞尔多夫设立禧玛诺欧洲公司，起初只有两名雇员。同年，公司在大阪证券交易所开始上市交易。1973 年，又在东京股票交易所上市[45]。同年，公司海外的第一家工厂在新加坡成立。1974 年在美国加利福尼亚设立了销售处，这使公司能在 70 年代美国蓬勃发展的自行车市场中自由驰骋。

禧玛诺的成功之路并非没有坎坷。就像嘉三禧玛诺（Yoshizo Shimano）后来在接受《华尔街日报·亚洲版》专访时所说的那样，公司在 20 世纪 70 年代末期在空气动力自行车零件的设计、开发和测试上曾有过巨大的投资[46]。事实证明，他们已经过于领先时代了，这让他们花了好几年时间才重新赶上竞争对手[47]。公司也实行过多元化战略，进入了钓鱼设备领域，这也是一项对精度要求很高的运动项目。然而，直到 20 世纪 70 年代末，禧玛诺才成为这一行业的领头羊。1978 年，公司推出了万丹牌线轴(Bantam reels)，随后于 1981 年推出了 X 系列钓鱼竿[48]。

开发品质卓越的新产品，一直是禧玛诺恪守的一条商业准则。然而，他们的新产品策略却独树一帜。首先，产品的设计方式让用户能记住产品背后的公司。其次，向高端市场进军，如赛车上。这让用户能在专业赛车

队的自行车和马路上的高端品质自行车上看到禧玛诺产品的身影。这也成为禧玛诺 Dura Ace 产品系列的推广理念。人们认识到这些产品，而产品设计又让人们记住了它们。自行车发烧友们在购买新车时会要求使用禧玛诺的产品，渐渐地，禧玛诺的零件变成了自行车质量的一种标志。自行车生产商迅速地洞察到这种新的需求，并开始在自己的车上使用禧玛诺的零件。20 世纪 80 年代，配件市场逐渐形成了。小型自行车商店提供禧玛诺零件，用于更换现有自行车的损坏零件。就这样，禧玛诺在不知不觉中树立了自己的要素战略。

自行车零件的价值链

用户对禧玛诺零件日益浓厚的兴趣催生了一种生产自行车的新方法。首先，自行车的不同组件被出售给车架生产商，由其组装成整车，再通过零售商出售给最终用户。当自行车成为休闲运动后，专业的自行车经销商可以提供专门定制的车型。这些经销商直接销售给最终用户，并为其提供配件（见图 62）。

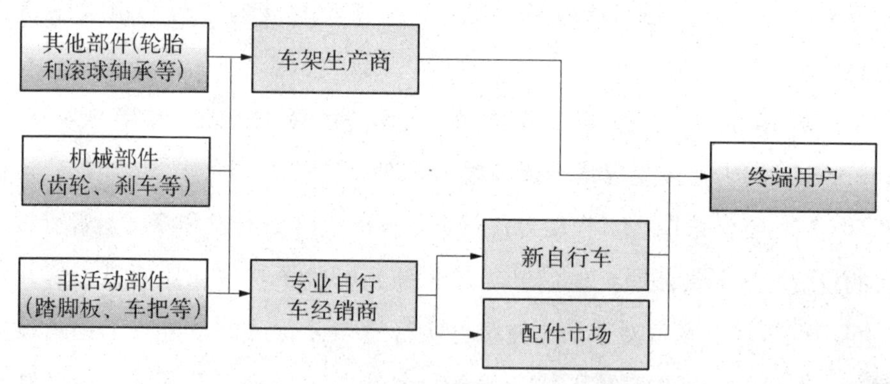

图 62　自行车零部件的价值链

这种市场结构为实施要素品牌战略提供了巨大的潜力。首先，禧玛诺为车架生产商和专业自行车经销商供货。在另一端，用户会主动要求购买使用了禧玛诺零件的新车，这种来自用户的拉动效应强化了禧玛诺的上述推动效应。配件市场使最终用户有机会替换损坏的零件，更重要的是，用户有机会用禧玛诺的零件来替换另一品牌的零件。这提高了禧玛诺在最终用户中的品牌认知度。禧玛诺通过自己的努力获得了成功，也从这条价值链中获益。从理论上讲，最终用户可选的零件品牌有许多，但只有禧玛诺拥有最强有力的品牌。所以，禧玛诺的成功基于隐性要素品牌战略的使用。

20 世纪 80 年代：将对手甩在身后

禧玛诺始终致力于改进其自行车零件产品，创造出新的市场领导者。1980 年，公司推出 AX 赛车系统件系列，并于两年后推出山地车组件 DEORE XT 系列。80 年代中期，公司的年销售额超过 500 亿日元。此时，禧玛诺的全球员工数达到 1 500 名。《远东经济评论》报道称，在山地车热潮中，禧玛诺品牌成功地击败了欧洲的竞争对手[49]。到 80 年代后期，禧玛诺产品被认为是山地自行车组件中的标杆，其自行车零件产品线也在持续扩张。

1988 年，禧玛诺开始销售锁鞋系列。同年成立了英国子公司，专门销售渔具。此外，禧玛诺将部分线轴生产业务转移到了新加坡。由于日元的升值，这里每年可以生产约 40 亿日元（2 600 万美元）的自行车零部件。1989 年，禧玛诺在荷兰成立了三个子公司，用以销售一系列产品。公司当年的销售收入为 840 亿日元。据朝日新闻社报道，80 年代后期日本的自行车及其零部件的出口急剧增长，1990 年达到 1 154 亿日元（8.487 亿美元）。截至目前，1/3 的禧玛诺产品在欧洲销售[50]。

20 世纪 90 年代：全球扩张仍在继续

禧玛诺位于马来西亚的工厂于 1990 年开张。同年，禧玛诺购入了阿尔弗雷德·图恩公司（Alfred Thun S. p. A.）的部分股权，在收购了剩余股份之后，该公司被重新命名为禧玛诺意大利有限公司。1990 年公司还在意大利成立了一个渔具事业部。此外，禧玛诺还扩大了其在新加坡的业务。90 年代初，公司先后成立了比利时子公司和印度尼西亚子公司。1991 年，母公司更名为禧玛诺股份公司。1990 年，公司推出了独创的可轻松脱卸的

“不绊脚”脚踏-SPD*（禧玛诺卡式踏板系统 Shimano Pedaling Dynamics）。渔具方面的革新包括斯泰拉线轴（Stella Reel）和 Ship 系统的推出。1995 年，禧玛诺为沙滩自行车推出了名为 Nexus 的 7 速和 4 速内置花毂系列，当时，沙滩自行车以其复古的造型和使用方便而在美国广受欢迎。

此外，禧玛诺还开发了一套可锁紧的内置齿轮系统，以防止自行车被盗。该产品于 1997 年在日本上市。90 年代末，由于欧洲生产商的进入，亚洲市场的竞争日趋白热化。在中国，自行车长期以来一直是主要的交通工具，随着经济的增长，其对高端自行车的需求也在增长。《远东经济评论》报道说，90 年代初，中国的 3.2 亿辆自行车中大多数都没有齿轮[51]。然而，这种情况正在迅速发生变化，禧玛诺在这一市场上占有 50%的市场份额。当有人骑车时因曲柄受损而受伤的报告出现后，禧玛诺于 1997 年召回了超过 250 万个自行车曲柄。《洛杉矶时报》报道称，这是自行车行业迄今为止最大的召回事件，公司为此蒙受了约 1 500 万美元的损失[52]。由于禧玛诺山地车的普及程度很高，在召回事件发生前的三年中，问题零件已被安装在约 50 种品牌的自行车上，但及时的召回和后续的服务减少了此次事件的负面影响。

1997 年，禧玛诺公司为进军滑雪等新兴体育运动领域专门成立了物理运动事业部（Action Sports Division）。为此，它还收购了卢米斯公司（G. Loomis Inc.）。1999 年，禧玛诺成立高尔夫运动事业部。同时，公司在其他领域也在持续开发新产品，如无摇晃钓鱼竿。

千禧年以来

由于其长期客户兰斯·阿姆斯特朗在 1999 年环法自行车赛上取得的连胜纪录，禧玛诺品牌在世界范围内变得比以往更加夺目了。2000 年，公司

---

* 这是一种鞋与自行车踏脚板的组合系统。当骑行鞋嵌入踏脚板后，可使之性能良好，同时行走时感觉安全舒适。——译者注

的海外生产只占全部生产的 30%，但公司 1 410 亿日元的销售额中出口的比重却超过 80%。《日经指数周刊》（*Nikkei Weekly*）报道说，由于日本本土市场停滞不前，禧玛诺的海外工厂正在将重点转移到为当地车商供货上，而不是将产品返回日本。

当时，禧玛诺投资 10 亿日元用于使其上海工厂的产能提高 60%，并增加一条三速齿轮生产线以满足当地市场的新需求。2001 年，公司投资 50 亿日元在捷克共和国设厂以满足东欧对自行车的旺盛需求，同时在中国大陆又设立了一个工厂。2002 年，中国台湾分公司成立。2003 年，禧玛诺投资 20 亿日元（1 700 万美元），在中国大陆开办了第二家工厂。禧玛诺还在其位于中国昆山的自行车零件生产园区内投资 5 亿日元（约 400 万美元）新建了钓鱼竿生产设施。据《亚洲脉搏》（*Asia Pulse*）[53]报道，该公司的目标是到 2004 年，海外工厂产量的比重能达到总产量的一半。

经过大量的设计和测试，2003 年底公司发布了一款适用于自行车的自动换挡变速器。该设备使用磁体和其他传感器来确定自行车的速度，并对车速进行自动调整。禧玛诺的销售目标是每年出售 50 000 个，单个售价为 20 万日元（1 800 美元）。嘉三禧玛诺告诉《金融时报》说，这个想法的动机是为了让自行车通勤者能从不停的换挡中解放出来，以便将注意力放在交通状况上[54]。在钓鱼用具领域，禧玛诺也在不断地创新。2001 年年底，它推出了 Dendomaru 3000SP 产品，它是一根电动的线轴，带有液晶显示屏，用以显示投出的线长和其他一些参数，从而使新手们得到技术反馈。几年后，禧玛诺与导航仪器制造商古野电气（Furuno Electric Co.）联手开发了一款水下鱼类探测器。其渔具的销售每年都以 6%或 7%的速度增长，2003 年达到 1 437亿日元，净利润达到 123 亿日元，增长率超过了 50%。据估计，进入 21 世纪的第一个十年，公司在世界自行车零件市场的市场份额将达到 70%。

分销渠道

根据全国自行车经销商协会（NBDA）的研究，自行车主要是通过四个渠道进行销售的[55]：

- 专业的自行车零售商；
- 大卖场；
- 经营所有体育用品的商店；
- 其他类型的零售商，包括 REI 这类经营多种体育用品商店、户外运动用品零售商和邮购零售商[56]。

百货商店、折扣商店和玩具商店所售产品大多以价格为导向。2006年，大约 75%的自行车零件通过大卖场渠道售出，但其销售额所占比重却只有 37%，因为平均价格只有 72 美元。专业自行车经销商出售更高质量的商品，同时还依靠为客户提供附加服务来提高销售额，如专业的配车、装车和修车等服务。通过这个渠道的销售量占比约 17%，但销售额占比达 48.9%，居于主导地位。经销商处的价格一般从 200 美元起步，平均价格为 422 美元，最高可达数千美元。近些年来由于行业自身的整合，专业经销商数目有所减少，但它是几大渠道里唯一一个使平均售价保持不变甚至有所提高的渠道。最近的趋势是大卖场在销售量的份额上有所上升，但因价格的不断下降，其销售额的份额却没有变化[57]。

购买流程

自从自行车作为一项休闲运动引起人们的兴趣后，自行车的购买流程也发生了改变。20 世纪 50 年代到 80 年代期间，顾客从经销商那里购买整车，而今天，人们从专业经销商那里购买的是高端车型。预装好的自行车几乎没有定制空间，因此顾客只能接受提供给他们的车型。此时，零件供应商并不直接服务于顾客。

20 世纪 80 年代之前，供应商只负责向代工商和较小的售后市场供货。随着自行车文化的改变，大型自行车赛事吸引了公众的广泛兴趣，人们从中意识到，卓越的性能来自尖端的设备。正是在这个时候，第一批品牌开始被人们熟悉。其中两个零件供应商就是坎帕尼奥洛和禧玛诺。购买流程的重大变革始于人们更换破损的零件。自行车手向经销商要求某一特定组件，而且往往希望是品牌产品。由于禧玛诺已经与经销商在售后服务方面建立了合作关系，所以他们很自然地为禧玛诺产品进行宣传。一些经销商已发展成为向顾客提供定制车型的配车商。在美国、日本和欧洲，这种配车商数量迅速增加，以满足中高端市场的需要[58]。图 63 显示了自行车业中的物料流动。

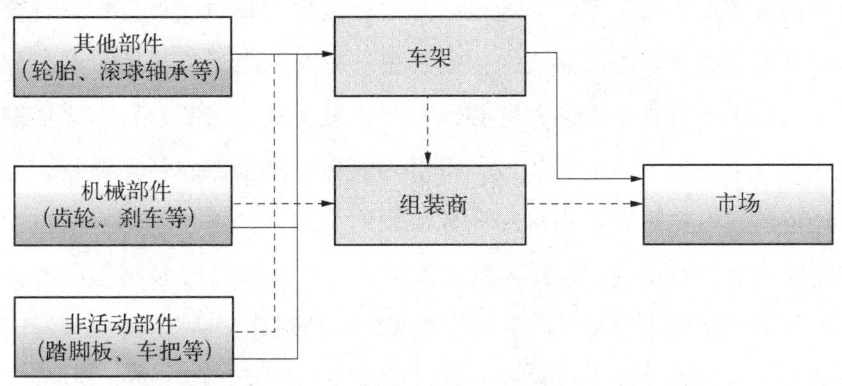

图 63　自行车业中的物料流动[59]

客户到专业自行车经销商那里选择专业品牌，如捷安特牌或比安奇牌车身以及禧玛诺等品牌的自行车零件。在美国，大约有 6 000 个自行车经销商，其中前 1 500 名经销商的销售量占到总销量的 60%[60]。但是，2000 年以后，由于主要的自行车生产商开始崛起，这种零售环境开始发生变化。现在，三大自行车生产商都斥巨资于产品开发和市场营销上。他们为客户提供一种“概念店”式的体验，以便更好地宣传自己的品牌，同时更好地和消费者进行交流。从本质上讲，他们正在通过垂直整合来为各自品牌创造一个更为安全稳固的网络环境。

路在何方？

在世界自行车零件市场上，禧玛诺已经占据了领导者的地位。经过多年的努力，他们已经成功塑造了一个以产品质量和可靠性闻名的强大的要素品牌。但他们深知，要保持中高端零件市场的世界领先地位，吃老本是万万不能的。拥有最新技术的 SRAM 公司和专业自行车公司（还有其他厂商）无时无刻不对禧玛诺的市场份额产生威胁。今天，主要品牌（特瑞克、

专业牌和捷安特）都拥有完整的产品系列，涵盖了几乎所有的行车体验，所以，行业竞争的着力点转移到了分销领域中来。主要品牌都致力于打造专属概念店、进行经销商渗透和对零售渠道的有效管理[61]。

禧玛诺和山地车的成功完全改变了自行车行业。美国昔日最大的自行车生产商施温渐渐失去了领导地位，并先后两次申请过破产保护，到今天只是众多名不见经传的厂商之一。加农戴尔应对禧玛诺主导地位的措施是为高端市场生产自有品牌的零件和自行车。意大利著名的自行车零件制造商坎帕尼奥洛撤出了山地车领域，将重心放在高端公路自行车市场。市场营销让禧玛诺人意识到了质量和质量控制的重要性。这一系列挑战迫使禧玛诺不断地进行技术创新、打入新的市场（通常要和 OEM 一起），并使自身在各方面运转得更为有效。在展望未来时，禧玛诺团队既谨慎又兴奋。

禧玛诺通过隐性要素品牌战略获得了成功，这要归功于两大主要因素。首先，禧玛诺成功地借助了环法自行车赛这一世界闻名的体育赛事，将其要素产品的卓越质量传递给了发烧友。其次，他们的产品通过专业零售商进行分销，这些零售商能为其客户提供量身定做的自行车型。体育比赛中业已建立的品牌声望形成了拉动效应，提高了消费者对其高品质产品的需求。总之，产品策略、沟通策略和分销策略三者的有效结合，让禧玛诺的要素品牌战略获得了成功。

6.6 模克隆：高科技材料

全世界的人每天都在接触聚碳酸酯。自 1953 年以来，这种塑料已经在诸多产品领域里取得了令人瞩目的成功：眼镜、医疗器械、安全帽和护目镜、汽车玻璃和车灯、水壶和太阳能电池组件、地毯、车棚和温室薄膜等。今天，世界各地无数生产者都在利用聚碳酸酯的性能，聚碳酸酯产品和应用领域也在不断增加。很难想象，没有聚碳酸酯，未来的生活会怎样。

拜耳公司（Bayer）生产的模克隆是最为知名的聚碳酸酯材料之一。据估计，自从 1982 年压缩光盘诞生以来，使用模克隆制作的 CD 已达到 450

亿张。如果把它们叠在一起，这条CD带的厚度将达1 080万千米，大约相当于地球到月球的平均距离的28倍。

今天，模克隆的品牌知名度达31%，在欧洲市场上绝对是最知名的聚碳酸酯材料。GE塑料的Lexan是美国市场的领头羊[62]。下面的案例介绍了拜耳公司在欧洲为模克隆推行的要素品牌战略。我们重点关注模克隆的崛起，而有关这一战略的发展问题将稍后进行讨论。品牌知名度不是最终目的。品牌化战略是否物有所值？有哪些因素决定了拜耳模克隆能取得的成就的大小？所有这些都是模克隆在实现成功的品牌管理中需要解决的现实问题。

1953年，当位于勒沃库森的拜耳公司发明了模克隆牌聚碳酸酯时，并没有引起什么轰动。同年，拜耳为该发明申请了专利。早期的模克隆主要作为绝缘塑料用于开关和保险丝盒中，但如今它被看作是一种功能强大的材料，可用于生活中的许多领域。由于其透明度高，抗冲击性强（即使在高温下依然稳定），模克隆几乎适用于任何场合，除用于电气工程之外，还被用于像汽车的车头灯和内饰、车棚和游泳池的透明屋顶、防紫外线的运动护目镜和太阳眼镜以及可重复使用的牛奶瓶和桶装水包装等产品中。飞利浦的子公司宝丽金（Polygram）在制作第一张光盘时，使用的正是模克隆。如今，它已成为CD、CD-ROM和DVD光碟的固定组成部分，被众多知名厂商使用。最近，它还被用于制作蓝光（Blue-Ray）光碟。

直到2000年，拜耳聚合物材料部才开始推行要素品牌战略，用打品牌的思路来推广模克隆，把它引入公众的视线（模克隆的标志如图64）。在此之前，消费者对模克隆还比较陌生，它只作为一种应用材料被销售给其工业伙伴。

图64 模克隆的商标（版权所有）

鉴于模克隆在塑料加工业中的良好声誉，拜耳精心挑选其要素品牌战

略的合作伙伴来使用和加工其产品。此举意在使消费者认识到，无论是最终产品生产商，还是最终产品中最基本的组成部件的生产商，都代表了完美无瑕的质量，因此消费者可以完全信赖该产品。然而，成为模克隆的加工商，并不一定意味着其最终产品能达到和模克隆一样的质量标准或达到拜耳级的声望。聚碳酸酯可能只是最终产品中所包含的一种要素而已，不能用于弥补可能存在的制造商的糟糕声誉，或是生产过程中所使用的其他质量低劣的要素。

拜耳还采用品牌使用协议以确保对方产品质量达标。同时，拜耳有权在生产过程中随时取样，从而保证为最终用户提供始终如一的高品质产品。但是，拜耳在选择自己的合作伙伴时，并不仅仅考察该公司的产品，它还对整个公司及其公司形象进行详细考察。在要素品牌战略方面，这家勒沃库森的公司希望使公众明确，它到底和什么样的公司联系在一起，谁才有资格在推广自己的产品时使用拜耳的十字标志。拜耳不想给公众造成一种“高科技品牌用在廉价、无名商品上”的印象，以免损害模克隆品牌的形象。

对于使用模克隆的厂商来说，能够成为拜耳的要素品牌战略合作伙伴是令人向往的。因此，拜耳和越来越多的公司签署了品牌使用协议。目前，UVEX 体育用品公司的自行车、滑雪和运动护目镜，More International BV 的 KG、CD-ROM、DVD-ROM 和罗氏公司（Rösch AG）的无针注射针剂等产品都打上了模克隆的质保印章。

其要素品牌产品系列还包括其他生产商生产的 CD 和 DVD、地毯、桶装水桶、可活动的太阳能电池模块等等。拜耳及其合作伙伴都致力于通过品牌化战略来实现差异化。借助于品牌，模克隆的优势能够凸显出来，并向最终用户传达一种正面的形象，这一点很重要。这种差异化战略为该要素赋予了一种独特的销售主张（USP，unique selling proposition），让消费者对带有模克隆标志的产品产生偏好，甚至在购买时特别留意这类产品。潜在客户可能会要求购买使用了模克隆的产品。

但是，仅凭把模克隆质保印章打到产品、包装和广告宣传材料上，并不能带动这种拉动效应。消费者还必须能够感受到模克隆的质量和信誉，才能对该品牌熟悉起来。在欧洲，拜耳的要素品牌合作伙伴们在其产品标签和宣传册中都加上“由模克隆制成”字样和拜耳的伞形商标（品牌组合体）。这些合作伙伴在平面广告、宣传手册、产品目录、公司网站和贸易洽谈会上都在宣传这种特殊塑料的优势，并解释为什么顾客应该选择含模克隆要素的商品。为启动这种拉动效应，拜耳利用广告直接向（潜在的）最终消费者进行宣传。2000 年，它选取了一些合适的广告主题，使个体消费者对品牌建立了相应的情感关联。拜耳还在平面媒体和电视上举办公关活动，传递品牌信息。“最快”、最显眼的广告媒介莫过于德国铁路（Deutsche Bahn）运营的城际列车了。拜耳也是首家利用在德国境内纵横交错的城际列车作为广告媒介的公司。

模克隆被赋予五种不同的主题，一定程度上以其合作伙伴 UVEX、Legoland 和 MMore 为导向。这些机车深受广大机车迷的欢迎，拜耳为此专门架设的网站也吸引了巨大的访问量。车模制造商 **Märklin** 现在正在销售一款以模克隆及其合作伙伴 MMore 为主题的机车模型，购买此产品的消费者还可获赠一只由模克隆制成的电脑鼠标。这项与 Märklin 的合作也是拜耳致力于展示其塑料产品多功能性的又一例证。

拜耳模克隆及其客户在要素品牌战略方面的合作是平等互惠的，因为彼此之间相互依赖。其原理是协同效应，即双方组合起来，每一方都在其广告、宣传册、产品目录、网站甚至塑料机车上（见图 65）展现双方的合作关系。任何一方都不用为此支付广告费用补贴，或要求对方提供类似的好处和优惠。

作为实施要素品牌战略的新手，拜耳仍处于为其高科技塑料——模克隆——树立品牌的早期阶段。毫无疑问，要想为一个消费者非常陌生的产品树立品牌是一项艰巨的任务，也需要投入巨大的广告费用。为此，拜耳利用其知名的品牌和良好的声誉，将拜耳十字商标加进模克隆标志中。这让消费者从一开始便将这种塑料和代表传统和品质的拜耳公司联系在了一起。该公司的正面形象就这样被转嫁到其新品牌中。建立这两种品牌之间的关联为新品牌的推介和后续广告削减了不少费用，因为模克隆间接地得益于其他拜耳产品的广告。

图 65　模克隆火车头（版权所有）

拜耳公司的背景介绍

1863 年 8 月 1 日，燃料销售员弗里德里希·拜耳（Friedrich Bayer，1825—1880）与燃料大师约翰·弗里德里希·威斯考特（Johann Friedrich Weskott，1821—1876）在德国的巴门（Barmen），也就是今天乌帕塔（Wuppertal）市的一个区，创建了“弗里德里希·拜耳公司”（Friedrich Bayer et comp.），从事合成染料的制造和销售。1881 年到 1913 年间，拜耳逐渐发展成为一家全球性的化工企业。虽然染料部仍然是公司最大的部门，但也扩充了新的业务单元。

对拜耳的持续发展起着首要推动作用的是卡尔·杜伊斯堡（Carl Duisberg，1861—1935）建立的一个重要的研究所。在乌帕塔-埃尔伯费尔德（Wuppertal-Elberfeld）——也是公司 1878 年至 1912 年的总部所在地——建立的这个科学实验室为工业研究创立了新的范式。拜耳研究室里诞生了许多化学中间体、染料和药品，其中包括被誉为“世纪之药”的阿司匹林，它是由费利克斯·霍夫曼（Felix Hoffmann）发明的，并于 1899 年推向市场。第一次世界大战的爆发使拜耳令人晕眩的发展暂时中断。该公司的主要出口市场被切断，与之相应，染料和药品销售有所下降。拜耳日益融入战争经济，并开始生产战争物资，包括炸药和化学武器。1917年，拜耳在多马根（Dormagen）建立了第三个生产基地。

1905年以后，拜耳、巴斯夫（BASF）和爱克发（Agfa）公司之间已经形成了一个利益共同体。为了重新进入重要的出口市场，在卡尔·杜伊斯堡的倡导下，上述公司和德国其他利用煤焦油制造合成染料的企业一起于1915—1916年间加入了一个更大的利益共同体——IG法本公司（IG Farben AG）。“二战”后的1945年11月，盟军没收了IG法本公司并将其所有基地置于盟军官员的掌控下。公司被解散，其资产被用于支付战争赔款。然而，英国却批准自1943年开始掌管莱茵河下游集团的乌尔里希·哈伯兰（Ulrich Haberland，1900—1961）继续留在他的岗位上。不久，他们又允许公司恢复生产，因为化工行业的产品都是人们生活的必需品。在随后几年，哈伯兰在有着优秀传统的老拜耳基础上建立了一个新的更富竞争力的新拜耳。盟军军政府最初计划将IG法本公司分解成尽可能多的小公司。不过，这样的话，这些公司很难在全球市场上生存下来，即便在德国本土也是如此。同盟国也意识到了这点，于是在同盟国法律的框架下，12家新的彼此竞争的公司在德意志联邦共和国建立了起来。1946年，仍在盟国管制下的拜耳公司重新开始其在国外的销售活动。到20世纪50年代，该公司被允许收购外国附属公司并在美国和拉丁美洲拉开了序幕。

拜耳的重建与战后联邦德国的“经济奇迹”（Wirtschaftswunder）密切联系在一起。由于第二次世界大战，拜耳再次失去了其海外资产，包括多项极具价值的专利。重建海外业务显然对拜耳的复兴至关重要。1951年12月19日，拜耳颜料股份公司（Farbenfabriken Bayer AG）重新成立。在勒沃库森、多马根、埃尔伯费尔德和乌丁根的生产基地被划到新公司旗下，1952年拜耳接受新成立的爱克发“图片制作股份公司”为自己的附属公司，但失去了国外子公司。

联邦德国第一次温和衰退出现在1966年，但给其经济奇迹画上句号的则是1973—1974年爆发的石油危机。1974年年度股东大会后，当赫伯特·格吕内瓦尔德（Herbert Gruenewald）接替库特·汉森（Kurt Hansen）出任拜耳公司董事会主席时，全球经济正在经历一场巨变。在短短几个月内，石油化工原料的价格急剧飙升。模克隆也受此重创。80 年代初，一场严重的经济衰退席卷全球，使这次危机达到顶峰，无品牌的产品面临巨大的价格压力。

20 世纪 90 年代，拜耳像其他公司一样也经历了一次重大的结构转变，因为它们正面临着全球化的挑战。1989 年后，德国和东欧先后经历了急剧的政治变革，此后，拜耳开始更加关注这些新兴市场。1992 年，拜耳在东德比特费尔德的新工厂破土动工，1994 年开始生产阿司匹林。北美市场对拜耳集团的重要性也在与日俱增。在加拿大，拜耳于 1990 年收购了总部位于多伦多的兰山橡胶公司（Polysar Rubber Corporation），这也是该公司历史上最重大的一笔收购，这一交易使拜耳成为全球最大的橡胶工业原料供应商。

在曼弗雷德·施奈德博士（Manfred Schneider）的领导下，拜耳于 1994 年收购了先令·温斯洛普（Sterling Winthrop）的北美区自我药疗（非处方药）业务。这是公司发展史上的一座里程碑，因为这项交易让公司重新获得了在美国使用“拜耳”这一公司名称的权利。在 75 年以后，拜耳终于可以以自己的名义并以拜耳十字作为公司标志在美国开展业务了。1995 年，美国的迈尔斯公司（Miles Inc.）更名为拜耳公司，模克隆也可以在自己的标志中使用拜耳十字。

为了更好地应对未来的挑战，拜耳在日本成立了第三个药物研究中心，前两个分别位于欧洲（乌帕塔）和北美（西黑文，康涅狄格州）。1995 年，其日本子公司 Bayer Yakuhin 制药公司在京都附近的关西科学城设立了一个研究中心。这标志着拜耳的欧洲—北美—日本“药物研究三重奏”架构的基本形成。在随后的几年中，公司还和众多创新型生物技术公司结成联盟，合作开发新产品。2001 年，拜耳斥资 72.5 亿欧元收购了安万提斯作物科学公司（Aventis CropScience），使其成为全球农作物保护领域的翘楚。同年 12 月，公司管理层公布计划，宣布成立独立的运营系统。一年后，拜耳作物科学公司（Bayer CropScience AG）成为拜耳集团下属的第一个独立法人子集团。2003 年，作为拜耳集团重组的一部分，拜耳化学公司（Bayer Chemicals AG）、拜耳医疗保健公司（Bayer HealthCare AG）及其下属的一家服务公司——拜耳科技服务公司（Bayer Technology Services GmbH）成为独立法人。随后，拜耳材料科学公司（Bayer MaterialScience AG）（模克隆的生产商）和另外两家服务公司——拜耳工业服务公司（Bayer Industry Services GmbH & Co. OHG）和拜耳商业服务公司（Bayer Business Services GmbH）也相继成为独立法人。

2005 年，拜耳完成了对罗氏公司（Roche）消费者保健业务部门的收购，同年晋升为全球三大非处方药生产商之一。朗盛公司（Lanxess AG）从拜耳集团分拆了出来，继续从事拜耳的化学品业务和部分聚合物产品业务。2005 年 1 月，在拜耳先灵制药公司（Bayer Schering Pharma AG）一次特别的股东大会上，大股东成功地将剩余的少数股股东"挤压"了出去。目前，总部位于柏林的拜耳先灵制药公司作为拜耳医药保健子集团的一个业务部，和拜耳其他制药业务一起运营。今天的拜耳是在医疗保健、营养品和高科技材料领域具备核心竞争力的全球领先企业之一。

组织架构

拜耳公司为整个集团制定了共同的价值观、目标和战略。三个子集团（医疗保健、作物科学、材料科学）和三个服务公司（商业服务、工业服务、科技服务）在管理控股公司的领导下各自独立运营。公司中心（Corporate Centre）为集团董事会提供战略领导方面的支持（见图 66）。

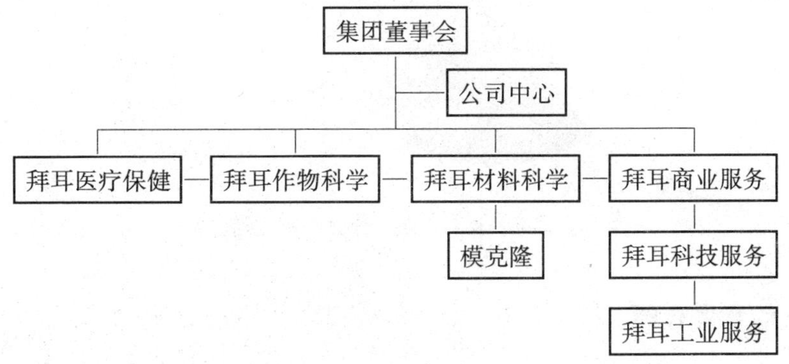

图 66　拜耳集团组织架构

拜耳材料科学是诸如聚碳酸酯和聚氨酯等高性能材料的全球知名供应商，也为日常广泛使用的涂料等产品提供创新的系统解决方案。其销售额中的大部分来自在全球市场上占主导地位的产品。拜耳材料科学旗下有五个业务子部门，它们一起构成了拜耳材料科学公司的全部业务。它们在各自的业务范围内开发和生产产品，分别是：

- 涂料、黏合剂、密封剂业务部（CAS）。此业务单元负责为涂料、黏合剂和密封剂开发并生产种类繁多的原材料。

- 聚碳酸酯业务部（PCS）。模克隆聚碳酸酯材料是拜耳材料科学公司的一个经典产品。

- 聚氨酯业务部（PUR）。聚氨酯产品是诸多产品的重要组成部分，如鞋底的泡沫材料、家具等，还有很多耐用工业品的涂层。

- 热塑性聚氨酯业务部（TPU）。热塑性聚氨酯已经成为众多生活领域中不可或缺的部分，如它能保证汽车的正常运行。

- 无机基础化学品业务部（IBC）。IBC 业务单元负责拜耳材料科学的全球氯化物的供应。

图 67 是 2007 年拜耳集团中各业务部门的营业收入份额的饼状图。

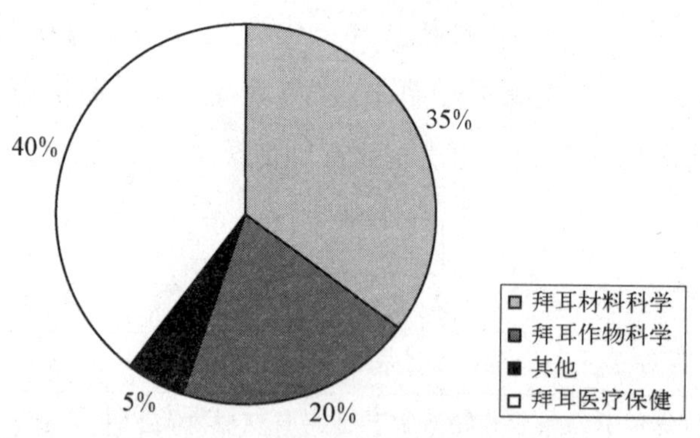

图 67　2007 年拜耳集团各业务部门营业额

模克隆的背景介绍

拜耳材料科学旗下 4 家子公司目前的模克隆产能超过 120 万吨，日均用量超过500吨。拜耳材料科学正在加大在华投资以扩大自身的市场份额[63]。中国的聚碳酸酯市场预期将以每年8%的速度增长，因此，拜耳选择中国上海作为其生产基地，以增强自己的竞争优势。拜耳材料科学将在2006年至2012年间在聚碳酸酯等项目上投资7.2亿到11亿欧元。模克隆已经取得了很大成功，被广泛应用于屋顶、表面涂层、医疗技术和汽车玻璃等诸多领域。鉴于模克隆取得的巨大成功及其用途的广泛性，公司决定采用“要素品牌”这一营销手段，其核心在于要求模克隆一定要用在高档的核心产品中并贴上模克隆的标志。这项“要素品牌”战略使得最终产品和模克隆都占据了一个极好的竞争地位，同时也为它们带来了附加值。

模克隆的生产基地遍及全球，共有七处：美国纽瓦克和德州贝敦（Baytown），欧洲的乌丁根、安特卫普和意大利北部城市 Filago，亚洲的漕泾和泰国马塔府（Map Ta Phut）（见图68）。

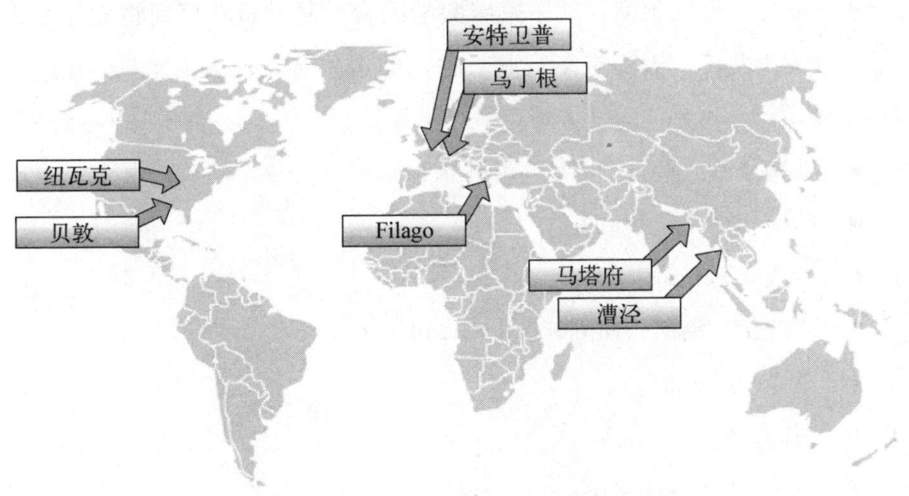

图68　模克隆的生产基地

聚碳酸酯市场

聚碳酸酯（PC）最初由艾因霍恩（Einhorn）于1898年首次制备，并被广泛研究，直至1930年被弃用。随后，到20世纪50年代中期，GE又开始重新进行研究，到1958年其普及程度已扩大到全球范围。今天，大约有75%的市场份额被拜耳和GE塑料持有，后者现已被沙特基础工业公司（Saudi Basic Industries，SABIC）[64]收购。

专家预测，未来几年，随着计算机和家用电器的需求的继续增长，该领域对聚碳酸酯的需求也将以每年10%—12%的速度增长。铁路、公路、机场和城市建设等部门对中空阳光板（又称聚碳酸酯中空板）的需求将十分强劲。在过去几年里，在中国长江三角洲和珠江三角洲的企业中，使用聚碳酸酯生产面板的企业的市场表现明显优于使用其他树脂的企业。中空阳光板是一种半结构性、带波纹（很像纸板）的面板，它发挥了聚碳酸酯色泽清晰和经久耐用的优势。它们通常用于替代玻璃，用在温室之类的建筑上。拜耳于20世纪70年代率先在欧洲开发了这一用途，并于80年代推广至美国。通用电气公司于80年代中期进入了这一市场，但拜耳仍然是这一应用领域的领导者。

预计中空阳光板制造商对聚碳酸酯的需求将会以每年12%—15%的速度增长。此外，专家预测，基于聚碳酸酯的合金复合材料厂商将成为聚碳酸酯的最大消费者，因为汽车行业对它们的产品有着巨大需求[65]。在这一市场领域，拜耳材料科学的主要竞争对手有：

- 沙特基础工业公司（GE塑料的Lexan）
- 陶氏化学（Calibre）
- 帝人（Teijin）
- 三菱化学集团（Mitsubishi Chemical Group）
- 出光（Idemitsu）
- 三阳（Sam Yang）
- 奇美（Chi Mei）
- 福尔摩沙（Formosa）
- 巴西聚碳酸酯公司（Policarbonatos do Brasil）

拜耳模克隆的品牌战略

为了与消费者和零售商建立联系，拜耳开始推广要素品牌营销活动，使最终用户了解模克隆。拜耳的多阶段营销与英特尔公司“Intel Inside”的营销策略不同，后者使用品牌广告和合作广告的形式，而拜耳几乎只采用合作广告：合作双方在一起做广告。有趣的是，拜耳不用向对方支付任何广告补贴。拜耳的合作广告意味着双方各自为自己的广告出钱，这种合作关系创造了一个双赢局面，为双方都创造了价值，同时又不需要分担费用。拜耳还期望最终产品能拥有一个品质好、信誉佳的良好形象。为此，在签署许可合同时，其合作伙伴需同意在打上要素标签前进行产品质量测试，并允许拜耳对产品进行抽样以确保质量达标[66]。模克隆的标记会出现在产品或包装上。这种品牌一体化策略还被应用到展览会、广告宣传、推广活动和赞助商活动中。

在 2001 年开始的要素品牌合作推广活动中，拜耳按照不同的产品组，如 CD/DVD、太阳眼镜和医疗器械等，选择对准不同的用户群体。拜耳及其合作伙伴共同将模克隆品牌推介给消费者，吸引他们的注意，从而产生了拉动效应。他们在杂志、期刊和大众杂志上宣传这种新的要素品牌。这一活动在德国、英国、西班牙等国率先发起。与此同时，合作伙伴还通过广告活动、传单、网站及展会等渠道对最终用户进行品牌教育。这一整合了广告和公关的营销理念使更多消费者了解了品牌的信息。如今，模克隆已被世界上大部分地区的最终用户所熟知，美国市场则相对落后。对于拜耳材料科学而言，品牌管理不仅是针对 B2B 客户，还是针对最终用户（B2C）的一个重要的组成部分。模克隆通过与最终用户的沟通为自己创造了竞争优势（B2C2B），这表明，要素品牌战略可以用来提高聚碳酸酯的品牌价值。

拜耳的宗旨是将模克隆的好处介绍给最终用户，这会让用户愿意为这种品牌要素支付品牌溢价，还会使他们主动要求购买使用了模克隆的产品。通常的营销流程开始于联合推广活动，其中用到了拜耳十字和“由模克隆制成”等标志；也包括销售网点的推广活动。此外，公关起到了吸引注意力的作用。用户调研帮助公司了解客户需求。这种伙伴关系及其营造的双赢局面是要素品牌战略实施过程中的关键环节。这种双赢局面可通过降低最终产品生产商的生产价格或赞助广告活动而得以实现。

各种合作推广活动使模克隆变得和主产品一样为人熟知。机车车身上的广告很好地向消费者传递了品牌信息，提高了模克隆的品牌地位[67]。从压缩光盘、汽车大灯[68]、树脂镜片、头盔到家用电器和水桶，几乎每个人每天都会和模克隆打交道。模克隆即将像阿司匹林一样成为家喻户晓的品牌。拜耳和使用模克隆的厂商开始向最终用户宣传模克隆的品牌和这种聚碳酸酯的优异特性和品质。在整个欧洲，这些合作品牌的商家都在自己的产品上打上"由模克隆制成"的标签和拜耳十字商标。通过打上这一质保标签，MMore、HiSpace和Data Track等合作伙伴向消费者传达了这样一个信息，即"我们的可刻录CD/DVD中所用材料能保证最佳的存储品质和安全性"。

与此同时，合作厂商还利用广告、传单、网站和展会来为模克隆吸引眼球。其他的品牌合作伙伴包括奥地利的饮用水瓶制造商Capsnap和土耳其的Watertek，以及拜耳集团旗下使用模克隆片材制造高品质屋面的Makroform公司。

图69展示了一些使用模克隆材料的厂商。这些公司都在其产品上贴上了模克隆的商标。

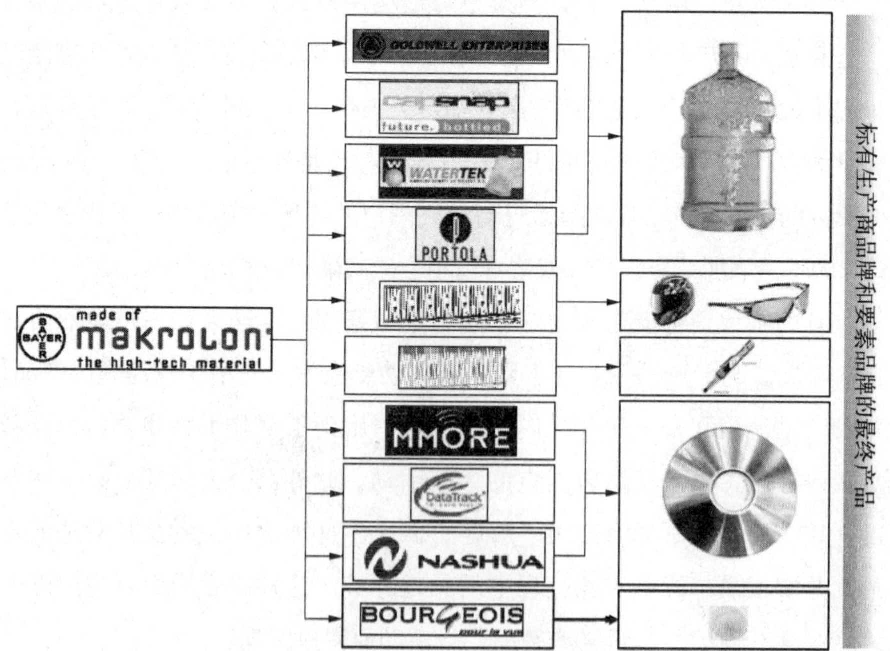

图69 为模克隆贴牌的厂商（版权所有）

UVEX 的例子

UVEX 公司是最早与模克隆联手推行要素品牌战略的伙伴之一。自 1926 年成立以来，UVEX 一直致力于实现其“保护人类”的使命，无论是在工作中、体育运动中还是休闲活动中，模克隆正是达成这一使命的理想材料。UVEX 温特控股公司（UVEX Winter Holding）麾下包括四大国际子公司：

- UVEX 安全产品，为工作人群提供保护：眼镜、头盔、手套、听力保护、鞋袜和工作装；
- UVEX 体育用品，为运动和休闲人群提供保护：滑雪头盔，自行车和摩托车头盔，滑雪、自行车和摩托车用太阳眼镜和护目镜，摩托车车手防护服和靴子；
- ALPINA，针对运动、休闲的眼镜系列：滑雪和赛车用头盔、滑雪护目镜、赛车用太阳眼镜、眼镜框和太阳眼镜；
- FILTRAL，时尚太阳眼镜和老花镜。

拜耳的要素品牌战略合作伙伴是 UNVEX 体育部。该业务部为赛车、自行车和滑雪运动提供装备，这些产品在世界各地的专业商店有售。除了在全球各大市场建立了分销渠道外，公司还在瑞士、奥地利、荷兰、美国和日本设立了子公司。

UVEX 体育用品公司是为国际顶级体育比赛提供专业防护用具的著名厂商。对雪橇、平底雪橇、滑雪板、高台滑雪、越野滑雪等赛事的广泛赞助提高了公司的市场地位。UVEX 冬季运动代表队网罗了许多顶级运动员。模克隆可以是透明或不透明的，它抗冲击、耐风化，并耐受高温或低温。这些能和模克隆联系起来的属性也是高品质运动产品的主要特征。这两大品牌之间的伙伴关系对最终消费者来说意味着类似或互补的产品特点。滑雪装备就是一个很好的例子：首先是眼镜，模克隆可用于制成可活动的镜框，还有透气涂层的运动服，滑雪鞋的透明外壳以及耐光且具有漂亮外观的雪橇和滑雪板（见图 70）。所有这些最终产品都是 UVEX 产品组合的一部分。

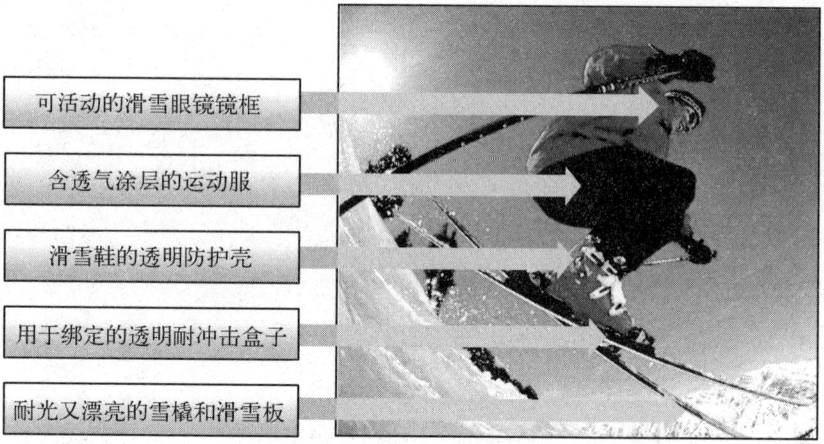

可活动的滑雪眼镜镜框
含透气涂层的运动服
滑雪鞋的透明防护壳
用于绑定的透明耐冲击盒子
耐光又漂亮的雪橇和滑雪板

图 70 滑雪装备中模克隆的身影

拜耳和 UVEX 一起举办过一次宣传推广活动。它们不仅在产品上，还在体育赛事和宣传手册上进行宣传。两家公司一起出现在展会上，不仅仅展示了聚碳酸酯材料，还展现了模克隆可能的应用领域。UVEX 体育产品专为要求高性能的运动员而制，这些产品代表了高性能标准，能拉近消费者和模克隆的距离，从而使合作双方实现双赢。使用模克隆的厂商见表 12。

表 12 使用模克隆的厂商

委 托 加 工 商	最终产品品牌	产 品 类 别
RS Office	Rollsafe，Roll-o-Grop u. a.	地毯
BNL Eurolens	BNL Eurolens	眼镜
Euro Digital Disc Manufacturing	Data Track	CDs
MMORE	MMORE	CDs/DVDs
Tera Media Corporation	Nashua	CDs/DVDs
Videolar	EMTEC/Nipponic	CDs/DVDs
Luceplan	Constanza	灯具
Salman Plastik	Salblend，Salfex	电子
Spirit of Golf	Laser Line Tee	高尔夫用品
Matsuzaki Industry Co. Ltd.	Maruem	文件包

续 表

委 托 加 工 商	最终产品品牌	产 品 类 别
G+B Pronova	Holo Pro	全像投影碟片
Geomag SA	Geomag	玩具贴
Societe Bourgeois	Galaxy	光学眼镜
Alurunner GmbH	Alurunner	雪橇
Sunovation	Sunovation	太阳能组件
UVEX	UVEX	体育用品
Goldwell Enterprises Inc.	Goldwell	水瓶
Watertek	Watertek	水瓶
Capsnap Europe	Capsnap	水瓶
Portola Packaging Inc.	Portola，Garafón	水瓶

6.7 数字光处理技术（DLP）：宠爱你的客户

德州仪器（Texas Instruments Incorporated），在电子业界更多地被称为TI，是一家总部在德克萨斯州达拉斯的美国公司。它于1930年创办，起初是一家利用地震信号处理技术来勘探石油的地球物理勘探公司。1954年，德州仪器凭借其首个商用硅晶体管进入了半导体市场（DLP的标志见图71）。

图71 DLP的标志（版权所有）

从公司创立初期开始，其宗旨就是要发挥公司独特的技术能力，从根本上改变市场并创造出全新的市场。贯穿德州仪器整个历史的一条主线是它们对更为复杂的信号处理技术的使用——不管是渐进地还是革命性地——从而不断地改造这个世界。德州仪器凭借创新的数字信号处理技术（DSP）和模拟技术，创造出了世界上最先进的电子产品。实时信号处理技术已通过多种方式渗透到日常生活中，从数字通讯和娱乐到医疗服务和汽车系统，它都有着广泛的应用。

该公司目前的核心业务是半导体业务，2008 年营业额达 120 亿美元，占公司总收入的 96%，占总收入 4%的是教育技术业务。该业务负责设计和开发计算器以及提供技术解决方案，为教育工作者和学生学习数学和科学提供帮助。到 2008 年，德州仪器已连续五年荣获《财富》杂志颁发的“最受推崇企业”奖，在半导体行业排名第一[69]。图 72 显示了内存芯片行业的前 30 大厂商，表明了德州仪器在行业中的地位。

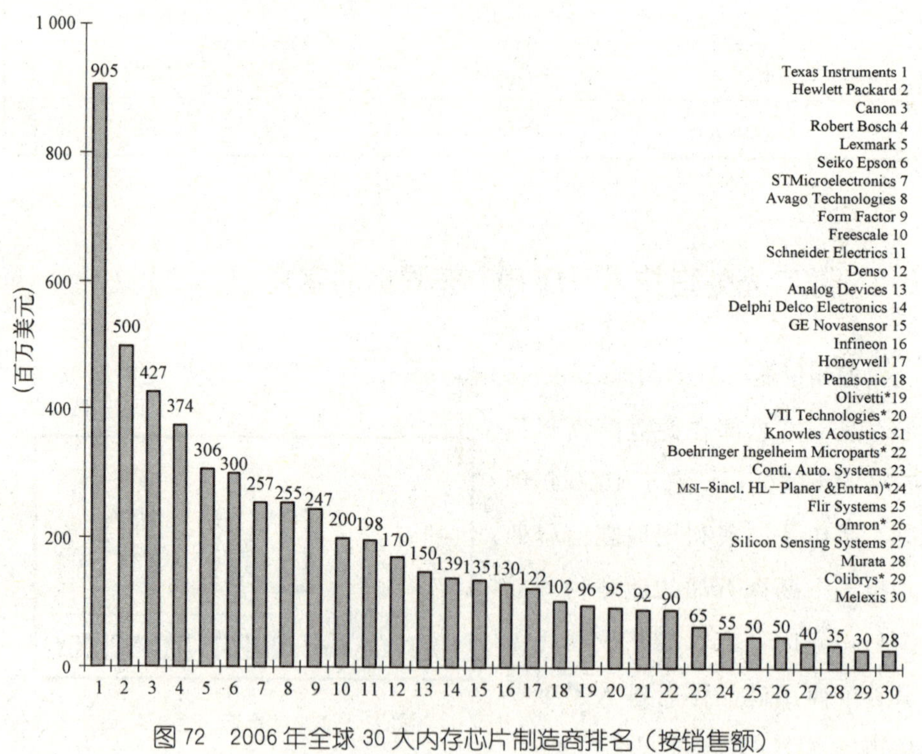

图 72　2006 年全球 30 大内存芯片制造商排名（按销售额）

DLP：一部创新的历史

数字光处理技术（DLP，digital light processing）是一项使用在投影仪和背投电视中的显像技术，其商标由德州仪器公司持有。1977 年，德州仪器的科学家拉里·霍恩贝克博士（Dr. Larry Hornbeck）开始研究如何利用光的反射原理来操纵光线。10 年后，他开发出了数字微镜元件（DMD, digital micro mirror device）——一个能以非凡的精度驱动光子的光学半导体。1992 年，德州仪器成立了数字成像事业项目，以探索 DMD 的商业可行性。一年后，数字光处理技术被正式命名，数字成像部（后来成为 DLP 产品部）也宣告成立，以拓展商用投影显示领域的市场。在 90 年代中期，德州仪器公布了其第一个客户协议，1996 年，第一批商用的 DLP 系统被运往富可视（InFocus）、nView 和宝施玛（Proxima）公司。在欧洲，第一个用户是 Liesegang 公司；在日本，它首次亮相于 PLUS 公司。1997 年，美国电影艺术与科学学院（Motion Picture Academy of Arts and Sciences）选择 DLP 技术为奥斯卡颁奖典礼作投影，DLP 技术在奥斯卡颁奖典礼上一直使用至今。1998 年 DLP 迎来了第一份殊荣，DLP 产品部荣获了艺术和科学学院颁发的用以表彰工程开发中取得的突出成就的艾美奖。霍恩贝克博士也因发明了 DLP 技术而荣获了一项艾美奖。

一年后，DLP 影院（DLP Cinema）投影技术同时在洛杉矶和纽约的两块屏幕上被首次公开用于卢卡斯电影公司《星球大战 I：魅影危机》的首映礼中。这一技术在国际范围内的现场测试就此拉开序幕。新千年伊始，PLUS 公司发布了世界上首个重量不足 3 磅的 DLP 投影机，显示了 DLP 技术在引领便携式投影机市场方面的实力。同年，神州数码（Digital China）推出了首款中国产品牌的 DLP 投影机。2001 年，德州仪器宣布推出深受家庭影院发烧友期待的 16∶9 投影机。此外，富可视推出了具有突破性的 LP120 DLP 投影机，也是第一款重量不足 2 磅的投影机。

第二年，其他公司纷纷进入 DLP 市场。1 月份，三星推出其首款 DLP 高清电视（DLP HDTV），售价 3 999 美元；惠普公司于 4 月份进入 DLP 投影机市场；一个月后，戴尔紧随其后；6 月份，NEC 公司成为第三家 DLP 影院制造商合作伙伴。根据 TSR 的报告，2004 年，DLP 成为微显示技术的头号供应商。富可视是德州仪器客户中首家生产出 100 万台 DLP 投影机的公司。2010 年，LG 电子和东芝公司相继推出各自的 DLP 高清电视。

2005 年伊始，惠普、奥图码（Optoma）和 Radio Shack 推出了首款“即时影院”投影机，它包含了音响系统、DVD 播放器和 DLP 投影机功能，使用十分方便。此外，首个重量不足 1 磅的投影机也由三菱、东芝和三星公司发布并推出。“口袋投影机”创造了一个新的产品类别——微型投影器材。10 月，戴尔推出首款平民价位（3 499 美元）的高清晰度（SX+）投影机，三星也生产出第 100 万台 DLP 电视。

2006 年，在其诞生 10 周年之际，DLP 技术首次在全球正投市场上拥有超过 50%的市场份额，DLP 影院投影机的全球配备数也跨过了 1 000 台的里程碑，达到 1 200 台。德州仪器宣布了在 10 年内出货 1 000 万个 DLP 系统的目标。2007 年和 2008 年，因为掌上投影机的问世，DLP 的新应用领域更“小”了。三星公司推出了一款非常小的普通手机——三星 DLP 投影仪手机（DLP Pico Projector Phone），它可用于查看不同尺寸的图片，根据周围环境的光线条件，投影的图像尺寸可高达 50 英寸，它还内置了德州仪器的 DLP Pico 芯片，可用于视频播放。

如今，拉里·霍恩贝克博士正在研制他的第 29 项专利。同时，正如德州仪器在成为数字信号处理的全球领导者的过程中所做的那样，DLP 产品部也志臻卓越，打造着数字化的未来[70]。

要素品牌化过程

对于消费者来说，德州仪器公司最著名的是计算器，还有其早期在个人电脑市场的尝试。除此以外，德州仪器只是一个服务工业客户的半导体行业品牌。德州仪器是业内第一家走向国际市场的公司，但自从 DLP 芯片组问世以来，德州仪器为其 DLP 技术开展了一场重要的宣传活动，以向终端用户推广该技术。今天，DLP 已被众多电视厂商运用到其投影和显示器材中，然后销售给消费者。电视领域有许多格式、功能和技术，从高清电视（HDTV）和液晶显示器（LCD）到等离子电视（Plasma）和高清多媒体接口（HDMI）等。DLP 还为特定用途提供了另一种解决方案：低价格的大屏幕高清电视！他们还提供各种尺寸的投影机和各种影院投影设备，如3D数字影院等。

德州仪器在向终端用户推广自己的新产品的同时，还借助和用户直接沟通的契机，使消费者了解德州仪器技术的优势所在，从而帮助自己的工业客户更有效地销售其DLP产品。在位于达拉斯的广告公司McCann-Erickson的帮助下，德州仪器DLP产品部发起了一场营销活动，为此他们还赢得了1998年度电脑硬件方面的埃菲铜质奖章（Bronze Effie）。该奖用于表彰德州仪器"为一项新技术DLP[71]推行的要素品牌战略"。

自1998年起，德州仪器每年都为奥斯卡颁奖典礼赞助DLP投影机和电视机。2006年，德州仪器为进一步提高公众的关注度，赞助了美国纳斯卡（NASCAR NEXTEL）赛车计分系列赛和其中的一支车队DLP HDTV Chevrolet（位列96名）。这次赞助是德州仪器为推广DLP技术开展的直接面向消费者的全国性宣传活动中的一部分，也是德州仪器历史上的首次赞助这样的比赛。很快，DLP高清电视技术在观看比赛的赛车迷中的知名度提高了一倍以上。2006年赛季，DLP在广播电视上的品牌曝光度名列所有被赞助的纳斯卡赛事的前十名车队，这让DLP产品车队的表现和一些老资格的品牌所赞助的车队旗鼓相当，如百威啤酒（Budweiser）和家得宝（Home Depot）[72]的车队。图73是DLP车队网站的一张截图。

通过如此大手笔的投资，DLP提升了自己的知名度，也吸引了一些公司高管的注意。虽然此举没有使公司的收入马上增加，但是这对像德州仪器这样的公司而言是一种聪明的做法，因为它并没有产品需要直接卖给消费者，也不需要承担像LG、三星和松下这些公司一样的压力。德州仪器侧重于向它们提供技术并和它们一起合作推广产品，而不是和它们竞争。德州仪器拥有50多个生产DLP产品的合作伙伴，每一家都可能为DLP的要素营销活动提供资金支持，同时，每一家也都在其产品说明书、广告和零售展示中着力为DLP宣传。对于像德州仪器这样的上市公司来说，这种形式的品牌曝光所带来的投资者熟悉度更能促使股票价格的上涨。对德州仪器来说，要素品牌战略是销售具有很强差异性的部件的理想选择。

图 73　DLP 车队网站截图

DLP——工作原理

每一种 DLP 投影系统内都有一个光学半导体，称为 DLP 芯片。拉里·霍恩贝克博士发明的 DLP 芯片可能是世界上最先进的光开关器件，它包含了一个由多达 200 万个相互铰接的微型显微镜构成的矩形阵列。每个显微镜的大小不到头发丝的五分之一。当 DLP 芯片与数字视频或图像信号、光源和投影透镜彼此协调之后，显微镜可将全数字图像投射到屏幕或其他表面上。我们将 DLP 芯片及其周围的先进电子器件称为 DLP 技术（数字光处理技术）。DLP 芯片的显微镜以微型铰链固定，从而使其能沿光源方向向前（开）或向后（关）倾斜，在投影面上形成或亮或暗的像素。

输入半导体器件的图像比特流代码控制着显微镜的开和关，开关次数每秒可达几千次。当显微镜开启频率高于关闭频率时，镜片能反射浅灰色像素；反之，镜片则反射出深灰像素。通过这种方法，DLP 投影系统中的显微镜可反射 1 024 像素的灰色阴影，将输入 DLP 芯片的视频或图像信号转换成层次丰富的灰度图像。DLP 投影系统照明灯产生的白光穿过色轮打到 DLP 芯片平面上，色轮将光滤为红、绿、蓝。单片 DLP 投影系统利用经色轮过滤后的光至少可以生成 1 670 万种颜色，而采用 3 片的 DLP 影院投影系统可生成的颜色不少于 35 万亿种。

每个显微镜的开关状态与三个基本色块相协调。例如，用于紫像素投影的显微镜只负责将红蓝光反射到投影面上；人的肉眼可将这两种快速闪动的光混在一起，在投影的图像上看到预期的颜色。

单片 DLP 投影系统

采用 DLP 技术的电视、家庭影院和商用投影仪主要依靠一个类似于前面介绍过的单芯片的配置。白光通过色轮过滤器产生红、绿、蓝光，再按顺序打到 DLP 芯片的表面上。显微镜开关转换和“开”或“关”的时间比例依照色彩亮度来调节。人的视觉器官将连续投射的色彩混在一起，于是便可以看到全色图像。

3 片式 DLP 投影系统

对画面质量或亮度要求极高的场合，如电影院或广场大屏幕，需要配备三片式配置的 DLP 投影系统，以显示出或动或静的优质画面。在三片式系统中，照明灯产生的白光通过棱镜分成红、绿、蓝三种光。每个 DLP 芯片对应于其中一种颜色，显微镜反射的彩色光经过混合，穿过投影透镜从而形成图像[73]。DLP 的原理如图 74 所示。

LCD 和 DLP

DLP 系统拥有一个非常强大的技术上的竞争对手。尽管它们有相似之处，但这两种技术在向观众呈现图像的方式上大相径庭。液晶显示屏（LCD，liquid crystal display）投影机通常含有三片分离的液晶板，分别对应进入投影机的图像信号中红、绿、蓝三种原色。当光线穿过液晶板时，单个像素或开启让光通过，或关闭以阻止光通过，就好像每个像素都装有活动的百叶窗一样。LCD 通过这一原理调节光线并将正确的图像投影到屏幕上。

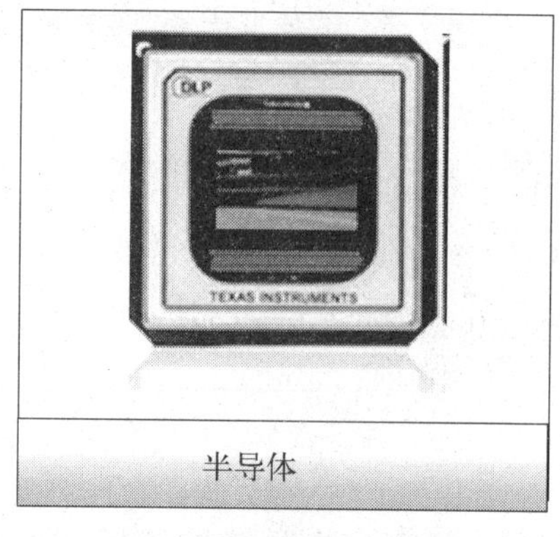

半导体

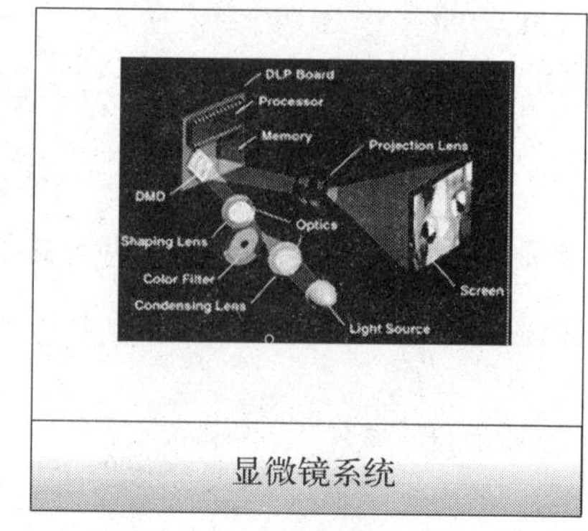

显微镜系统

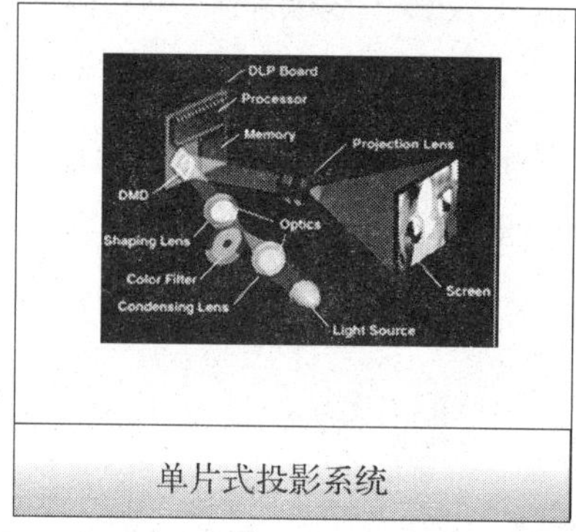

单片式投影系统

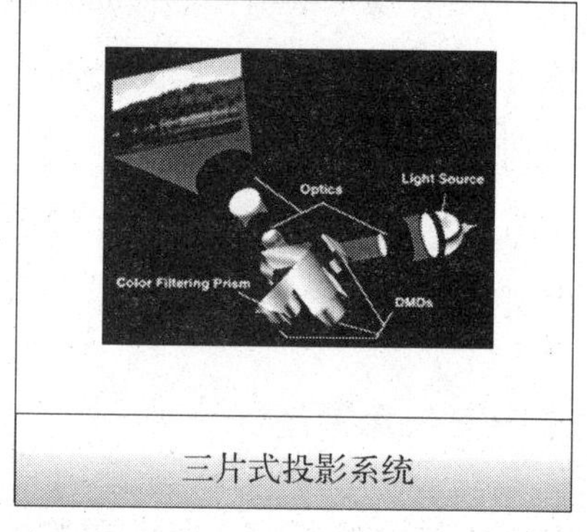

三片式投影系统

图 74　DLP 工作原理

如上所述，DLP 和 LCD 的工作原理不尽相同。与使用玻璃面板让光通过不同，DLP 芯片是一个由成千上万的微镜组成的反射面。每个微镜代表一个像素。在 DLP 投影机中，投影机照明灯发出的光被打到 DLP 芯片上。镜子来回摆动，或者将光引向透镜方向从而开启像素，或者使光偏离透镜方向从而关闭像素[74]。

这两种技术都有很大的优势：

DLP

最高的对比度：DLP 家庭影院投影机的对比度通常高达 2 000∶1 至 5 000∶1，甚至更高，并能呈现最佳的“黑度”——即为非常黑暗的区域提供更多“阴影细节”。

更长的使用寿命：与液晶显示器相比，DLP 的光源可更换，因此其寿命更长。通常，用户可自行更换这些部件，因此使用起来更为方便。DLP

投影机也比 LCD 和等离子电视更轻。

更弱的“纱门效应”：这些技术的发明者的一个主要目的是限制像素可见性。在这些方面，DLP 投影机相比 LCD 投影机而言具有明显的优势，DLP 投影机能让你和屏幕接近 25%—40%左右[75]。

不会烧屏：不像 CRT 和等离子电视，DLP 高清电视和投影仪根本没有显像管、荧光粉或其他可以烧毁的元件。这意味着你不必担心视频游戏和网络标志会在屏幕上烧掉。利用 DLP 技术生产的高清电视和投影机使用了单面板系统（而非三块），不会出现视频质量下降等现象[76]。

LCD

优于 DLP 技术的色彩饱和度：在单芯片 DLP 投影仪里，在色轮里除了红绿蓝色轮，还有一个明亮的（白色）面板用于增强亮度或增加总流明（光束的能量单位）输出。虽然这会增加图像的亮度，但也往往会降低色彩饱和度，使 DLP 图像不那么丰富和充满活力[77]。

LCD 投影机不包含旋转的色轮，这使得其噪音水平较低。LCD 投影机通常会比使用相同瓦数灯泡的 DLP 投影机产生更多的流明输出[78]。

宠爱客户

最终，消费者需要决定他（她）到底偏好哪种产品中的哪种技术。因此，问题是：如何吸引顾客？2006 年德州仪器开展的营销活动旨在让高清电视观众的注意力从等离子电视和 LCD 转向 DLP 技术。该活动的主题是：“真神奇，竟然是镜子。”这指的是 DLP 显示器中组成芯片的数以百万计的显微镜。活动的网站域名 itsthemirrors. com 也出自该主题。该活动包括四则由斯派克·李的御用电影摄影师马伊克·赛义德（Mayik Sayeed）执导的电视广告，内容是一个女孩、她的大象（真实的）和日常生活中的人以及明星一起分享 DLP 技术呈现出的奇迹。

2007 年，德州仪器宣布了有史以来最大一次推广 DLP 技术微型显示器 HDTV 的活动。活动总投资 1 亿美元，内容包括了对三项主要体育赛事的赞助，揭开了 2007 年秋季高清电视购买旺季的序幕。作为这次活动的一部

分，DLP产品部成为ABC和ESPN周一晚间美国橄榄球联盟比赛（NFL）和大学足球节目的主要赞助商，以及这些电视台的纳斯卡赛车计分赛的赞助商[79]。新的插播广告也指出了DLP在竞争中的核心优势。这则在加州拍摄的广告将小贝拉和她的大象又带了回来，再次领略了DLP技术的神奇，并突出“真神奇，竟然是镜子”这一主题。2007年，活动推出了互联网篮球巨星“720先生”——世界上少有的能在成功完成两次360°回转后进行扣篮的人之一。在一则广告中，720先生令人难以置信的动作和迅速的表演被DLP技术以一种高清晰、无模糊的形式展现了出来。

市场调研表明，高清晰度电视购买者同时也是技术爱好者和体育发烧友。因此，除对纳斯卡的持续赞助及在线的、零售的促销活动以外，德州仪器还重点关注体育领域。“2006年，我们把DLP技术与成百上千万个镜子联系在一起，这让其知名度提高了将近2倍。今年，我们将把重点放在宣传DLP显微镜技术的好处上，目标受众是那些买了高清电视后大部分时间用于收看足球比赛的人。”德州仪器DLP产品部企业品牌部经理扬·斯宾塞（Jan Spence）这样说道。“相比其他高清电视技术，DLP技术有其固有的优势，”DLP产品部品牌和市场经理道格·达罗（Doug Darrow）说，“这项新的推广活动打算帮助消费者了解这些优势，从而使他们作出更明智的购买决策。研究表明，在经过认真研究后，消费者更有可能购买采用DLP技术的产品。”

市场份额

这些措施正在奏效。虽然LCD仍然是电视市场最畅销的高清技术，DLP正在加快追赶的步伐。根据NPD集团[80]2007年5月发布的一项报告显示，50英寸以上的DLP高清电视销售额在2005年12月到2006年底增长了63%。“DLP在2006年成功地占据了相当一部分市场份额，尤其是50英寸以上的大屏幕市场。”NPD集团负责产业分析的副总裁斯蒂芬·贝克（Stephen Baker）表示：“即使在假期，当所谓的‘纯平大战’进行到白热化阶段的时候，DLP不光是其他微显示器，也是等离子和LCD显示器的强有力的竞争者。”[81]

差异主要体现在大屏幕上。根据NPD的报告，2006年，使用DLP技术的50+英寸电视机比其他竞争技术的电视机卖得都要多，占到这一细分市场的28.9%。DLP在2006年12月出售的1 080像素高清电视中也占有超过1/4的份额。2005年12月到2006年间，市场对1 080像素技术的需求增长了将近7倍，NPD预计这种趋势还将持续下去。“我们为DLP在过去一年中取得的进展和2007年进一步的增长感到欣喜，这在很大程度上要归功于我们的（工业）客户的创新，还有我们的品牌合作伙伴及其市场推广工作。”[82]德州仪器DLP高清电视部门业务经理亚当·坤兹曼说。

到2009年，德州仪器仍然是DLP技术的领先制造商。DLP技术被授权给很多许可制造商使用，他们销售的产品都基于德州仪器的芯片组。德国德累斯顿Fraunhofer学院也生产有着特殊用途的数字光处理器，并把它称作空间光调节器（Spatial Light Modulators，SLM）。例如，瑞典Micronic激光系统公司（Micronic Laser Systems of Sweden）就在其开发的Sigma印版硅模板刻印机中，利用Fraunhofer生产的空间光调节器来生成远紫外线图像。但他们没有足够的胆量和资金同其竞争对手德州仪器进行较量。通过要素品牌战略，DLP技术已迅速赢得正投市场的市场份额，目前拥有全球正投市场约50%的份额。

目前，有超过30家厂商在使用DLP芯片组来驱动他们的投影机，但未来会面临什么挑战？它只是一种新技术，还是可以成为市场结构中的一支重要力量？我们或许可以在德州仪器DLP新的营销活动中找到答案。

一项新的面向学校的（顾客）忠诚度计划已经开始实施。全美的学校里已使用了多种DLP系统。该方案针对美国的K-12学区，为它们提供忠诚度积分，这些积分可用来采购新设备。这也是和客户建立直接联系的另一种方式（教育者客户忠诚度计划的徽标见图75）。

图75　新的教育者忠诚度计划的图标

图76是部分使用DLP技术的厂商。

图 76　部分 DLP 厂商（版权所有）

6.8　肖特赛兰：成功的差异化战略

肖特赛兰（Schott Ceran）的微晶玻璃灶具面板为消费者带来了极大的便利，已经成为高质量的家居必备用品。拥有 30 多年制造经验和 7 500 万套销售业绩的肖特家用技术部（Schott Hometech Division）是全球领先的微晶玻璃灶具面板生产商[83]。

本节将讨论要素品牌战略在肖特的品牌管理中的应用。我们将详细讲述公司背景及其成功之路，并对要素品牌战略的执行情况进行特别分析[84]。肖特股份有限公司（Schott AG）由一个基金会监管，是一家非上市的股份制公司。肖特是一家高科技集团跨国公司，自成立以来的 125 年里一直致力于开发和生产特种材料、元件和系统，为提高人们的生活水准和工作条件助上一臂之力[85]。在其主要市场内，肖特集团通过其生产基地和销售公司与客户保持紧密的沟通。为系统地改善效率和提升客户满意度，肖特的管理层和员工始终坚持公司的核心价值观，即责任感、以市场为导向的创新、技术专长、正直、可信赖和开拓精神。近年来，由于公司在全球范围内的扩张和介入新的技术领域，如太阳能电池板和医疗设备，公司业绩有了大幅增长。

这家高科技跨国集团的历史始于 1884 年。这一年，奥托・肖特（Otto Schott）、恩斯特・阿贝（Ernst Abbe）、卡尔・蔡司（Carl Zeiss）和罗德里希・蔡司（Roderich Zeiss）共同在德国耶拿创立了“肖特及合作伙伴”玻璃技术实验室（Glastechnische Laboratorium Schott & Genossen），后更名为耶拿肖特玻璃厂（Jenaer Glaswerk Schott & Genossen）。五年后，恩斯特・阿贝创建了卡尔・蔡司基金会。2004 年，公司由基金会企业转换为股份制企业：肖特股份有限公司。卡尔·蔡司基金会其唯一股东。目前肖特主要业务范围包括家用电器、光学器材、电子、医药、汽车和太阳能。公司全球员工约 16 800 人，其中，在德国本土员工为 7 200 人。在 2005—2006 财政年度，肖特实现全球营业额 22.3 亿欧元，营业利润（EBIT，息税前利润）达 1.93 亿欧元[86]。

肖特的品牌结构以一个典型的伞状品牌战略为主（品牌组合）。位于品牌金字塔顶端的是肖特的公司品牌，代表了旗下所有品牌。对于不同的合资企业，还有不同的公司品牌和所谓的设计产品品牌[87]，如肖特赛兰，这里，公司品牌是产品品牌的后盾（见图 77）。

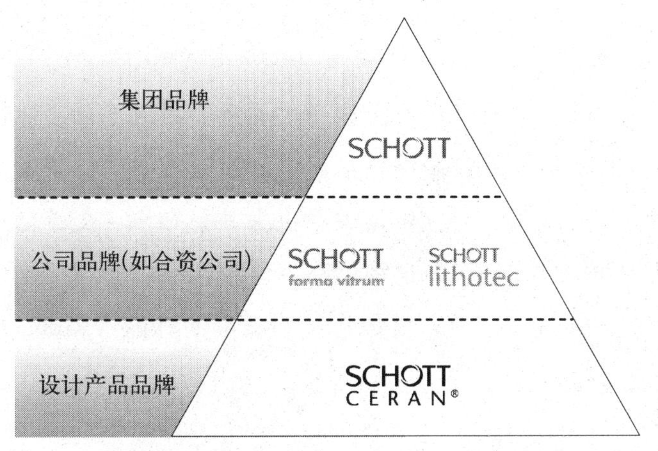

图 77　肖特的品牌金字塔（来源：肖特集团内部讲演，版权所有）

市场和竞争形势

肖特赛兰微晶玻璃灶具面板是灶具表面的一个组成部分，通常和炉子和烤箱一起购买。基于这个原因，这里主要讨论的是"白色家电"（包括主要的家用电器）市场。

德国是欧洲最大的白色家电市场（3 900 万家庭）。2004 年，厨房电炉和电烤箱的市场饱和度达 84%（2000 年是 83%）[88]，进一步增长的潜力较弱。这个行业从 1998 年到 2000 年均实现正增长，在此之后，只有 2006 年实现了正增长[89]。

在市场竞争方面，肖特主要面对两个专注于生产特种玻璃的对手，但它们还没有为其产品建立品牌。一个例外是欧凯（Eurokera），但它也不构成严重的威胁，因为它在品牌方面投资较少[90]。由于竞争不甚激烈，肖特能够获得先发优势，并且不费周折地实现了差异化。当竞争者数目较少而OEM数目较多时，要素品牌战略的效果可能更加明显[91]。由于肖特只有两个主要竞争对手，这种情形比较适合采用要素品牌战略。另一方面，家电行业已充分整合，市场上仅有少数几家厂商存在。这给要素品牌战略的实施带来了困难，因为其营销活动可能受到限制。另外，要素品牌可能受到最终产品生产商的挤压，尤其当主品牌非常强大时。

品牌战略

建立长久的伙伴关系是肖特企业文化的重要组成部分。通过建立信心和信任实现双赢比短期的业绩增长更重要。始终不渝进行研发投资则进一步地概括了肖特的战略。建立伙伴关系也为共享知识、交流信息，进而协作进行产品开发提供了机会。这种思路也体现在品牌管理活动中，双方一起策划营销方案并进行落实，就像肖特和日本的林内（Rinnai）及中国的海尔合作[92]时一样。

成功故事

肖特赛兰的成功故事始于一项开发微晶玻璃灶具面板的决定。今天的肖特赛兰是肖特最重要的拳头产品。因为客户满意度很高，96%的客户都会再次购买赛兰产品。在欧洲，目前有半数以上的新式电炉都装有赛兰灶具面板[93]。1971年，公司正式开始生产这种面板，并以肖特赛兰品牌进行销售。赛兰灶具面板以高热传导和低热膨胀为特点，其光滑无孔的表面非常方便用户清洁，而且经久耐用。赛兰灶面的厚度仅有4毫米，有良好的热稳定性，可耐高达700℃的急剧升温，热量流失几乎为零[94]。

肖特赛兰成功之路上的重要里程碑都代表着生产技术的不断优化和改进。1971年，在科隆国际家电博览会上，炉灶生产商皇家炉灶公司（Imperial）首次展示了赛兰灶具面板。1976年，肖特在消费者和市场研究方面变得活跃起来，1980年，赛兰微晶玻璃面板销售量达100万片。肖特赛兰其他重要的里程碑包括：1983年引进肖特厨房炉灶检验单（Schott Certificates for Cookware），1984年荣获德国营销奖（German Marketing Award）（见图78）。

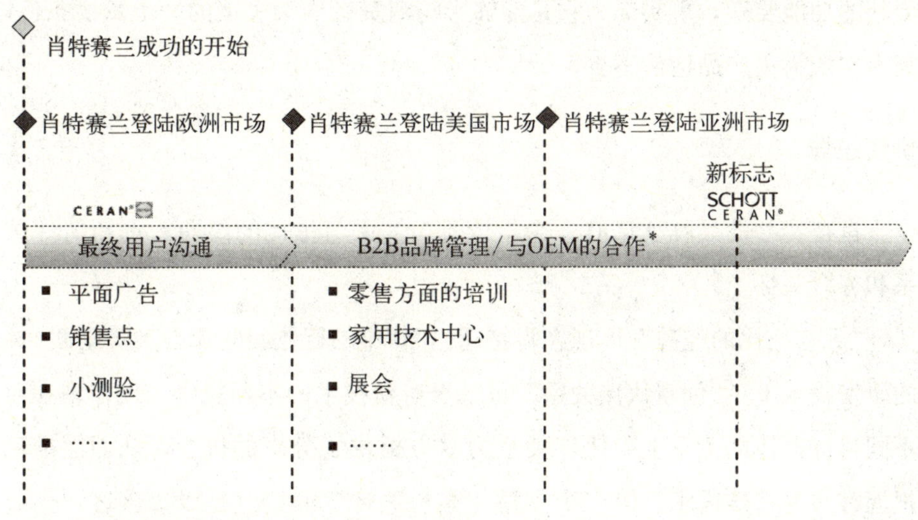

图78 肖特赛兰成功故事

如果说肖特最初是由创新科技驱动的话，现在的肖特正越来越多地关注以市场为导向的战略[95]。1997年一个新的品牌架构建立了。在此之前，赛兰基本上只是作为一个产品品牌出现，其中的品牌名称“肖特”并不容易被识别出来。在一个新的协同战略的框架下，肖特于1997年推出了新的标志，对这两个品牌都予以强调：“肖特”和“赛兰”。这样做的目的是为了让产品品牌得益于肖特公司的良好信誉和企业形象。反过来，肖特也可从赛兰良好的品牌形象中受益[96]。

为公司打造品牌的过程通常称为企业品牌塑造（Corporate Branding）。当品牌被作为一个公司机构向消费者推介时，要素品牌和企业品牌活动会发生重叠。英特尔的例子就说明了这点：英特尔被当作一个公司品牌向消费者进行宣传，同时也作为个人电脑的一个要素进行推广。肖特也遵循这

个策略，让赛兰从肖特这个强大的企业品牌中受益[97]。

一家市场研究机构对消费者购买炉灶的研究显示，在消费者的购买决策过程中，价格是最重要的参考依据，其次是是否装有微晶玻璃灶具面板，品牌则排在第五位。这一发现表明，肖特赛兰已不仅仅是能为消费者带来便利的功能要素，事实上，它是能够影响消费者购买决策的一个重要条件，因为它能为主产品增值不少。

价值主张

肖特赛兰的品牌承诺有三个组成部分：无与伦比的经验、创新伙伴关系和客户关怀。

“无与伦比的经验”体现在肖特超过30年的行业经验和占年营业额6%的研发投入上。“创新伙伴关系”也基于对新技术的不断投资，还体现在对不同目标群体的侧重上。伙伴关系为双方提供了分享的机会，从而能准确把握客户的特殊需求。第三个支柱“客户关怀”的特点是以直接客户为导向[98]。该战略是将焦点放在B2B客户身上，而提高品牌知名度的广告和B2C的营销活动只是在特定市场上刚开始投放、推广某种产品时使用。图79显示了肖特的价值主张。

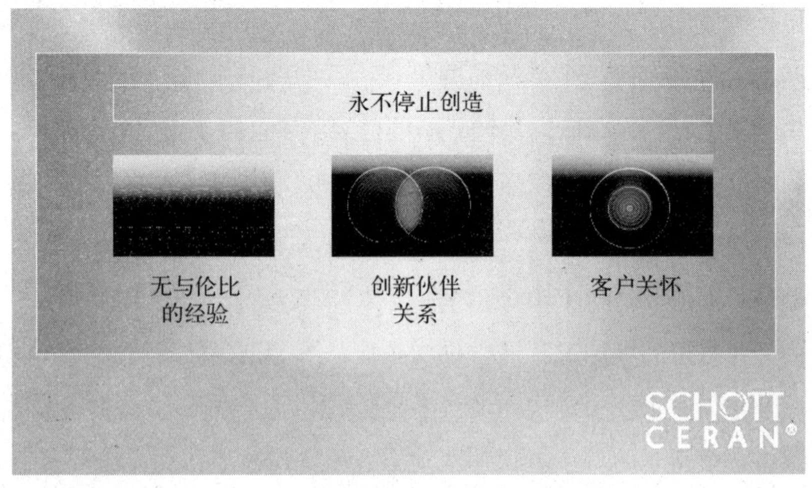

图79 价值主张

营销活动

肖特在向下游客户，如零售商和终端用户推广要素品牌时，主要宣传了如下好处：

- 易于清洁；
- 更多的表面利用空间；
- 更少的烹饪时间；
- 领先的加热技术带来的节能；
- 时尚的外观设计；
- 多种形状和设计可供选择。

在具体的营销活动中，根据其对于特定目标群体的相关性和重要性，以上好处都被一一融合进来。零售商培训特别重要，因为他们是联系制造商和终端用户的中间人。肖特的要素品牌活动包括了举办烹饪比赛、销售点推广措施以及客服呼叫中心等终端客户服务项目。此外，公司还采用终端用户调查这一手段来把握客户需求并制定相应的措施[99]。如前所述，肖特在推出某种产品时，只在特定市场上对用户进行积极的品牌营销。而在取得了一定的品牌知名度以后，肖特的营销活动则转为主要针对 OEM（见图 80）。

图 80　部分 OEM（版权所有）

与 OEM 的合作为联合营销活动和知识分享提供了机会。将肖特赛兰介绍给消费者的工作主要由 OEM 来执行[100]。根据弗沃德（Pfoertsch）和穆勒（Mueller）两人的研究，要素品牌战略中关键的一步就是供应商需建立

与 OEM 的合作关系从而获得一定的品牌知名度。供应商通常为 OEM 的广告费用提供一定的补贴，来奖励他们在宣传要素的好处和提高要素品牌的形象方面所作出的努力。供应商通过经济奖励来为 OEM 推广其要素品牌提供激励[101]。然而，肖特除此之外还利用统计数据来控制销售。合作伙伴关系和定期磋商为其在沟通活动和媒体选择上进一步施加影响创造了条件。

和林内（日本）合作进行的要素品牌活动

肖特和日本家电制造商林内之间的合作是成功的品牌合作的一个典范。成立于 1920 年的林内，以其高品质的产品和优良的服务，在日本市场上建立了良好的地位。在林内与肖特超过 25 年的合作中，肖特赛兰能从林内公司良好的形象和声誉中受益，从而提升了自己的知名度和普及率[102]。赛兰灶具面板以其现代化的设计、光滑无孔的表面和经久耐用的特点而广受好评，也日益受到日本消费者的追捧。

可以预见，使用赛兰面板的林内牌燃气灶有着很高的增长潜力。在十分注重品牌的日本消费者心目中，肖特和其他德国品牌一样象征着品质和可靠性。利用这个优势，肖特和林内在营销活动中都在赛兰灶具面板上贴有带德国国旗的不干胶标签[103]（见图 81）。双方共同策划营销活动，以期实现销售增长，达到双赢局面。日本的终端用户愿意为主产品支付更多，林

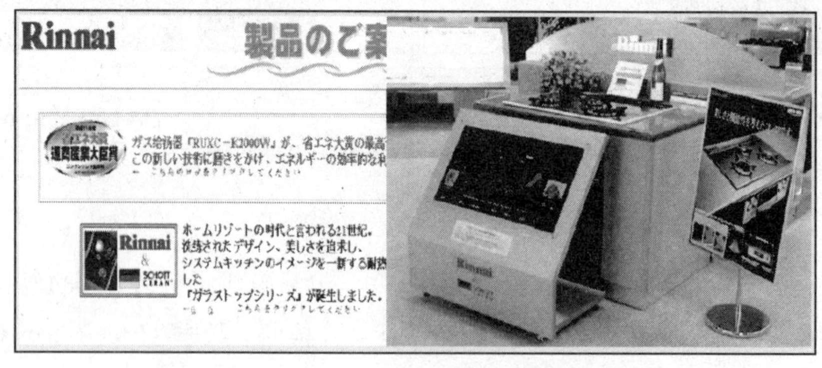

图 81　与日本林内公司合作进行的下游营销活动[104]

内也得益于肖特赛兰良好的品牌形象。这种合作关系有助于进一步开发新的亚洲市场。

在亚洲，装有赛兰面板的燃气灶越来越受到消费者的欢迎，特别是在日本。中国市场的增长潜力也可能很高，但这取决于能否以天然气作为燃烧能源。有着相当购买力的韩国市场作为一个重要的亚洲市场，也不容忽视。除了重视品质，韩国人越来越青睐时尚和典雅的设计。一般来说，在亚洲，德国品牌一贯是高品质和先进技术的代名词[105]。

肖特赛兰和微力达（Vileda）

肖特赛兰和微力达的结盟是品牌合作的又一典范。微力达为赛兰灶具面板开发了一款特殊的海绵洁布。肖特推荐其消费者使用微力达的特制海绵来清洁赛兰灶具面板，从而宣传了“赛兰专用微力达 PUR 强效洁布”这一品牌，两者由此结成了有效的合作关系。

在这项合作中，一方都从另一方的品牌形象和品牌价值中获益，两者也都象征着高品质和持续的创新[106]。根据弗沃德和穆勒的定义，“消费品和服务领域的两个独立品牌形成一个品牌联盟”时，便成为联合品牌，而要素品牌意味着“供应商和消费品公司的合作”[107]。从营销的角度来看，肖特和微力达的品牌联盟可视为独立品牌间的联合品牌的一种形式，因为任何一方都得益于另一方的品牌形象和声誉（见图 82）。

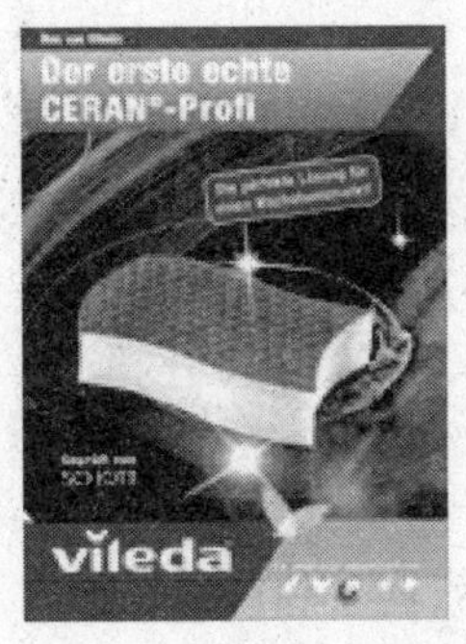

图 82　微力达和肖特赛兰的合作

肖特赛兰的成功基于长久致力于双赢的伙伴关系。其重点是针对 B2B

的营销活动，虽然最终消费者也照顾到了，但这主要由OEM来执行。只有当品牌知名度达到一定程度时，针对终端用户的品牌广告中才不需要和OEM互动。

肖特赛兰已经拥有了一些通常意义上的成功指标，如对其要素品牌的认同，为客户提供强大的功能。根据Bugdahl四步理论，肖特赛兰在德国市场上似乎已经走到了第四阶段。由于赛兰微晶玻璃灶具面板已被众多OEM使用，进一步差异化的潜力变得越来越小。由此也可得出结论，品牌的本土化调适（local brand adaptation）对要素品牌也十分重要，而这取决于产品的生命周期和客户的特定诉求等。

6.9 美克邦：说服客户，衡量价值

通过科技创新来改变市场一直是许多公司的成功模式，而通过知识管理来改变市场则是一种新兴的模式。这些公司能不断提高自己的市场知识，因此，除技术创新外，他们还可以通过成功的品牌管理来为其商业伙伴创造价值。这种形式的价值创造正是美克邦国际（Microban International）的商业模式的核心所在。

美克邦是全球内嵌式抗菌处理和工程安全市场上的领导品牌，为日常用品、纺织品、建筑材料、商业和医疗器材等提供持久有效的抗菌处理方案。公司中经验丰富的化学配方工程师、高分子工程师和微生物学家团队已经为许多种材料设计了有效的抗菌方案，如高分子聚合物、纺织品、涂料、陶瓷、纸张和黏合剂等。美克邦利用自己掌握的各种抗菌技术为其商业伙伴提供最佳的抗菌解决方案。

今天，美克邦在全球的制造业合作伙伴超过150个，他们生产的750多种产品都采用了美克邦的抗菌技术（见图83）。

初期历史

故事始于一次电话通话。威廉·L·莫里森（William L. Morrison）[108]

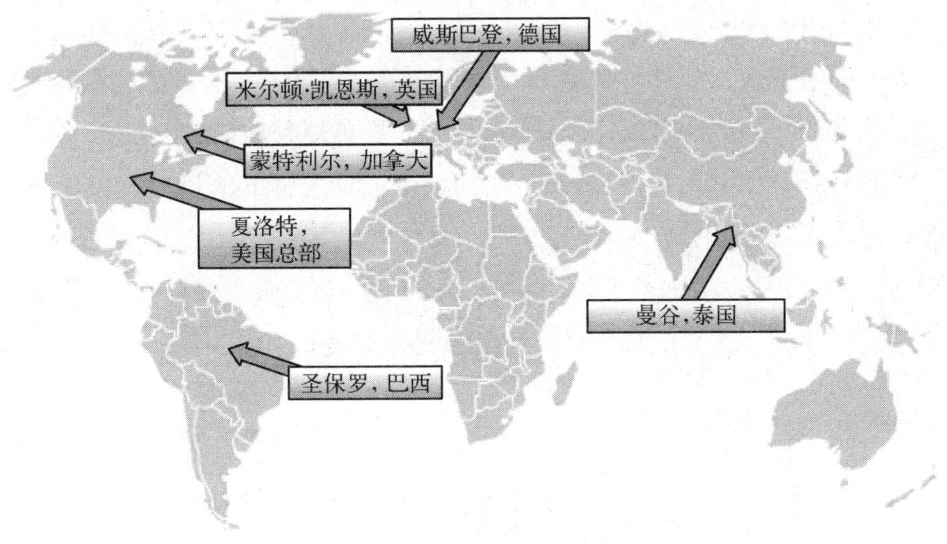

图 83 美克邦的全球布局

原以为自己只是在例行公事地给一个医生回电话，他想为一次性医疗用品设计一个系统，以使其更持久地保新和清洁。当他们谈到医疗环境里的感染控制时，这位由麻省理工学院培养出来的企业家注意到了手中的电话听筒，由此他想到了一般的公用电话上潜在的感染威胁以及如何加以控制的方法。这个念头促成了第一代用于医疗和消费产品上的抗菌聚合物产品的开发。

多年来，莫里森最初的理念已经经历了重大的改进，并取得了从实验室到“现实世界”的转变。受这一原创性工作的启发，三名具有生物医药产品开发背景的工程师共同创立了美克邦。他们自主开发出一种可在多种产品中添加抗菌添加剂的工艺，进而又开发出一系列抗菌解决方案，来为产品提供多一层的抗菌保护，以有效抵抗如细菌、霉菌等破坏性微生物。

这些早期的创始人意识到他们的技术可以为很多产品提供一个重要的优势。他们还认识到品牌化作为一种保护知识产权的途径的重要性，于是迅速聘请了之前任职于纽特公司的一支有要素品牌方面经验的营销团队。1996 年，公司开始利用其“美克邦”商标作为一个有效的沟通工具，向客

户们展示内嵌式抗菌保护的优点。

1994 年，美克邦公司被合并。1999 年，美克邦产品公司的部分股权被 Sprout 集团[109]买下，成为一家全球性公司。在美克邦前任主席兼 CEO 比尔·鲁宾斯坦（Bill Rubinstein）的领导下，DLJ 旗下的风险投资公司 Sprout 集团向公司注资 2 300 万美元。2005 年，一家领先的私募股权和收购公司——TA Associates[110]完成了对美克邦的一项少数股权投资，并任命大卫·梅耶斯（David Meyers）为公司新的主席兼 CEO。

产品和服务的范围

美克邦不仅仅提供产品，还是一家提供全面的抗菌解决方案的公司。他们还为制造商提供研发和营销支持、监管援助和质量保证等。最后，OEM 厂商还有机会使用 Microban 商标，以向终端用户展示其产品的附加值（见图 84）。

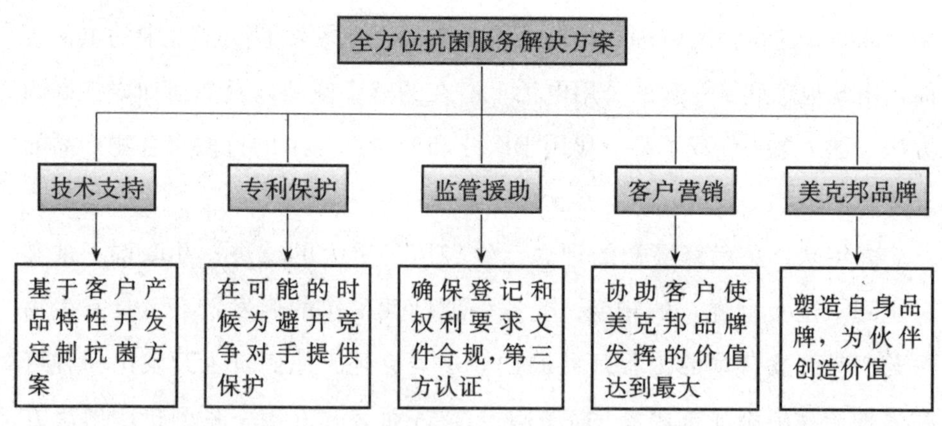

图 84　美克邦的产品和服务

是伙伴，而不是客户

美克邦的成功不仅源于其精湛的抗菌工艺，还源于其对伙伴关系的承诺。与其他许多要素技术不同，为许多种不同的产品基质和行业提供抗菌保护需要大量的技术和智力支持。美克邦为其合作伙伴提供全面的服务支持，包括：

- 技术开发
- 监管援助
- 专利咨询
- 营销支持
- 美克邦品牌

技术开发

美克邦抗菌技术是在产品生产过程中，将美克邦注入产品的内部和表面使其成为产品的组成部分。当微生物，比如细菌、霉菌等作用于产品表面时，美克邦抗菌剂能穿透微生物的细胞壁，破坏细胞功能，致使细胞不能发挥作用、生长或繁殖再生。有美克邦保护的所有产品都要经由微生物和化学分析实验室进行广泛的测试。此外，世界各地 27 个独立实验室的 20 000 多次测试都证实了美克邦技术的有效性。美克邦的研发人员包括高分子工程师、化学配方工程师、微生物学家和化学分析师，他们都深谙多种无机和有机化学学科，在抗菌技术和产品开发方面拥有丰富的知识和经验。现场的微生物学实验室利用行业标准测试方法，为制造商提供抗菌测试服务。美克邦已拥有多项抗菌添加剂专利。

与其他一些要素技术不同，美克邦的工程师需要为其伙伴量身定制一套符合其产品特定用途的抗菌方案。例如，用在砧板上的抗菌方案和用于油漆或运动鞋上的抗菌方案就有很大不同。针对不同的产品用途，美克邦的工程师必须对以下重要参数作出评估：

- 抗菌功效：该用途是否易于滋生细菌或（和）真菌？
- 使用环境：该产品在什么环境中使用，如接触食物、水、皮肤、紫外线等？
- 耐用性要求：产品的预期寿命是多久？
- 产品兼容性：产品是采用什么基质和制造工艺生产出来的？
- 监管机构认证：潜在的可用抗菌剂是否已经拥有相关监管部门的许可和安全性？

监管援助

由于美克邦及其伙伴在全球范围内生产并销售其产品，所以美克邦必须为其伙伴提供全球的监管援助。美克邦积极接触当地相关的监管机构，以确保所有抗菌添加剂在商业化之前获得使用许可。此外，美克邦还为伙伴公司提供指导，并审查伙伴公司的营销方案，以确保合乎相关的监管规定。

专利咨询

在包括聚合物、涂料和纺织制成品等多种产品上，美克邦已经拥有或申请了超过 75 项有关抗菌添加剂的专利。美克邦内部的专利咨询律师为可能的专利机会提供专家指导，有时候还为其伙伴避开竞争对手提供法律帮助。

营销支持

为确保其新伙伴取得成功，美克邦还提供广泛的营销支持，为合作伙伴提供产品权利要求和销售培训材料方面的指导。此外，他们还提供能更好地传达美克邦抗菌保护优势的包装设计、零售商讲演材料、起草的新闻稿和其他市场宣传材料，旨在帮助合作伙伴更有效地利用美克邦品牌。

美克邦还针对许多产品品类和消费者群体进行广泛的定量和定性研究，从而更好地为其伙伴提供必要的专业指导，以及市场策略方面的建议，以更好地利用美克邦品牌。美克邦的营销团队还经常开展有针对性的研究，为新伙伴收集其产品品类方面的具体知识，并为该伙伴在向消费者宣传美克邦品牌及其优势的过程中提供支持。图 85 是美克邦及其合作伙伴进行联合广告的一些例子。

美克邦品牌

当前社会中，人们对抗菌保护的关注已经迅速从肥皂、洗涤剂等产品转移到固态产品的内嵌式抗菌保护中。最近美国一项调查显示，近 60%的消费者对自己日常与细菌的接触表示关注，而超过 80%的消费者使用 4 种或 4 种以上的抗菌产品。美克邦品牌是一个消费者信任的品牌，这使得其合作伙伴能够轻松有效地向他们的客户传达这种安全、耐用且

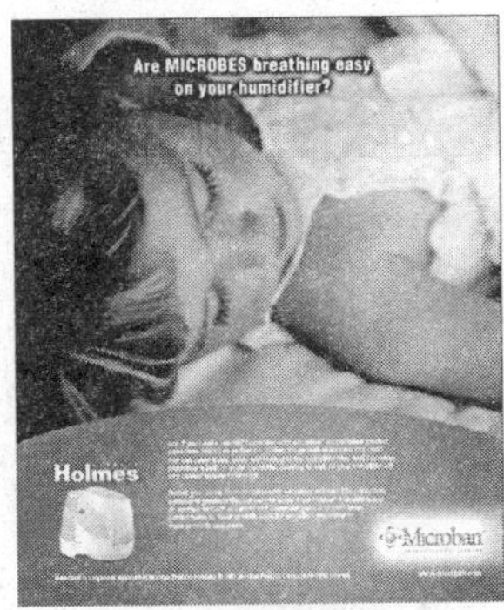

图 85 美克邦及其合作伙伴的平面广告

有效的抗菌保护所带来的好处。如今，美克邦品牌在美国拥有超过41%的品牌提及度（aided brand awareness），在全球其他国家中的知名度也在提高（美克邦的标志见图 86）。

图 86 美克邦品牌标志（版权所有）

质量保证

美克邦品牌承诺向消费者提供连续、持久和有效的抗菌保护。为确保美克邦实现这一承诺，所有厂商的产品在商业化以前都要经过广泛的测试，并遵守严格的质保准则，以确保持久的抗菌效果。

市场

美国人最早意识到日常生活中与有害细菌的接触有可能导致一系列疾

病。后来，中欧和亚洲的人也认识到了这一点。今天，在这三个巨大的市场中，人们都意识到，除了营养、体育运动和健康的生活环境以外，抗菌的防护措施也能带给人们多一份安心。关注一下市场增长情况，我们会发现对抗菌产品感兴趣的客户仍在不断增加。

在美国，人们对含抗菌保护的产品的兴趣日益增长，年增长率约为8%。预计未来的增长速度将和以前持平甚至更高。这些计算中还不包括抗菌产品的新应用。除了顾客购买增长以外，新应用的开发将成为公司未来几年增长的主要支柱之一。

欧洲也是美克邦的重要市场。目前，该市场比北美市场要小得多，但年增长幅度达11%。亚洲市场的潜力最大。然而，亚洲的销售额只占抗菌保护供应商总销售额的一小部分，预计其在未来的重要性会进一步增长，目前的年增长率约为17%。图87显示了美克邦现有市场的规模、收入及其增长率。

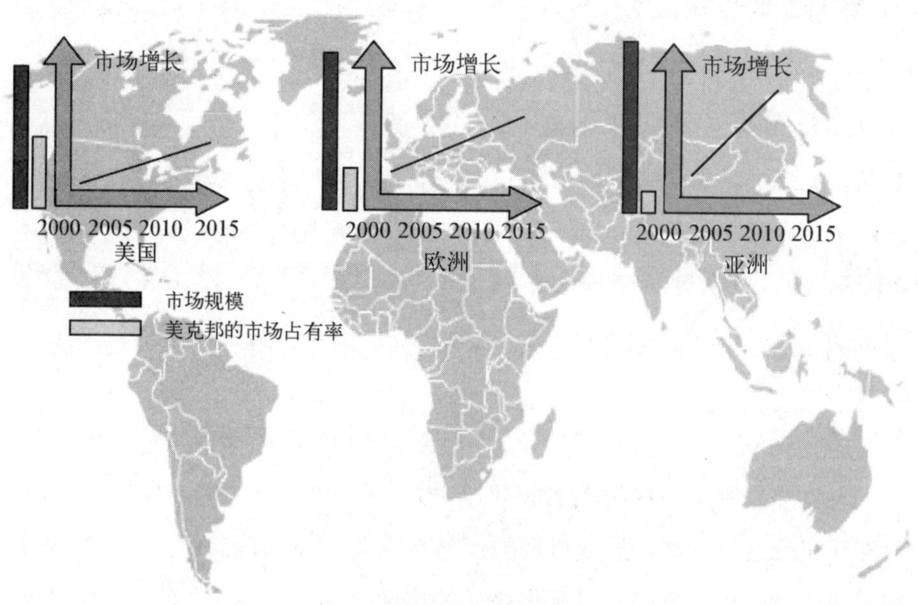

图87 目前主要市场的增长和收入

竞争对手

添加抗菌保护能为许多产品带来附加值，这一潜力已被众多制造商注意到了，这其中也包括竞争对手和消费者。如今，抗菌产品市场日益受到人们的关注，针对这种情况，企业参与者主要采取了三种策略。如同美克邦一样，要素品牌化这一策略也被其他竞争对手采纳，但在品牌实力、知名度和信任度方面，还没有哪个品牌能与美克邦相媲美。一些大型化工企业，如杜邦或陶氏化学也供应能够添加到生产工艺中的化学物质。如果某OEM决定添加这些物质，他们选择的品牌必须能够告诉消费者其成分到底是什么。许多公司推行的正是这一战略。其他公司则在化工企业的支持下，在自己的主品牌外树立一个自主品牌，用以象征产品质量。三星可以看作是一个通过自主品牌实现差异化的例子。三星的抗菌产品线[111]包括空调、冰箱、笔记本电脑、键盘和其他可能接触到细菌的产品。针对这些产品，三星创立了“纳米银”（Silver Nano）品牌。纳米银健康系统是一项抗菌技术的商标名称，于2003年4月由三星推出，它在洗衣机、冰箱、空调、空气净化器和吸尘器中使用纳米银粒子[112]。三星将纳米银的镀层加到家电产品，如冰箱或空调的内表面上，起到抗细菌和抗真菌的作用。空气流通时，该涂层表面便能接触银离子，它可以抵抗空气中的任何细菌，进而抑制细菌的呼吸，破坏细菌的细胞代谢并抑制细胞生长。

如今，美克邦是行业中最有实力的品牌，同时也是市场上的领头羊。随着市场规模的扩大，很可能会出现新的竞争者。2000年，瑞士的Sanitized AG[113]凭借其在1930年于美国开发的一项技术进入了市场，他们将该技术的应用范围扩大到除味方面，此外还宣称可以减少细菌、尘螨或真菌的滋生。自2008年以来，Sanitized AG加大了在美国市场上的宣传力度并计划在广义顾客和终端消费者这两个层面上提高其品牌知名度。公司的美国区总裁斯图尔特·克莱因（Stewart Klein）表示：“AATCC（美国纺织化学家和调色师协会）具备的知名度和现有的网络为Sanitized实现这一目标提供了具有重要意义的战略平台。”[114]

市场上也有针对特定用途的专用产品：锦标科技（Champion Technologies）的BACTRON抗菌保护和Rohm and Haas公司的Bio-Pruf™专门用于油漆和墙面涂料；Maxguard® AB公司生产抗菌胶衣；Lecluyse

是乙烯基应用领域的欧洲市场领导者。它们都拥有自己的品牌，但都采用美克邦作为其原料基质。

价值链

美克邦并不是价值链的起点，大约有 15 家不同的供应商向其提供原材料。美克邦国际有限公司对这些原材料进行加工，再往其 OEM 客户的主产品中添加这些微生物保护，这些主产品包括厨房用具、家庭用品和玩具等。通过广泛的研究和测试，美克邦公司可以确保其所提供的增值服务能够满足客户的期望。美克邦的品牌标志是其提供的服务的另一特征，通过它，最终产品能够形象地为终端客户展示其优点。这样，美克邦不再仅仅是一个能够让产品抗菌的物质的名称，而代表了知识、专长和对最终产品的处理方式，也代表了一种能为终端用户带来附加好处的完整的理念。图 88 说明了美克邦在价值链中的位置。利用这些经过处理的基质材料，大量产品制造商（OEM）生产出如家用电器、玩具、园艺设备等各种成品或半成品。这些产品再通过分销商、批发商和零售商进入市场，最终被终端消费者购买。

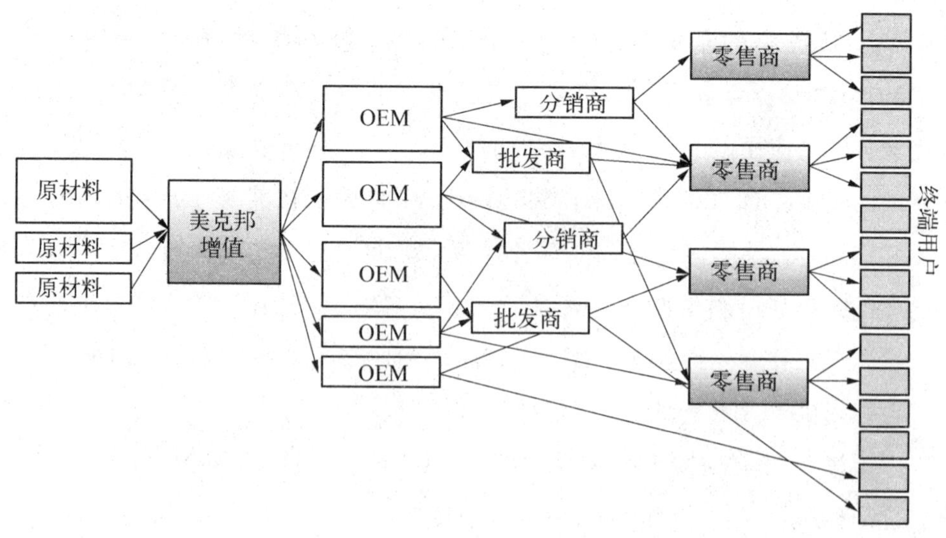

图 88　美克邦的价值链

在这条价值链上，美克邦的品牌名称首次出现在美克邦阶段。与美克邦合作的制造商约有 130 个，生产的产品超过 750 种。图 89 列出了使用美克邦要素的一部分制造商。

图 89　使用美克邦要素品牌的部分最终产品品牌（版权所有）

大多数 OEM 通过批发商 / 分销商和零售商渠道销售其产品。通常，美克邦对 OEM 选择的销售渠道施加不了影响。产品规模和分销渠道的多择性这两点都阻碍了公司与分销商的直接沟通。此外，许多零售商都高度集中，其强势的市场地位很难受到挑战，他们保护着自己的品牌和销售的产品。因此，只有少数零售商与美克邦合作。美国的家得宝和英国的乐购（TESCO）已经为其抗菌产品系列设立了特定的产品区域，在这里，美克邦品牌非常显眼。这些活动也为美克邦接触到最终客户提供了帮助。

类似的情况也存在于 OEM 与经销商之间的阶段。哪些产品可以最终上架，取决于许多不同因素。零售商选择哪些产品，要受到诸如价格、市场、竞争、地域和许多其他因素的影响。事实上，美克邦只能通过一种途径来影响市场，即向最终用户证明这种产品的好处对他们来说非常重要。

最终产品的用户类别是多种多样的。这些群体又可以进一步分为实际用户和购买决策者。最终产品的另一个用户群体可以是机构或其他公司，如医院、公共建筑运营商，还有建筑师和工程师。

基于价值链的结构和长度，美克邦对最终用户的影响程度由多种因素决定：

- 到达最终用户的阶段数目：最短的价值链是只有一个 OEM 直接将

其产品销售给最终用户。在许多现有的结构里，至少有一个 OEM，还有许多不同的分销商和零售商。当然也可能存在一条拥有多个 OEM 的价值链，对要素品牌供应商美克邦而言，这样的价值链更为复杂。

- 最终用户的特点：要明确最终产品是针对个体用户还是企业用户，以便向客户提供适当的服务（例如咖啡馆或健身房）？购买流程是怎样的？

- OEM 市场结构：另一个重要的因素是 OEM 所处的市场。该 OEM 在市场中的地位及其与竞争对手或供应商的关系也是关键因素。

这三个特点决定了这一品牌联盟中的双方在市场上的成败，美克邦对每一个联姻品牌都要进行不断的评估并把努力的重点放在选择合适的伙伴和开发成功的伙伴关系上。

客户对所选产品的态度和如何管理美克邦品牌

许多产品中都利用了美克邦的解决方案，这些产品基本可归为四类：家居产品、商业及餐饮用品、建筑用品、服装纺织及保健产品。每个类别都有不同的子产品组。图 90 是产品组及其应用的一个实例。

美克邦的应用非常广泛，因此采用美克邦技术的产品不计其数。要成为价值链上的价值贡献者，美克邦需要对其为各方带来的利益进行协调和管理并为自己获取价值。为此，有必要了解不同类别的不同产品，如婴儿用品：高脚椅、儿童汽车座椅、孩童便盆，还有各自公司所贡献的价值。

通过对从供应商到 OEM、经销商、零售商再到终端客户等各环节的增加值进行网络图分析，美克邦可以确定其中各环节贡献的价值。获取价值的大小由最终用户愿意为该产品支付的价格溢价多少而决定。通过详尽的市场分析，美克邦可估计出每一产品类别或应用领域的可获取的价值量。最终决定其财务成功与否的因素是美克邦自己的投资和成本结构。以上整个过程可展示在图 91 中。美克邦的各项业绩指标体现了管理层对各产品组的参与程度和投资，以及对于新产品组的选择。

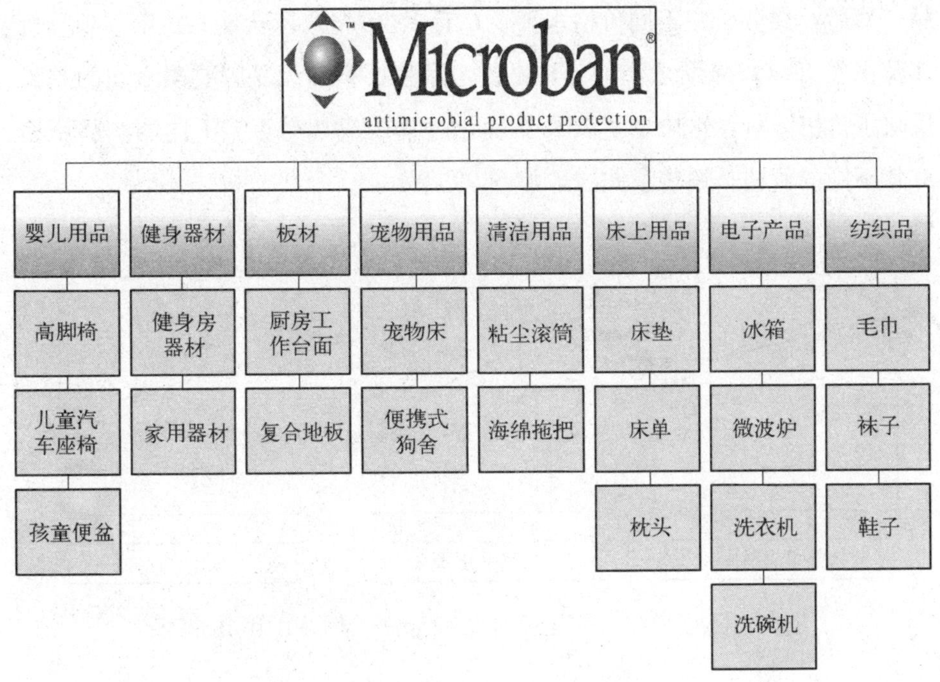

图 90　部分包含子产品的产品组

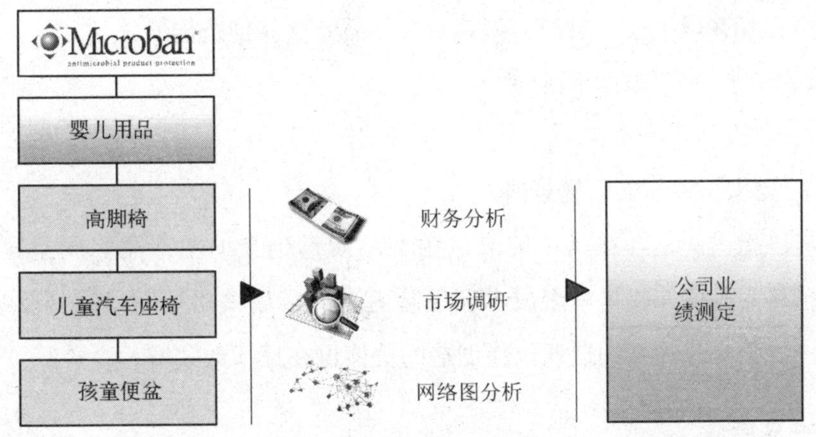

图 91　管理要素品牌的附加值

这种分析中最重要的因素是确定最终产品中由于添加了该要素所导致的销售量和价格溢价的大小。这可以通过一个透彻的两阶段客户分析得出。

首先，需要分析最终用户是否愿意购买含/不含美克邦要素的最终产品。然后，要分析在不同价格水平上，有多少人会/不会购买。第二项分析涉及供应商/OEM 阶段上的价格溢价，品牌要素和无品牌要素之间的差价反映了价格溢价，这决定了要素品牌化过程的成功与否。不同的产品用途有其不同的价格—销售量曲线，如图 92 所示。

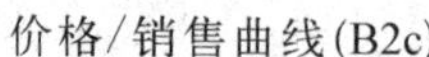

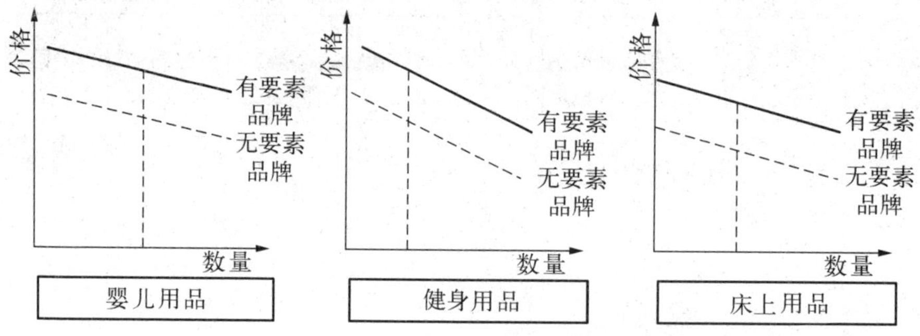

图 92　部分有/无要素品牌的最终产品的价格溢价和可能销量

美克邦的价值创造

美克邦在以下三个层面上为其主产品品牌伙伴创造价值：

1. 改进主产品的产品质量；
2. 创造一个差异点；
3. 提供一种新的市场策略。

应该指出的是，在从单纯改进主产品质量到帮助主产品实现差异化，再到最终为其伙伴提供一个成本和风险更小的市场策略从而提高其业绩的过程中，美克邦为其制造业伙伴创造的价值也在呈指数式增长。

提高产品质量

所有要素品牌创造价值的基础在于能够改进主产品质量，并因此影响消费者的购买偏好。

美克邦技术帮助消费者解决了一个他们日益关注的问题，即日常生活中与细菌和霉菌的接触。由于在购买前，客户无法知晓产品中的抗菌保护是否有效，他们可能会问："我怎么知道该产品能抑制细菌或霉菌的生长呢?"此时，美克邦品牌就成了其制造业伙伴的一个重要的沟通工具，因为它对于最终消费者而言，是一个代表了安全、耐用和有效的抗菌保护的值得信赖的品牌。

创建一个差异点

虽然提高主产品质量是要素品牌战略的基础，但只有在要素品牌成为主产品区别于其竞争对手的一个持久的差异点时，才能实现真正的价值创造。然而，有时候这种战略也会使得要素品牌和主产品品牌背道而驰。例如，要素供应商试图通过打入市场来使自己的业绩最大化，但当要素品牌成功地渗透了市场后，主产品从这种合作关系中的获益将会被削弱。

例如，最早采用 Stainmaster 和英特尔技术的厂商比后来者的回报要大得多，后来者采用这些技术的目的仅仅是为了填补与前者的差距。只有拥有技术优势或强势专利地位的要素品牌供应商才能打入市场并保证自己品牌的高使用率，尽管主产品的竞争对手的进入门槛较低。

有些要素品牌凭借在消费者广告上的大量投入产生的拉动效应，确保了自己品牌的使用率。例如，这一策略就经常被杜邦公司的特氟龙采用。该公司利用广告投资为其要素品牌特氟龙创造知名度，带来拉动效应，尤其是那些希望借助要素品牌知名度的制造商。

美克邦的方案新颖且更富创造性，为其伙伴创造了一个更持久的差异点。公司在许多垂直行业和产品类别中寻找合作伙伴——这些产品的消费者都关注平时与细菌和霉菌的接触——并承诺只为该伙伴供货。作为回报，对方会帮助美克邦进行品牌塑造。这样，美克邦就能够为其合作伙伴提供一个有价值、能区别于其竞争对手的差异点。在主产品的营销活动中，双方可一起合作，以更为自然的方式提高美克邦品牌的知名度。

美克邦也在不断地通过自己的努力塑造自身品牌，但借助其成百上千个合作伙伴的营销活动，美克邦能够成长得更快。反过来，专营体制能为

合作伙伴提供一个持久的差异点。这一方案也使这一合作关系变得更有意义、更具合作性。美克邦的合作伙伴不用为共享市场信息和策略而烦恼，因为美克邦不会与其竞争对手合作。这样就形成了一个始终专注于提升消费者购买兴趣的互惠的品牌联盟。

提供一个变通的市场策略

基本上在每一本营销教科书中你都会发现，企业做强需要借助五个杠杆：

1. 价格杠杆：提高产品价格可以带来销售额和利润的增长；另一种思路是降低价格，使销售量增加，只要销售单位的增量能够弥补价格的下降（常常用价格弹性来衡量）。

2. 市场份额：可以应用多种战术，如添加新功能、优惠活动、推出更多的广告、降价等措施来吸引消费者购买，从竞争对手那里抢夺市场份额。

3. 产品组合：可以通过增加产品组合里利润更高的产品的销售，从而提高总利润。

4. 分销：如果公司的产品都不能上架，上述三项战略也就无从谈起了。在零售商进行大规模整合的背景下，制造商比以往任何时候都更需要进行差异化，这不仅为了保障新的分销渠道，也为了巩固已有的分销渠道。

5. 丰富产品类别：这是针对新的产品类别的一个可行战略，其主要目标仍然是吸引新客户。

美克邦的伙伴借助美克邦抗菌技术的优势及其品牌效应作为其重要的差异点，对其业务产生显著影响。事实上，美克邦还为其伙伴提供进入市场的战略咨询，这要基于主产品在市场上的相对实力和某一特定产品类别中的消费者对抗菌保护的需求。

价格杠杆

价格杠杆是一个重要的杠杆，每涨/跌一分钱都会影响公司的利润。不过，今天的制造商要受到价格为王的零售商的支配，要想找到一个持久的差异点很困难，甚至是不可能的。然而，那些已经能够维持市场优势地位的品牌可能会因引进美克邦而获得价格优势，因为他们对零售商的影响力更大些，消费者忠诚度也高些。此外，美克邦的许多合作伙伴利用它来捍卫自己的价格立场，并提高自己作为品类创新者的声誉。

市场份额

主产品借力美克邦品牌的最有效的策略之一是市场份额战略。在销售点处，要素品牌能极为有效地影响消费者的品牌偏好，它为主产品提供了一个强大的支撑，让那些追求产品理想性能属性的消费者能够放心。正如预期的那样，品类里较弱的品牌在引入要素品牌后更能从中获益。然而，品类里领先品牌的营销人员通常承担着捍卫市场份额的任务，因此，对于这些营销人员而言，要素品牌战略也仍然是一个可行的方案。

例如，在对女用可重复使用剃毛刀这一品类进行的研究中，我们发现美克邦没有为这一类别的领头羊带来显著的市场份额，但却为第二名创造出可观的业绩。这些结果表明，即使是对行业领头羊，美克邦创造价值的途径也是通过能降低成本或风险的市场策略的创新来捍卫宝贵的市场份额。

产品组合

随着品类管理的诞生，如今的零售货架上排满了“好”、“更好”、“最好”等不同级别的商品。问题是对于顾客来说，往往只有价格能将它们区别开来。要素品牌为购物者提供了一条重要线索，帮助他们分清某产品在功能和效用上的改进。事实上，要素品牌的强大力量也体现在它可以带来客流量和改进产品组合上，为制造商和零售商谋利。但是，要使这一战略有效，执行是关键，要让消费者知道可选的选择，价格的提高也必须准确反映出产品改进的程度。

美克邦技术被许多合作伙伴用在其产品组合策略中。对那些产品间没有明显差别的产品类别来说，引入美克邦会格外有用。例如，消费者在阅读包装上标明的产品要点后才能明白，VF6000能够吸附更小的微粒，因此是一款更好的过滤器。美克邦品牌成了更高质量的信号，一个信任的理由，进而成为购买更贵过滤器的一个理由。

分销

随着零售商的大规模整合和大型超市的出现，分销为王的时代已经到来。事实上，单个零售商占一家公司年销售额50%以上已经不算罕见。如今，“把鸡蛋放在一个篮子里”这句话又具有了新的含义。

制造商每年都需要通过残酷的“产品线审查”淘汰掉不适合的产品。即使是类别中的领导者也必须不断推出更新更好的产品，而提价的空间通常很小。

美克邦的许多合作伙伴利用美克邦的品牌和技术来占领宝贵的货架空间，提高他们在零售商处的形象，甚至捍卫自己的货架空间。事实上，有些合作伙伴借助美克邦技术来获取分销渠道，而不采用其他策略，因为消费者愿意为此掏更多钱。

丰富产品类别

要素品牌能有效地撬动前四种杠杆中的任意一个，但却不适用于最后一个——“丰富产品类别”。要素品牌标明了某个产品的一个重要组成部分或优势，但却不能把消费者吸引到这个品类中来。例如，如果顾客想买一双新凉鞋，美克邦也许能作为一个重要卖点，使他选择购买品牌A而不是品牌B，但如果他不是冲着凉鞋来的，那么，美克邦就无用武之地了。

这些研究结论为寻找并说服更多OEM使用美克邦技术提供了基础，同时也是供货商/OEM产品定价的基础。许多情况下，要素品牌为价值链末端的伙伴创造的价值更大。图93说明了含微细菌保护的毛巾市场的情况。

以上例子对OEM的一个启示是，像美克邦这样实力雄厚且合适的要素品牌能够为主产品品牌提供一种补充，并对其品牌形象产生积极的影响，从而提高主品牌的价值，带来更高的产品溢价。因此，美克邦的要素品牌战略为OEM带来了一个实实在在的好处。

要素的推广者们利用许多策略来帮助提高其要素技术的品牌知名度。例如纽特利用自己强大的专利地位，确保其商标被可口可乐和百事可乐使

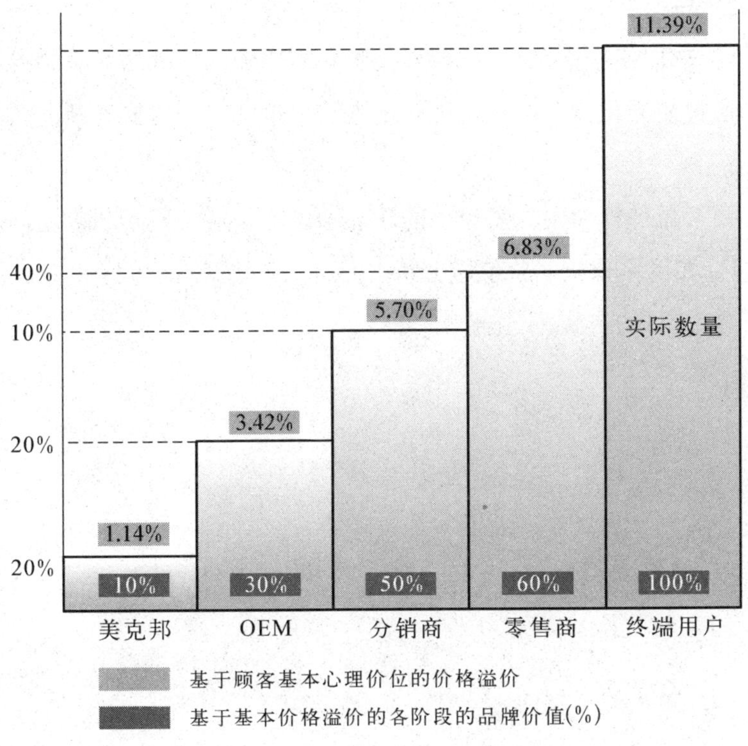

图 93 价值链上的价格溢价

用。杜比（Dolby）与英特尔通过激励措施，如价格优惠和合作营销的资金补助，来增加其品牌使用率。杜邦公司为其莱卡（Lycra）和特氟龙（Teflon）技术推行了消费者拉动策略，创造出顾客对该要素品牌的需求。

美克邦创造了一种新颖独特的要素品牌化模式并由此成长为最受认可、最值得信赖的内嵌式抗菌保护品牌。通过为合作伙伴提供技术指导、全方位服务支持和专营权许可，双方实现了一个双赢的联盟，促成了美克邦的商标在世界各地 750 多种产品上的成功应用。

概 要

- 列举了若干个实施要素品牌战略的成功案例。
- 正如文中阐述的那样，针对不同的行业特点和公司情况，需要采取不同的要素品牌策略。

- 建立并维持一个持久的要素品牌，需要强大的战略品牌领导力。
- 通过差异化和对客户的理解来维持竞争优势，需要不断的产品和应用创新。
- 要素品牌管理中除了传统的管理知识外，还需要不断应用创新的观念和思想，如网络分析、价值链分析。

7. 管理并衡量要素品牌

Ingredient Branding

在当今快速变化的市场环境中，要素品牌已经成为一种主要的市场营销策略，市场上包含品牌要素的产品越来越多，这一现象很好地证明了这一点。尽管要素品牌策略对价值链上的各方都产生了积极的影响，但要素品牌策略对品牌资产[1]究竟有多少影响，目前还没有相应的市场评估。很多学术和咨询机构已经提供了不同的衡量方法，并将这种方法应用到了要素品牌资产的评估之中。英特尔和杜比等公司已经形成了自己的衡量体系，并以此作为其品牌管理系统的组成部分，这一点已经在案例研究中有所阐述。现在，我们将介绍一下如何理解并利用品牌评估方法，同时提出一些评价工具以便从要素供应商的角度评估要素品牌的品牌资产。

7.1 管理要素品牌

在展示了要素品牌战略在各类行业的成功案例后，我们认为有必要对"要素品牌战略"的管理流程作更为深入的了解。品牌可以创造出以市场为基础的资产，因为无论是消费者、要素供应商、OEM 还是其他人都可以将其视作资源加以利用。

这种观点基于一项最新研究，即将要素品牌的消费者看作是价值链[2]的共同创造者，可以有两种方式：

1. 消费者为品牌要素支付溢价的能力和意愿，他们发现自己和所选择的要素品牌之间有一种强烈且具有积极意义的独特关系。

2. 消费者将品牌要素融入他们的日常生活，并创造与此品牌要素相关的知识和联系。

因此，越来越多的要素供应商发现了为自己打造品牌的机会。由于人们对品牌要素的需求日益增长，商业市场也在无意中发生了转型。此外，由于品牌要素的广泛应用，消费市场本身也在不断变化发展，从消费者最初漠视产品的要素到现在不仅熟悉且开始主动要求最终产品中包含某些特定的品牌要素。于是，价值链内现存的那些公司就有了新的市场，尤其是那些已经树立起自身品牌[3]的要素供应商。

也有一些公司希望打造要素品牌。要素品牌[4]的特点、认可度以及品牌联想，使消费者可以很快识别出新推出的产品和服务的类别，这将会带来以下结果：

- 基于上游供应商提供的要素，价值链下游的价值将有显著提升。
- 其带来的好处是真实可见的，并且对于下游的终端用户至关重要。
- 其带来的优势在销售的时候也许并不明显，也就是说，在用户开始使用产品或者服务之前，不会轻易意识到这些优势。
- 公司、制造商或者 OEM——这些“要素”的使用者，在某种程度上，必须在销售的时候动用“要素”的力量告知终端用户，自己提供的产品或者服务包含“特殊要素”，因此具有更高的价值。
- 这种优势可以使消费者愿意支付更高的价格购买产品。

要素品牌战略的步骤和前提

对于 B2B 公司而言，了解终端用户，掌握用户对于产品和服务的需求，能帮助公司在市场上占据有利的地位，并在竞争中获得优势。

如果要素供应商决定采用要素品牌战略，执行这一战略有多种方式可供选择，当然在开始执行之前，公司需要一个准备的过程。许多已经开始实施要素品牌战略的公司大都熟悉要素品牌战略的概念、面临的挑战和机遇，也常常聘请来自美国纽特、戈尔特斯或者英特尔等公司市场部的资深专业人士。

具备了相关的知识以及配备人力资源后，公司便可以开始要素品牌管理的第一步——审视自己现有的产品和服务组合，以甄别出潜在的实施要素品牌的可能性。成功的要素品牌战略通常需要以下一些条件，对比之下可以提供一定的指导：

- 对最终产品来说具有很高的功能性；

- 对最终产品的整体性能非常重要；
- 价值链中可触及的权力结构；
- 潜在的合作伙伴。

上述第一步只能够鉴别出有否实施该战略的可能性。在第二步中，我们需要找到用户的偏好以及用户需求。其中，首先应该对用户进行仔细的分析。不过，这往往是许多B2B公司不擅长的领域，因为这些公司长期以来只和公司客户打交道，因此，要对用户进行分析，他们必须采用一系列新的工具。从焦点小组、小组分析到终端用户测试，这些B2C市场研究工具可以帮助这些公司更充分地了解终端用户对产品的认识和他们的购买行为。

第二步的工作可能持续数月，且对第三步——制定战略——的诸多要素起决定性作用。那些传达给终端用户的信息以及针对终端用户的投资（例如广告）对于要素品牌战略而言意义重大，因为它决定了沟通的方式和对沟通的投入。

如果要素供应商只想要一个通向零售市场的接入口，那么做到上述三步可能就足够了，渠道合作伙伴将会和终端用户进行沟通。日本禧玛诺集团便成功地执行了这样的理念。如果公司希望直接接触终端用户，他们就必须和终端用户进行交流。

另一个战略性问题是要素供应商和价值链上的重要合作伙伴之间的关系。这个关系由许多因素决定，可能包括权力结构、创新领导者在价值链中的位置或者连通终端用户的接入口。在执行过程中，我们需要确定每一个步骤的目标，并将其分解为可以控制的因素，最后一步是制定市场营销理念，确定执行过程的总体规划（参见图94）。

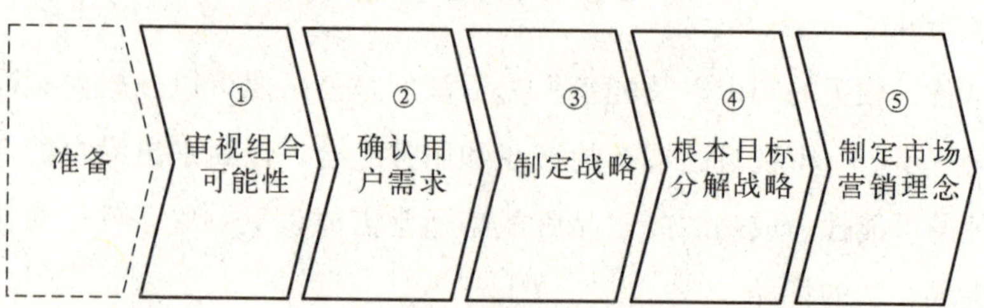

图94 管理要素品牌的步骤

由于要素品牌战略是一个多阶段的营销过程，因此需要对它进行细致的规划和持续的监控。如果低估了这项管理任务的重要性，就有可能导致负面影响：

- 来自用户／OEM 和渠道方的反对；
- 品牌冲突。

在实践领域，为要素创造下游品牌资产可以有如下途径[5]：

- 要素生产者单独进行直接投资，对要素品牌战略及其对消费者市场或消费者市场中的重要细分市场的益处进行宣传（如纽特、英特尔、戈尔特斯、模克隆、美克邦等等）；
- 或通过和那些要素使用者共同合作，要素生产者可以使用差别定价、降价或合作折扣等策略来获得要素使用者对于建立要素品牌的支持（如支持杜比音效的索尼公司）。

价值流／多重效应

在价值链下游的市场营销过程中引入一个新品牌可能导致很多结果，详见图 95[6]。

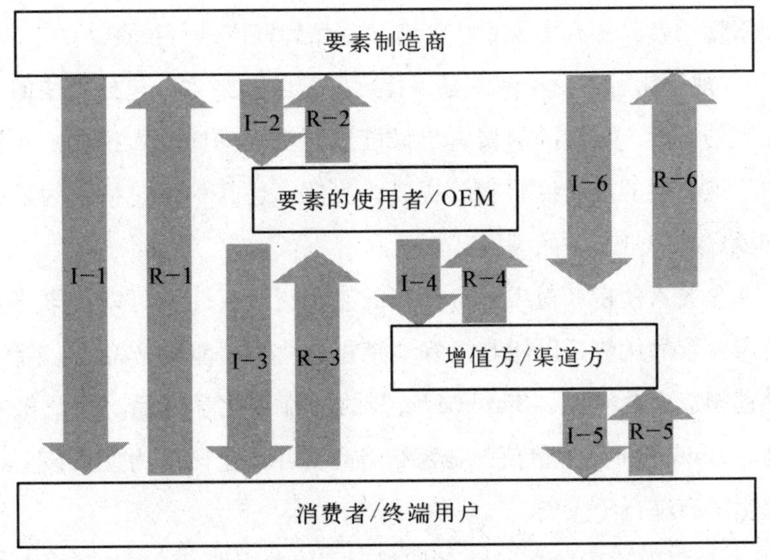

图 95 要素品牌战略——一系列结果

如图 95 所示，在这些关键参与者之间可以产生很多不同的结果，包括：

I－1 是由要素产品生产者针对消费者的直接投资，以建立其品牌资产，包括与消费者的直接沟通、广告、分发样品或者其他活动。

R－1 是消费者和要素生产者之间的权益及其直接的联系——激发消费者对包含该要素的产品的期待及需求。这样，要素生产商便可从要素使用者和渠道方那里获得更好的价格和更多的议价能力。

I－2 是要素生产者为了让要素使用者或者 OEM 使用要素产品而进行的直接投资（其中包括价格的优惠，或其他一些激励措施，以便让用户／OEM 使用该要素并且/或者对该要素进行推广）。当然，I－2 也可能导致一些负面的结果，比如 OEM 会认为自己受到消费者需求的约束而不得不购买某种要素，或者觉得自己失去了对于产品的控制。

R－2 是一系列要素使用者向要素生产者提供的回报，其中包括更好的价格、忠诚度、更为牢固的合作伙伴关系以及投机性购买行为的减少。

I－3 是要素使用者在与消费者沟通方面所进行的投资，它们要告诉消费者，其产品中包含某一特定的要素并且明确其在产品中的价值。这样一来，要素使用者其实在为要素生产者建立品牌资产进行投资。

R－3 则意味着，由于使用某一特定要素收益颇多，包括更快的销售速度、更高的售价、更高的消费者忠诚度以及更强的向他人推介的意愿，消费者对于该要素的接受度将得到提升。当然，这其中也包括了为最终产品品牌和要素品牌带来的品牌资产效益。

I－4 是要素使用者对渠道方进行的直接投资。此举可以让渠道方知晓某一特定要素的优势，以便其更好地销售包含该要素的产品[7]。举例而言：许多地毯制造商会使用“Stainmaster”的纤维和化学产品，因此每一个帮助建立 Stainmaster 品牌价值的地毯制造商实际上也同时为使用该要素的其他地毯生产商进行了投资。

R－4 是渠道给用户／OEM 的回报——这种回报可以是更高的价格、更大的销量或更快的销售速度。

I-5 指的是渠道方在销售最终产品时，在提高要素品牌知名度以及用户/OEM 品牌知名度上所做的投资。渠道方可以采用一系列市场沟通或者其他形式的促销手段，如积分、样品派发及产品展示等。

R-5 代表着更多的渠道回报和更高的价格，以及更高的接受度、品牌的忠诚度，还有希望出现更多含有该关键要素的产品的预期。

I-6 表示要素生产者可以对渠道方进行直接投资，以提升该要素的品牌知名度，并且建议自己的渠道伙伴寻找那些包含该要素的产品。通过直接对渠道进行投资，要素生产者将增强其针对要素使用者/OEM 的话语权，同时，要素生产者可以创造渠道对其生产的要素的需求，使渠道方愿意主动寻求包含某特定要素的产品并进货。

R-6 代表了由于渠道方向要素使用者/OEM 施压，要求其交付含有某些特定要素的产品，而给要素生产者带来的回报。

相对品牌实力

此外，如果考虑到使用要素品牌的主品牌的市场力量，那么要素品牌战略还包含着另一个潜在的复杂因素，即要素品牌同要素使用者的品牌之间的力量对比[8]。

我们可以用图 96 形象地表示最容易实施要素品牌的"区域"。在这个区域，用户/OEM 的品牌同要素生产者的品牌互相匹配。

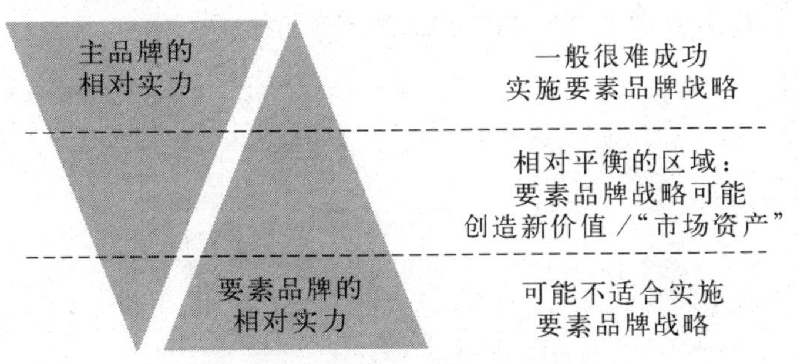

图 96　要素品牌战略的相对品牌实力

如果要素生产者的品牌并不知名，而要素使用者的品牌却家喻户晓，那么双方之间的协商将非常困难。如果想让要素使用者接纳自己并帮助自己打响品牌知名度，那么要素生产者可能需要作出重大让步。德州仪器的 DLP 技术刚被引入的时候就经历了这种状况[9]。对于要素生产者而言，同索尼之类的知名要素使用者/OEM 进行谈判非常困难，因为像索尼这样的公司可以找到其他投影仪和大屏幕电视的替代技术。相对于索尼而言，同 Proxima 的谈判则比较轻松，因为 Proxima 当时并不太知名，所以比较容易说服 Proxima 在其投影仪中使用德州仪器的 DLP 技术。

如果要素生产者的品牌比较强大，深受广大终端用户的喜爱和信任，而要素使用者的品牌却相对陌生，那么要素生产者在要素品牌的接受度、定价、使用和品牌建设的谈判上将轻而易举地成为主导者。当然，另一方面，如果要素使用者自身品牌鲜为人知是因为它刚进入市场，或者因为其产品质量不高，在这种情况下，要素生产者可能根本不会去和这些公司谈判。

还有一种情况是，要素生产者和要素使用者在品牌资产上处于相对平衡的状态，在这种情况下，要素品牌谈判则更像一个“平等伙伴”之间的协商，两者的合作可以提升双方的品牌资产，从而真正达到品牌协同效应。

相对关系影响力

图 97 展示了另一种分析要素品牌发展空间以及谈判方式的方法。图中，要素使用者/OEM 的相关品牌影响力处于横轴，而要素品牌的影响力处于纵轴，我们将这个“空间”划分成了四个象限。

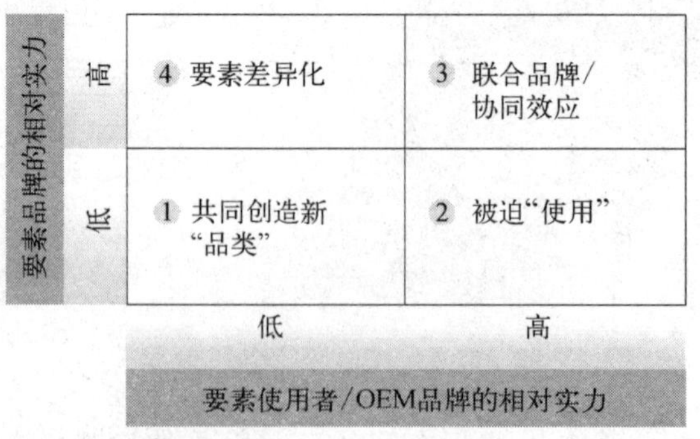

图 97　要素品牌和使用者 /OEM 品牌之间的相对力量关系

在第一象限中，要素生产者和要素使用者都不具有很强的影响力，他们在“共同创造”类别。在这种情况下，如果要素生产者生产出一种具有较高价值但却不为人知晓的要素，并且要素使用者的品牌也并不出名，那么双方便可以合作共创一个新的类别。这两个品牌将在这个新类别中共同创造品牌资产。

刚才提到的 Proxima 投影机使用德州仪器的 DLP 技术，以及杜比公司借助其技术降低便携式卡带机噪音都是很好的例子。在刚引入杜比技术时，便携式卡带机还是个新生事物，而杜比公司在当时也名不见经传。那时候，卡带播放机在播放时会发出大量“嘶嘶”声，而且每次播放都会增加磁带信号的噪音。为此，杜比公司开发出了能有效清除这种噪音的技术，与此同时索尼公司推出了小型卡带机，于是，两家公司联手合作打造出了一个强大的新类别：个人便携式高品质音乐播放器。

在第二象限中，要素品牌的知名度不高，而谈判对象则是知名度较高的要素使用者/OEM 品牌。在这种情况下，除非所涉及的要素的确具有革新性同时能够满足终端用户的某项重要的需求，否则这样的谈判对于要素生产商来说将异常困难。如果要素使用者/OEM 非常需要此要素，即便它名不见经传，OEM 也将乐意采用这一要素。这时候，要素生产者就会说：如果你想要这个要素，那就帮助我建立它的品牌吧。

其中一个例子是纽特公司和可口可乐公司在打造健怡可乐品牌上的谈判。纽特公司当时处在一个相对强势的地位，将自己开发的阿斯巴甜甜味剂加入可口可乐，以满足巨大的市场需求。由于纽特公司具有强大的专利保护以及“杀手锏要素”，它最终通过谈判说服可口可乐和百事可乐采用阿斯巴甜的品牌标志，同时帮助纽特创造其市场资产。

在第三象限中，要素品牌和要素使用者/OEM 品牌的知名度都很高。在这种情况下，联合品牌将是一个正确的选择以创造两个品牌的协同效应。举例而言，艾迪堡（Eddie Bauer）和“吉普”都具有强大的品牌联想力，两者的强强联合形成了强大的市场拉动力。

在第四象限中，要素生产者具有较高的品牌影响力，而要素使用者/

OEM的品牌影响力则较低。在这种情况下，该要素产品很有可能是区分这种最终产品与其他类似商品的关键。要素生产者可以直接接触终端用户，并试图分解目前的产品类别，这样它便可凌驾于要素使用者/OEM的品牌之上，建立消费者关系以及品牌资产[10]。一个典型的例子便是杜邦公司的Stainmaster纤维。当时，未经细分的地毯品牌通过各种渠道在市场上进行销售。杜邦公司通过建立并掌控消费者关系得以凌驾于要素使用者/OEM之上，如地毯制造商萧氏工业（Shaw）或莫霍克（Mohawk）。

要素品牌战略的执行

如果要素供应商要执行要素品牌战略，那么公司及其管理人员必须十分清楚自己的战略选择。要素品牌战略的目的是实现差异化[11]。在前一章节介绍过的相关案例中，公司的想法非常简单、清晰、具体，要素品牌能让它们从竞争中脱颖而出，如苦味剂Bitrex，合成革Alcantara，天然可溶性纤维Oliggo，还有通便丸Senokot。有了差异化，要素供应商就能够证明自己提供的是值得信赖的产品或服务，可以说差异化以及使消费者获益的能力是知名度形成的基础，这样，公司才有机会让自己的现有客户和潜在客户意识到自己的独特之处。每个行业都有特定的技术和市场条件；每一个实施要素品牌战略的要素供应商都必须对自己在所在行业价值链上的角色以及自己的影响力有清晰的认识。如同我们在第二章里所阐述的那样，在消费者体会到要素的优势之前，价值创造还包括3个、5个或者是7个层次。各种增值因素都可以帮助OEM制造出最终产品并对渠道提供支持。要素供应商离终端消费者越近，就越有利。

膳食补充类或者纤维类产品拥有的要素品牌最多，大约有20种纤维品牌以及差不多同等数量的膳食补充品牌，并且目前这个数字仍在攀升。在这两个领域，既有尝试要素品牌战略的新兴公司，也有在品牌管理上颇有建树的跨国企业。其中，嘉吉公司和英威达公司虽然都在实施要素品牌战略，却从未公开宣布过自己的市场营销和品牌管理方法。

英威达公司旗下的品牌包括莱卡纤维品牌、Stainmaster地毯、科尔迪尤拉高强力粘胶丝、特达尼龙纤维、安特纶商业地毯纤维以及多种聚酯树脂和特种中间体。英威达公司还推出了一种新研发的、先进的特氟龙织物保护剂，适用于床上用品和其他可清洗家用纺织品。根据该公司介绍，如果在成品中应用这种防污渍保护剂，溅到织物上的液体就会自动结珠并滑落，不会染脏织物，同时还可以防止织物吸纳污渍或者尘土。为了推广这一产品，英威达公司出资 700 万美元开展题为"方便每一天"的大型广告宣传活动。此外，该公司还宣布赞助一场内衣大赛。这场名为"秀出风尚"的比赛由领先的内衣制造品牌黛安芬，于 2008 年 11 月 12 日在法国巴黎举行。

由于莱卡品牌拥有在内衣行业无与伦比的品牌优势，因此是本次大赛的最佳合作伙伴。作为现代内衣不可或缺的组成部分，该品牌一直致力于产品创新，为消费者提供更贴身、更舒适、更具塑形效果的内衣。此次与黛安芬的合作充分表明，英威达公司始终坚持开展以消费者为中心的市场活动，通过利用新的媒体渠道引起市场的广泛关注。

莱卡纤维是全球唯一获得消费者广泛认可的纤维品牌，在 18 岁至 49 岁的女性中，有 83%认可服装中使用的莱卡品牌。67%的消费者愿意为含有莱卡面料的服装支付额外费用，这足以证明莱卡品牌在消费者心目中的地位。由于这种成功的市场策略，英威达公司已经在纤维市场上占据了重要地位，它通过采用要素品牌战略、举办联合品牌活动来提高销售量和溢价程度，从而改善现金流或扩大其市场份额（参见图 98）。

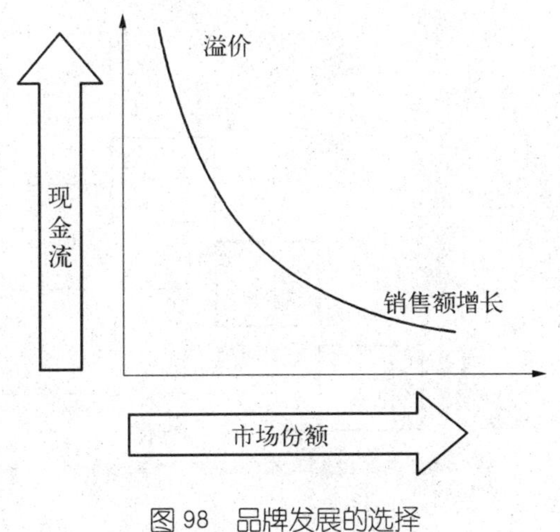

图 98　品牌发展的选择

嘉吉公司没有明确采用要素品牌战略，B2B 仍然是其主要的业务关系，偶尔才尝试接触自己的终端客户。著名的 CoroWise 就是嘉吉生产的一种可以降低胆固醇的产品。该公司针对其旗下的多种天然甜味剂、大麦纤维和功能性碳水化合物开展了要素品牌活动，但并没有公开宣布采取要素品牌战略，而且有时也没有连贯一致的执行。这可能是由于嘉吉公司所处行业的权力格局造成的。由于全球品牌的分散，以及世界各地终端用户的不同需求，对于膳食补充物企业来说，想要贯彻一个要素品牌战略并不容易。杜邦和邦吉的合资企业舒莱正试图为其大豆蛋白质打造要素品牌，就目前看来，成功还是有希望的。

其他的要素品牌也没有停止过努力，比如宝洁公司的 Olean* 品牌和纽特公司。代糖 Splenda、Xglit 和益寿糖 Isomalt 都表现良好并有很大的市场空间。特制品应用具有很大的市场需求，Ocean Spray、Senokot 和 Z-trim 等品牌都在市场营销上增加投入，而其他的品牌也在寻找自己的机遇。它们都有机会创立自己的品牌，其中最好的策略可能就是要素品牌战略。要素品牌战略需要经历几个步骤，如图 99 所示。

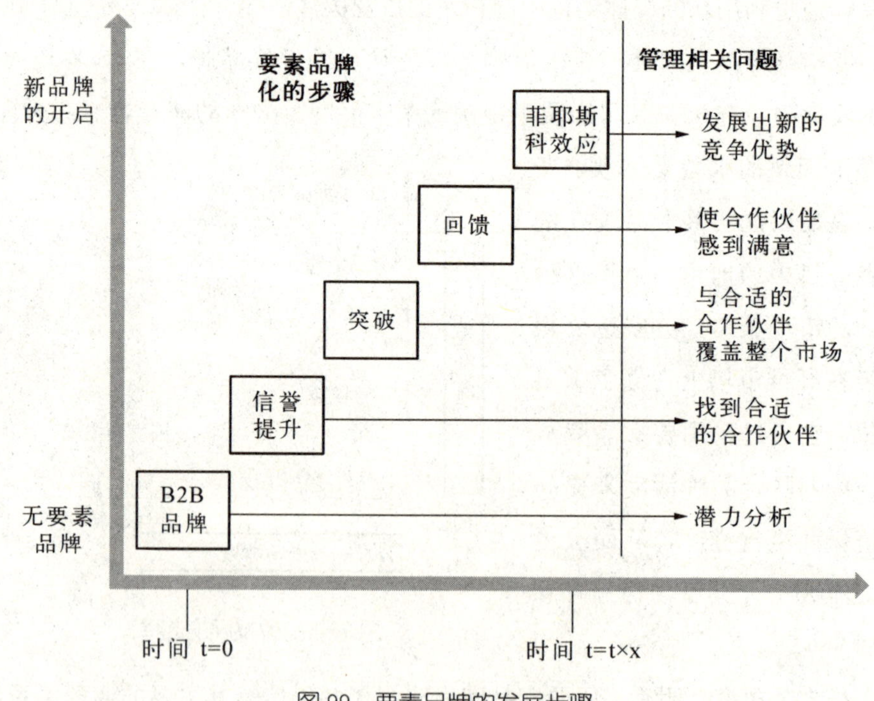

图 99　要素品牌的发展步骤

* 这是宝洁推出的一种无热量食用油品牌，用于各种咸味小吃。——译者

作为一个 B2B 品牌，如果要素生产者通过分析认为自己的要素产品具有较高的市场潜力，就会决定发展这一品牌。首先，它必须选择合适的合作伙伴，并让对方认识到该品牌的潜力及可能为其带来的好处，这个过程可以被看做是“信誉提升”。

紧接着是与合适的合作伙伴联手将最终产品覆盖到整个市场，成功便意味着实现战略性突破。此后为了使合作伙伴满意，要素品牌应向其提供一定的好处。最终目标是发展竞争优势，如获得更好的市场地位，从而得到溢价或更大的销量等实实在在的好处。

在计算机行业，这种要素品牌战略的发展路径清晰可见。英特尔和微软经历了要素品牌发展的所有步骤并最终开始向主品牌理念过渡。NVidia、ATI 或者 MSI 等成分供应商仍然处在“突破”阶段，其他在本书中讨论过的要素品牌大都还挣扎在“信誉提升”的阶段。汽车和电子元件等行业目前面临比较困难的状况，因此只有少数要素品牌进入“回馈合作伙伴”的阶段，杜比和禧玛诺就是其中两家。如果终端产品上出现了它们的商标，就会产生“放大效应”[12]，尤其那些处于相对弱势或者不知名的最终产品品牌更能从这种“放大效应”中获益。例如许多中国重型建筑设备公司会采用珀金斯、康明斯或道依茨柴油机，此外，会使用西门子的控制器或者博世力士乐液压系统，这样不仅能够提高最终产品的性能，也能够改善消费者对产品的认知。

如果对要素品牌管理得当，要素供应商便会获得更大的成功。英威达（该公司将自己的品牌管理模式作为一种咨询服务进行出售）的例子表明，要素品牌管理的相关技能是可以培养的。其中的一个前提是企业已经具有一致的品牌识别系统，并且有明确的要素品牌指导原则。无论是在视觉上还是口头表述上，品牌设计都必须同产品品牌和要素品牌传达给终端用户的信息保持一致。3M 是一家拥有众多要素品牌的公司，近年来它实施的要素品牌战略使公司产品品牌认知度有了极大的提升。该公司理解要素品牌化过程并且为此做了必要的准备。不仅如此，3M 还设计了一套持续的战略发展理念，并按照上文所述的要素品牌管理步骤（见图 94）来实施。每一个要素供应商都可以尝试努力从 B2B 转型为 B2B2C 的公司。在确认了自己的产品在市场上的地位，了解了自己处在产品生命周期中的哪个阶段之后，公司应该选择那些具有创新性并能对消费者福祉产生重要影响的产品。当然对消费者福祉影响重大的老产品也可以列入选择范畴。如果现有的市场结构将有所调整，且终端客户群较为庞大的话，那么营销沟通的成本可能会增加。拜耳旗下的模克隆就是这方面的一个例证，它说明在产品生命周期的后期，要素品牌化的尝试也有可能获得成功。

为了明确消费者的需求，拜耳公司曾做过深入的市场分析。在充分了解了消费者的关注点并掌握了现有要素品牌的产品特质后，该公司才决定向消费者发动宣传攻势。另外，公司还须考虑产品的整体复杂性。高科技聚碳酸酯材料模克隆用于制造太阳眼镜，这种高科技眼镜适合人们在自行车运动或其他户外运动中佩戴。这种材料能够保护眼睛，刷涂简便。懂行的消费者可能钟爱这种材料，但企业也不能忽略最终产品的设计因素。

在这种复杂的关系中，品质认知、对产品的信任度和性能的认可都是相关的因素。这些方面越容易被识别，就越容易传达给消费者，从而产生拉动效应。禧玛诺在自行车配件领域实践了这一战略，并将其延伸到渔具产品系列。Recaro 的赛车座椅和布伦宝高性能制动系统最初都是针对赛车爱好者进行宣传，而利乐公司则主要利用一些零售企业来帮助其实现拉动效应。

条条道路通罗马，只要企业能够成功地开发一项业务，便可顺势扩大自己的范围。禧玛诺以生产比赛用自行车齿轮起家，现在已经可以提供各类零部件。杜比公司最初只是通过自己的技术减少了卡带播放中的“嘶嘶声”，而现在连手机都应用了杜比技术来改善音效。我们有理由相信在膳食补充品行业、材料行业，甚至在汽车零部件行业都会有类似的要素品牌应用。

为了使要素品牌战略发挥作用，公司还必须建立一套明确的责任体制，这意味着品牌管理是市场营销不可或缺的一部分，所有围绕研发、生产和市场宣传的活动都必须以品牌管理为出发点进行协调。同时，公司也必须制定目标明确的中间步骤并建立一套终端客户响应体系。

能够做到这一点的公司堪称要素品牌化的翘楚。它们了解市场，对自己的实力有正确的判断，已经占据了重要的市场地位。正如案例研究中阐述的那样，要素品牌化之路并非总是一帆风顺，战略执行中碰到挫折在所难免。那些能够正确分析市场条件并提出如下问题的公司成功的几率会更高：

- 应该选择哪些最终产品生产商？
- 现在，产品的品牌价值是什么？五年之后又如何？
- 公司的要素品牌可以给最终产品生产商和其他合作伙伴带来怎样的益处？
- 如何才能为公司的现金流和销售量带来积极的影响？
- 公司需要怎样的合作伙伴协议，又需要引入怎样的第三方合作？
- 竞争对手会如何反应？
- 如何保持自己的竞争优势？
- 哪个最终产品生产商/渠道商收益最多？
- 消费者如何评价要素品牌？
- 如何衡量消费者对最终产品生产商的拉动效应？
- OEM 产品的溢价/销售量的增加，其中哪一部分是由要素产品带来的？
- 这种溢价和销售量的增加是否通过价值链传递？

在产品生命周期的各个阶段和竞争挑战中，上述涉及产品提供、市场条件和适当的管理活动的问题可以对要素品牌管理起到指导作用。有些要素品牌战略成功的条件适用于所有情况：如上文所述，提供的产品必须具有高度的差异化，且要素的功能必须对终端用户至关重要。如果产品比较复杂，并且最终产品生产商的品牌相对弱势，要素品牌战略可能会比较容易起步。企业也可以借助配件市场来提升其品牌知名度。在产品生命周期初期起步，并向其他要素品牌学习将使你受益匪浅。其中，最好的方法莫过于模仿或者直接聘请这些公司的市场部经理。

要素品牌成功的最重要的方面是来自消费者的使用反馈以及消费者使用包含要素的最终产品的方式。公司必须建立并更新这种信息反馈体系。戈尔特斯公司始终坚持采访自己的消费者，他们赞助各种比赛并收集各类反馈信息。禧玛诺一直监控其部件在全球范围内的销售情况，最近还在其最重要的几个市场推行了“店中店”的概念。杜比公司有一套许可证系统，可以帮助收集每个最终产品中使用杜比技术的相关信息。这也成就了杜比公司在产品知识信息上优于行业内所有最终产品制造商。微软在消费者研究上也名列行业前茅。由于互联网四通八达，每一个系统要素和配置的使用都在微软的监控之下。掌握了这样的信息，公司在产品开发和市场推广上可以更具针对性，并为战略品牌决策所用。

消费者对产品质量的认可、信任以及对要素性能的正面评价，自然会为公司带来溢价。要素供应商对消费者行为相关的因素掌握得越好，就会拥有越高的溢价。当然对于管理人员而言，品牌营销工具有很多，要素品牌战略只是其中之一。因此，仔细评估自己提供的产品和进行的管理活动便显得至关重要。

要素品牌管理工具

要素品牌战略的确立并不是企业成功的充分条件，而是一个企业不断调整和不断学习的过程。当英特尔初次投钱于市场活动时，谁也不敢保证一定能够成功，而如今他们又到了另一个十字路口。管理过程其实就是创造价值的过程，而要素品牌战略则是实现价值创造的一种特殊形式。企业必须监控这个过程，并对自己创造的品牌资产进行衡量。

打造品牌是一项极具挑战性的工作，因此需要不断对行动的结果进行反思。不过，我们需要一套工具帮助我们提供相关信息。仅仅关注品牌资产是不够的，我们需要了解品牌知识、知名度、客户偏好，还必须知道有关于销售发展、主要产品类别、销售地点、利润率及资金周转率等相关信息。

管理人员需要利用品牌管理工具收集这些信息，以便从容应对挑战。那些采用标准化品牌衡量系统的工具并不一定有用。如上文中要素品牌发展的阶梯图所示，要素品牌不断在变化。通常，它们以 B2B 品牌起步，当它们决定要接触终端用户时，要素供应商便会进入到后面的发展阶段。在每个阶段，品牌都需要不同的管理方法，因此，在这个过程中品牌衡量也必须保持灵活。

原则上来说，我们讨论的是下述过程：

- 启动和整合；
- 管理和交换；
- 评估和控制。

图 100 所示的是一个连续的要素品牌管理周期。在启动和整合阶段，我们需要发展并界定品牌价值，确定自己的战略以及品牌标志、标语等宣传资料。当然也应该确定消费者关于该要素品牌的使用体验和需要向消费者传达的品牌信息。另外，我们还必须找到合适的合作伙伴并确定其在价值链中的角色。

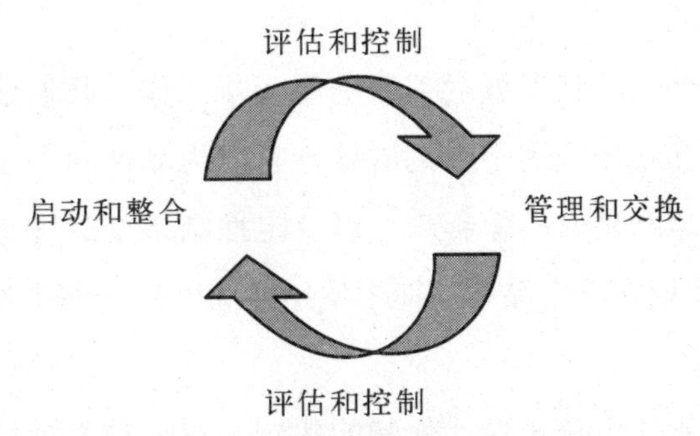

图 100　要素品牌管理周期的过程

在下一个阶段，品牌管理在很大程度上有赖于所有合作伙伴之间的信息交流。互惠互利以及共同对流程进行管理是必要的。我们需要建立并持续监控价值链上每一个部分的品牌价值增长。同时，未来的发展愿景必须牢记于心，当前的利益必须得到保障。

在评估阶段，我们需要重新评估要素品牌的各个方面，同时重新审视该品牌在消费者心目中的形象。这是一个需要持续努力的过程，评估工作可以每年进行一次。只有清晰地了解要素品牌及其价值，品牌拥有者才可能享受因管理得当而带来的品牌收益。

管理一个要素品牌意味着应对不断变化的关系和市场行为。那些有助于成功的方法应该得到贯彻和延续，而那些导致失败的方法则应作为前车之鉴。要素品牌的生命周期可以被看作是一个包含不同步骤的过程。

从B2B品牌转型为B2B2C品牌需要有极大的决心和远见，确信终端消费者的确可以从最终产品所包含的要素中获益。当终端消费者开始主动要求最终产品包含某一要素时，在并不知名的B2B品牌中很有可能诞生一个消费者品牌。如果潜力巨大，该要素可以发展成为一个强大的要素品牌，甚至可能演变为终端消费者品牌，如英特尔公司的例子。纽特公司也具有类似的情况，不过在其专利过期后，替代品的出现将对其造成巨大的冲击。

和其他品牌一样，要素品牌不仅仅是标志、标语、宣传词或者广告。要素品牌也传递着品牌价值。品牌反映的是消费者认同的希望、梦想和渴求。要在各个阶段引导品牌战略，管理人员需要收集各方面的信息以评估可能的风险和机遇。

为了掌控好要素品牌发展过程中的每一步工作，我们建议使用以下工具，这些工具已在各种应用中得到验证。它们为品牌管理制定了明确的步骤，其中包括定量结果（品牌资产）以及定性结果（品牌忠诚度、品牌知名度等）。我们建议在整个品牌周期中使用这些工具，整个过程可能会持续10至50年。

在对定量因素作出分析后，你就能找到解释目前发展情况的原因。合作的很多层面都可能触发变革的诱因。如果达不到预期的结果，就需要作出调整以期改善。

7.2 衡量品牌的原则

在衡量消费者与产品生产商之间复杂的互动关系方面，我们已经做了很多研究。对于许多公司来说，超过50%的公司价值会逐渐积累成为品牌资产。汉堡大学萨特勒教授的这个研究成果[13]意味着，品牌评估很可能是品牌管理所需要的最重要的信息之一。在有关企业管理的研究中，这个话题至少已经被讨论了半个世纪。评估的模型和方法一直在不断发展和创新。品牌评估程序的数量之多也说明了品牌评估无论在学术领域还是实践领域都非常重要。所有的评估方法都希望能够建立一套公认的标准，然而迄今为止，这个目标仍然没有实现。如何为品牌评估选择正确的方法完全依赖于下列问题的答案："评估品牌价值的目的是什么?"品牌评估的关键动机是融合、购买、品牌出售、品牌授权、调整或者扩展品牌组合、品牌转让、市场资源配置、品牌发展的控制以及管理绩效评估[14]。

这本书的创作目的并非要提出一个全新的偏好模型来解释消费者行为，而是希望给读者提供一种利用和衡量要素品牌的实用方法。品牌的成功首先体现在品牌的货币价值上。2008 年，根据 Interbrand 的评估，全球最具价值的品牌高达 610 亿美元[15]。他们使用该方法评估所有类型的品牌，无论是 B2C 品牌、B2B 品牌还是要素品牌，即 B2B2C 品牌。同其他现有的品牌评估模型如出一辙，Interbrand 先采用 B2C 方法，并对有 B2B 市场的公司也采用了同样的方法，尽管他们知道 B2B 市场是迥然不同的。从概念的角度来说，这些方法都存在一定的局限性，可能会导致一定的误解或不恰当的管理行为。Interbrand 是一种最常见的衡量工具。根据 2008 年的评估，具有 590 亿美元品牌资产[16]的 IBM 是全球最大的 B2B 品牌，紧随其后的是同样拥有 590 亿美元品牌资产的微软公司，排在第三位的是通用电气（530 亿美元），通用的品牌资产当时甚至已经超过其市值的 10%[17]。出于一些内部需要，通用电气希望将品牌资产列入自己的资产负债表，因此他们采用的是完全以资本市场为导向的品牌评估方法。根据通用电气的评估，其品牌价值超过 50 亿美元。

作为 B2B2C 类型的公司，英特尔和微软也接受了 Interbrand 的评估，并且在十大国际品牌排名中分别位于第三和第七位（见表 13）。然而，在管理要素品牌方面，我们仍然需要一套更加专业的工具。如果公司将品牌评估作为战略目标工具，并需要基本的管理决策，就必须提供管理工具以便进行具体的控制。消费者阶段的品牌效应可以被用于衡量品牌价值。

表 13　B2B 公司品牌价值排行榜（2008）

<table>
<tr><th colspan="2">营业额 B2B＞95%</th><th colspan="2">营业额 B2B＞50%</th></tr>
<tr><th>排　名</th><th>品　牌</th><th>排　名</th><th>品　牌</th></tr>
<tr><td>7</td><td>英特尔</td><td>2</td><td>IBM</td></tr>
<tr><td>23</td><td>甲骨文</td><td>3</td><td>微软</td></tr>
<tr><td>31</td><td>SAP</td><td>4</td><td>通用电气</td></tr>
<tr><td>44</td><td>路透社</td><td>5</td><td>诺基亚</td></tr>
<tr><td>47</td><td>埃森哲</td><td>12</td><td>惠普</td></tr>
<tr><td rowspan="6">68</td><td rowspan="6">卡特彼勒</td><td>27</td><td>汇丰银行</td></tr>
<tr><td>37</td><td>J・P・摩根</td></tr>
<tr><td>42</td><td>摩根士丹利</td></tr>
<tr><td>59</td><td>施乐</td></tr>
<tr><td>99</td><td>联邦快递</td></tr>
</table>

根据大卫・艾克（David A. Aaker）的观点，确定品牌价值的因素可以分成以下五大类[18]：

- 品牌忠诚度；
- 品牌知名度；
- 假定质量；
- 附加品牌联想；
- 其他品牌优势（专利、商标、销售渠道等）。

其中品牌忠诚度指的是一个公司拥有无需花费高额成本便可有效维护的固定消费者群体，这个群体不会因为竞争对手的推广活动而轻易改变购买决策。

消费者往往认为知名品牌拥有更好的品质和耐用性，因此他们通常会选择知名品牌，而不是那些名不见经传或不太知名的品牌。卓越的品质，即消费者期望知名品牌应该具有的品质，会直接影响消费者的购买决策以及品牌忠诚度。不仅如此，消费者心目中认定的优秀品质也会成为品牌扩张的出发点，因为此后公司所推出的新品也同样会被认为具有好的品质。最终，消费者的品牌联想将创造更高的品牌价值。一个例子就是阿司匹林，公司宣称阿司匹林可以预防心脏病。品牌评估的应用领域可以分为公司内部和跨公司两个方面，详见表 14。

表 14 品牌价值和品牌评估的应用领域[19]

公 司 内 部	跨 公 司
● 作为规划工具的品牌价值 ——市场营销预算的分配 ——规划和衡量目标的特定品牌价值 ● 作为控制工具的品牌价值 ——成功的衡量 ——补偿基准 ——通用的评估工具	● 品牌收购时的定价 ● 授权费用的认定 ——品牌利用 ——品牌的特许经营 ● 损失补偿的认定 ● 品牌的担保借贷 ● 外部报告和核算

在公司的内部，品牌价值一方面是一种规划工具，同时也是对品牌和产品进行管理控制的工具。因此具体的品牌价值既可以用来衡量目标，也可以充当衡量管理控制成功与否的标准。在跨公司应用领域，品牌价值主要会在公司并购中发挥作用。此外，当第三方由于使用品牌而需要支付特许经营或品牌授权费用时，品牌价值便是进行计算的基础。

为了使上文中提到的“品牌功能”和“品牌价值控制”两者发挥作用，我们将参考品牌的三大功能。无论是主品牌还是要素品牌都必须具备下列基本功能：

- 无形使用（品牌形象）；
- 信息效率（省时）；
- 降低风险（信任）。

目前用于衡量品牌价值的方法有 30 多种，然而运用这些方法得出的结果有时是大相径庭的。例如，2002 年，Interbrand 和 Semion 分别评估了大众（Volkswagen）的品牌价值，其中，Interbrand 认为大众的品牌价值为 760 万欧元，而 Semion 的结果则显示其价值高达 1 880 万欧元。这仅仅是确定品牌价值时产生重大分歧的一个例子而已[20]。然而，一个关键因素是品牌管理如何影响品牌的成功。妮维雅（NIVEA）可以说是成功的品牌管理的典范。作为消费品品牌，妮维雅最初只生产润肤乳，而现在却有一整套针对男士和女士的护肤品。这种积极的品牌管理让妮维雅的股东回报在之后几年内大幅增长。

接下来，我们将系统性地介绍各种品牌评估方法，并详细探讨 Interbrand，AC 尼尔森公司以及 BBDO 咨询公司的品牌评估方法。品牌评估方法根据投入和结果标准（according to input and result criteria）的不同而不同。这里，我们将对财务导向流程、消费者心理流程以及混合流程分别进行阐述。

以财务为导向的评估流程侧重于以货币单位衡量品牌价值。相反，消费者心理流程则强调消费者行为，将评估建立在对消费者的观察或对消费者购买数据分析的基础之上，不过，相关价值并不是以货币单位表示的。

品牌评估流程		
财务导向的评估流程	消费者心理流程	混合流程
● 成本导向流程，如： ——Stobert（1989） ——Berkin（1993） ● 资本价值/利润率导向流程，如： ——Kern 的品牌价值公式（1962） ——Herp 的品牌价值模型（1982） ● 价格导向流程，如： ——TESI 价格模型（Erichson，1988） ——Blackston 价格模型（1990） ——Hedonic 价格模型（Sander，1994） ● 资本市场导向流程，如： ——市场价值公式（Simon / Sullivan，1991）	● 品牌价值的维度（Aaker，1991） ● 品牌形象清晰度和吸引力指数（Andersen，1991） ● 品牌资产模型框架（Srivastava / Shoker，1991） ● 品牌知识（Keller，1993） ● 品牌资本评估（Young / Rubicam，1993） ● “冰山”品牌模型（Icon，1997） ● IFM 品牌基因解码（1999） ● GfK 品牌潜力指数（2001）	● 品牌利润 / 品牌实力方法（Interbrand，1989） ● 品牌资产负债表（Nielson，1989） ● 品牌的表现（Nielson，1993） ● 品牌导向的客观化品牌评估（Bekmeier Feuerhahn，1998） ● 品牌代理商程序（Semion，2000） ● B. E. E. S 程序（BBDO，2001） ● 品牌计分卡（Linxweiler，2001；Meffert / Koers，2002；BBDO，2003） ● 品牌知识（Keller，1993） ● 品牌资本评估（Young / Rubicam，1993） ● “冰山”品牌模型（Icon，1997） ● 品牌基因解码（IFM，1999） ● 品牌潜力指数（GfK，2001）

图 101　系统的品牌评估流程[21]

混合流程结合了上述两个类型，因此品牌价值也可以用货币单位进行计量。图 101 介绍了品牌评估最重要的几个步骤。下列所有流程的目的都是以真实的品牌价格来衡量一个品牌的价值。

Interbrand 公司所设计的模型是一个打分模型，打分的标准则是图 102 中显示的 7 项品牌价值因素。

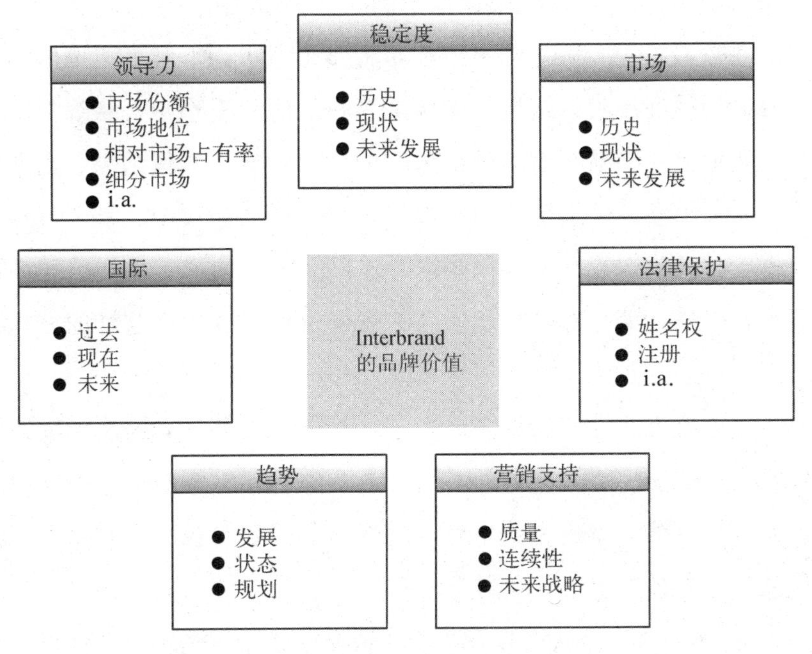

图 102 Interbrand 模型中品牌价值的影响因素

AC 尼尔森的品牌表现评估是一套综合性体系，一方面可以用来确定品牌实力和品牌价值，另一方面可以对管理和控制品牌发展给出切实的建议。为了确定某个品牌的价值，我们只需要图 106 阴影部分突出的品牌监控和品牌价值系统，下文将对其做详细阐释。

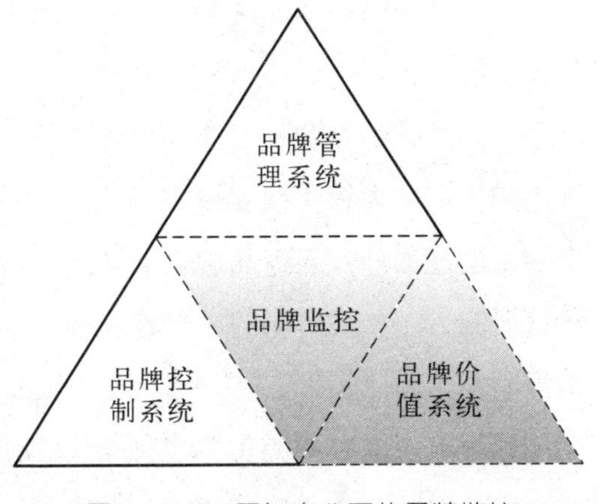

图 103 AC 尼尔森公司的品牌监控

在品牌监控的过程中，品牌实力需要在与竞争对手的对比中得以确定。品牌实力包含如下四个成功因素：

- 市场吸引力（市场容量，市场接受度）；
- 品牌自信度（市场份额，包括规模和价值）；
- 商业承兑和分销意愿（技术层面）；
- 需求接受度（市场熟悉度的范围）。

对这些数据，我们将绝对和相对的品牌实力同竞争对手相比后的结果进行加权平均得到最后的结果。在这个品牌估值的模型中，品牌货币价值的算法就是把上述结果与该品牌出售时的利润相比。所得结果，也就是所谓的品牌实力收益，最终再被用在获利能力管理的公式中。整个过程非常客观、透明，且基本数据很容易获取，所以品牌评估的工作在公司内部就可以开展。另外，第三方以及竞争品牌的价值也可以通过这样的方式被估算出来。

对于这个流程的批评意见主要在于：该流程的假设前提是持续的销售回报以及无限的品牌生命。另外，这个方法不包括预测数据，因此重要的影响因素都没有被考虑进去。另外，品牌形象因素也被完全忽略，于是消费者接受度也未被纳入考虑范围。

由 BBDO 咨询公司创建的 BBDO（品牌资产评估系统）不仅可以衡量品牌的货币价值，也可以衡量品牌的非货币价值。不仅如此，这个模型还可以用于各种不同的品牌评估。图 104 展示了 BBDO 品牌资产评估系统的五大组成部分。

一个品牌生存和发展的环境可以通过“市场质量”这个指标进行衡量。这里相关市场的销售额发展则是品牌销售潜力的衡量指标。国际化导向这个因素通过国外收入占品牌总收入的比例来衡量，用来表示该品牌的国际化发展能力。相关市场的主导地位表示该品牌相对于竞争对手而言的相对销售额实力。

品牌地位描述的是品牌实力，以及产品需求者心目中的品牌吸引力。然而，品牌地位并非恒定不变，它会受到各种内部和外部因素的影响。一

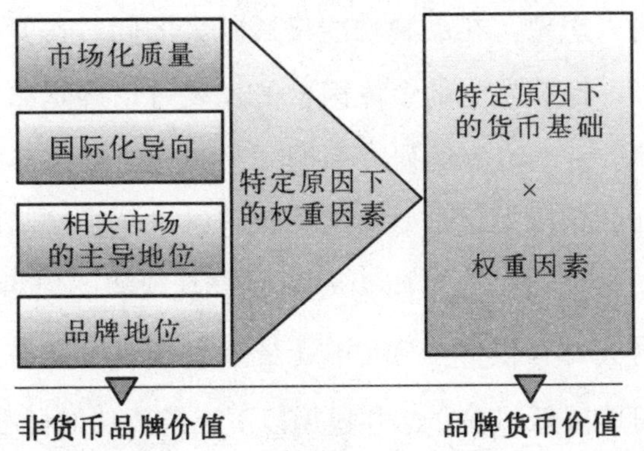

图 104 BBDO 的品牌价值计算方法

个品牌的价值潜力的货币基础取决于品牌的估价方式，既可以是税前利润也可以是贴现现金流价值[23]。

在接下来的品牌价值计算过程中，市场质量、国际化导向、相关市场主导地位以及品牌地位这几个组成部分将在整体因素价值中被冠以相同的权重。这个价值在基础货币组成部分中充当权重因素。最后这个权重因素和货币基础共同用以计量品牌的货币价值。这个模型的主要特征是适用于各种不同的评估理由。起作用的因素和他们的权重可以根据特定的评估情况进行调整。然而，和之前的模型一样，该模型中的影响因素也是由专家主观挑选的。另外，为了简便起见，该模型也没有对品牌收入和非品牌收入进行区分。

要素品牌的品牌价值

要素供应商通过品牌策略来避免其产品“不为人知”的命运[24]。供应商希望通过产品优化、创新及附加服务，还有更高水准的供应品质以及更低廉的价格，来获得针对直接客户的优势。良好的供应商—客户关系也可以让所涉及的供应商从竞争中脱颖而出。不过，这种品牌战略的局限性正在日渐凸显。

在这个过程中，下游阶段，如加工企业、分销商以及终端用户，往往会被忽略。实际上将这些因素考虑在内对于要素品牌战略而言是至关重要

的，因为我们可以想象，在品牌功能发展壮大的同时，要素品牌的重要性也必将日益凸显。品牌功能的个体因素的发展可以确定品牌与所在细分产品市场的相关度。一些专家的研究表明了品牌相关性在品牌管理中的重要性。从供应行业的角度来说，要素品牌化可以避免其产品轻易被其他品牌所替代。然而很多公司仍然不愿为实施要素品牌战略而进行投资。图 105 显示了要素品牌战略为供应商和 OEM 带来的机遇以及潜在的风险。为了抓住机遇并尽可能降低风险，必须遵循以下三条成功的标准[25]：

- 建立并发展要素的品牌价值；
- 品牌展示与识别；
- 确保终端产品的质量标准。

为了通过要素品牌战略建立要素的品牌价值，我们必须有一个特定的产品并且使用该产品的品牌作为载体。同其他产品的品牌价值类似，品牌熟悉度、品牌形象及对终端用户的相关性等因素对品牌价值都有重要的影响[26]。

图 105 显示的是要素品牌战略给 OEM 和供应商带来的机遇和风险。

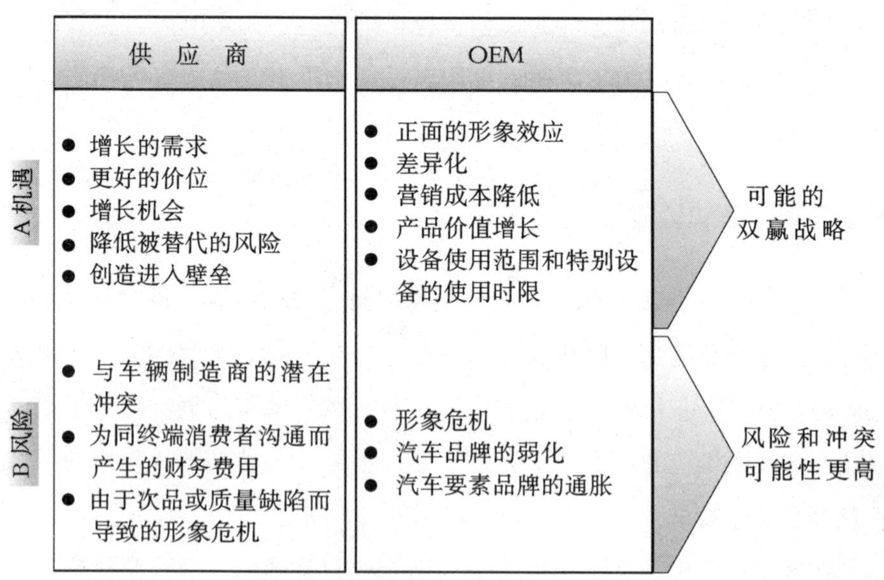

图 105　要素品牌战略——机遇和风险

竞争差异化对于要素品牌而言尤其重要。只有实现了差异化，产品才不会轻易被别的品牌替代。

进一步而言，提升品牌价值的另一个前提是要素品牌在终端产品上的表现获得认同。如果终端产品上出现要素品牌的标签，这就说明终端用户可以直接获取该要素品牌及其所提供的服务保证。然而，要做到这一点，唯一的方法是与最终产品制造商进行协商，如果制造商认为要素品牌可以为自己的品牌增值并产生积极效应，这就会成为可能。在这种情况下，增值的部分可以为最终产品制造商带来销量和价格方面的收益。这样的协同效应可以在竞争中建立对手难以超越的竞争优势。强大的要素品牌和最终产品制造商品牌可以通过合作宣传活动以及对分销商的共同措施来进一步创造协同效应。

对于要素品牌来说，品牌价值的可持续发展比较困难，并且需要在许多不同维度上进行考虑，因为毕竟要素品牌仍然或多或少地依赖最终产品品牌。另外需要强调的是，最终产品的质量对于要素品牌的品牌形象也起着至关重要的作用，因为最终产品的任何缺陷都会轻而易举地摧毁要素品牌。“从 OEM 的角度来说，问题在于支出的费用或者消耗的资源可否达到预想的结果，最终产品制造商是否会支持要素品牌的发展。除了需要了解发展要素品牌可能带来的益处，OEM 也必须清楚地认识到此举可能对最终产品品牌造成的任何负面效应以及随之产生的依赖关系。”[27]

要素品牌评估方法的发展

我们已经在第二章中介绍过，要素供应商向 OEM 提供自己的产品（B2B）。OEM 使用这个要素来制造最终产品并将其销售给终端客户（B2C）。与此同时，要素供应商向终端用户传达该要素为最终产品带来的好处（B2B2C）。这里，非常重要的一点是，要素品牌评估必须捕捉到因终端用户的偏好而产生的消费拉动效应。大多数研究常常只关注 OEM/终端用户的阶段，结果忽视了要素品牌在 B2B 阶段的成功。为了适当地给要素品牌战略分配价值，我们需要将所有的上游市场纳入考虑范围，从要素供

应商开始，到终端用户为止。通过采用这种方法，我们同样需要扩大交易分析，将那些发生在更大的企业网络中的交易也列入考虑范围内。在市场营销中，这些公司被认为是分销渠道、价值链、嵌入式市场、网络市场，或简单地说是网络[28]。在这个方面，关键在于这些公司都是互相关联的，因为它们都参与到了用要素制成最终产品或服务以便供终端用户消费的过程中，因此任何两者之间的交易都会受其他交易的影响。这种相互关联性一直都是许多研究所关注的问题。[29]

品牌资产相关概念

如果我们要衡量 B2C 层面的品牌资产，我们需要建立品牌的四个影响因素。大卫·艾克（David A. Aaker）提出了品牌价值的全方位衡量[30]。我们对此稍做修正用以判断带有品牌要素的终端产品的优势。艾克认为，品牌忠诚度、信任、品牌联想和认知质量构成品牌价值的四大因素（见图 106）。

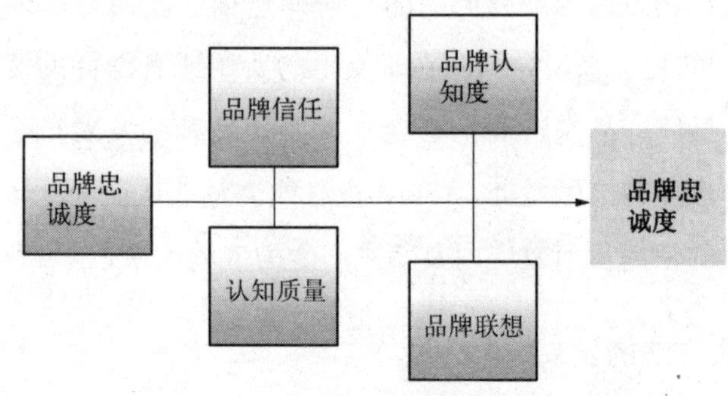

图 106　品牌价值的定性影响因素

品牌忠诚度

品牌忠诚度向来是市场营销计划的主要议题，并为发展可持续的竞争优势提供了重要基础。由 Jacoby 和 Chestnut 提出的品牌忠诚度的定义沿用至今。他们认为品牌忠诚度是：

(1) 具有偏见的（非随机的）；

(2) 行为反应（如购买行为）；

（3）长期表现；

（4）受到一些决策单元影响（by some decision-making unit）；

（5）有关于一系列类似品牌中的一个或多个品牌；

（6）心理（决策、评估）过程的作用[31]。

尽管关于品牌忠诚度仍存在许多不同的定义和衡量方式，但是总体来说，它关注的是消费者对于某一个品牌强烈的承诺。由于很多原因，品牌忠诚度常被认为是由市场营销从业人员引进的概念。一些专家认为品牌忠诚度有利于建立积极的口碑以及增强忠诚的客户对于其他品牌的抵抗力[32]。人们普遍认为，忠诚度体现了消费者对于产品或服务感到满意。忠诚的客户愿意在任何场合使用该品牌，会更加关注该品牌进行的市场活动如广告或促销。不仅如此，品牌忠诚度对品牌选择和品牌资产也具有相当大的影响力。艾克认为顾客群的忠诚度往往是一个品牌资产的核心[33]。如果顾客对于品牌毫不关心，仅仅根据价格做出购买决策，那么该品牌可能并不具有资产。高品牌忠诚度的一个重要优势在于品牌只需较低的成本便可以维持自己的顾客基础。品牌忠诚度可以通过顾客购买行为、顾客对品牌的排名、顾客对产品的满意程度等指标进行衡量。

品牌信任

品牌信任是品牌价值的核心。信任来自过去的经历以及互动，因为信任的增加往往被描述为个体的经验增长过程。人们对于一个企业的信任来源于过去的经验以及第三方的推荐。在大多数市场营销方面的研究中，信任具有多重维度，涉及对于品牌延伸的接受度。作为品牌资产的一个组成部分，信任对于提高忠诚度非常关键，同时对于维护成功的企业—顾客关系至关重要。这对于建立牢固的客户关系也同样重要，另外对于公司来说也有可能是唯一一个强大的关系营销工具。信任对品牌价值的影响是多方面的。举例而言，对于信任品牌的客户，沟通成本会大大降低。不仅如此，一个对品牌非常信任的客户群也是同零售商交涉谈判的重要条件，而且也只有忠诚的客户才能提高品牌的认知度。然而，信任并不容易衡量，不过，我们可以通过探究实际客户行为进行计算。对于客户满意度和消费者对品牌的情感的估算也可以充当衡量品牌信任度的指标。

品牌认知度

品牌认知度是潜在消费者记住某个产品品牌的能力。根据消费者回忆起某个品牌的难易程度，品牌认知度可以被划分为几个层次。辅助型记忆还并不足以自动产生购买选择，因为消费者没有办法在脑海中形成品牌的形象。联想记忆模型认为品牌和产品实体之间的联系强度较弱。然而，由于当消费者遇到该品牌时，还能够认出它，因此市场宣传方面的努力仍然可能起到正面的作用。在商场里，如果消费者要决定究竟购买哪一种产品，对于品牌的识别会对购买决策产生非常重要的影响。要衡量要素品牌的价值，另外一个维度不得不提，即消费者需要在没有主产品的情况下，也能够辨识出要素品牌。他们必须注意到要素品牌对于终端产品来说是一个不可或缺的优势，这种优势必须与该要素相关。这样，要素品牌就会对认知度及消费者对产品质量的假定具有积极影响，衡量品牌认知度的方法是回忆以及辨认测试。

认知质量

某种产品或者要素的认知质量指的是消费者对于该产品质量的假定。首先，认知质量是消费者对某一种产品的估计，因此它和产品的真实质量并不相同。在初次评价产品时，考虑到其中包含的品牌要素，消费者对于终端产品的品质认知既有可能偏高也有可能偏低。这个因素回答了 OEM 的一个重要问题：我选用的要素品牌有没有提高终端产品的品质认知？或者我的产品是否被一个相对较弱的要素品牌拖累了？为了对此进行衡量，我们可以采用联合分析或者扫描数据对消费者偏好进行分离。

品牌联想

一个品牌的潜在价值往往指的是对品牌产生的一系列联想，以及品牌对于受众的意义。联想是购买决策和品牌忠诚度的基础。凯勒认为品牌联想是同记忆中的品牌信息联系在一起的其他信息，并包含品牌对于消费者的意义[34]。由消费者衍生出来的品牌意义从某种程度来说是由品牌联想传达出来的，并且这些联想也为产品信息检索提供了线索。强烈并正面的联想可以帮助增强品牌实力，并且品牌资产也会受到品牌联想的影响。品牌联想是关于一个品牌的所有可爱之处，能够帮助塑造品牌形象。品牌形象包括消费者关于这个品牌的一切联想，这些联想可以是“硬”的——具体可见或者功能属性，也可以是“软”的——对于品牌的情感因素，如信任。借助品牌形象，产品便可以从众多竞争对手中脱颖而出，即使其他竞争产品看上去完全相同。品牌联想可以直接或者间接地进行衡量。直接询问消费者是相对简单的方法，然而我们仍然需要间接的方式，尤其是在消费者不愿公开、清晰地表述自己的态度和感受的时候。

B2B 阶段要素品牌资产的衡量

如前所述，在 B2B 阶段，品牌会对供应商-OEM 阶段（B2B 阶段）中的要素供应商提供价值。而如果此时能有来自消费者的额外支持（拉动效应），那么 B2B 阶段的价值便能进一步被放大（因为消费者开始希望终端产品能够包含某品牌要素）。而当 OEM 应消费者的要求也开始需要品牌要素时，要素品牌战略就实现了最终的成功。由于此时采用要素品牌战略的要素供应商已经能够享受到最大的经济效益，因此品牌资产的衡量应该独立进行。

相比于无品牌产品，消费者愿意为有品牌的同质产品支付额外费用，这便是品牌资产的来源。这笔额外支付的费用也就成了公司的价值来源。因此，要素供应商可以为品牌要素索要更高的价格。相反，有的时候可能是，要素销量的增加提升了品牌资产。在这种情况下，建立品牌应被视为在市场方面的投资及市场费用的提高，沟通费用和其他为打造品牌而开展的活动都会带来相应的价格增长和/或销售量的增长。根据过往的研究，我们将“额外收入”定义为价格增长与销售量增长的乘积。

价格和销售量增长的数据在很多公司可以通过固定样本数据得到，还有一个获得数据的方式是个人调查以及/或者访谈。通常，我们使用自述型模型以及联合分析来发掘消费者为品牌产品支付额外费用的意愿。

OEM 愿意将要素供应商的牌子印在产品之上往往出于许多目的，这样

做的好处有很多，比如同竞争产品的差异化，避免被替代，实现溢价，降低市场/生产/研发的成本。然而，这些优势都来源于消费者对包含品牌要素的最终产品的偏好。基于此，我们认为当我们让消费者表达自己对于包含某品牌要素的产品的偏好时，这种偏好会更加明显。

供应商-OEM关系的价值则是一个定性的概念，因为B2B市场上的价值多表现为一些“软”因素，比如知名度、信任、品牌联想或者品质认知。OEM夹在要素供应商与终端用户之间。因此，OEM必须处理两方面的关系。如前所述，OEM从自己的终端用户那里得到财务导向的价值，然而为了能够更加有效地管理自己同要素供应商之间的关系并在终端用户上倾注更多精力，它必须依赖自己的供应商。换句话说，OEM从自己的要素供应商那里获得关系导向的价值。这种关系导向的价值帮助OEM获得在OEM-终端用户阶段由要素品牌资产带来的溢价。要素供应商则通过其他方式间接地从终端用户要素品牌资产获得价值，比如市场实力的增强、壁垒的提升、价值链的缩短以及品牌地位的改善等。这些都会增强要素供应商实施要素品牌战略的意愿。

B2C阶段要素品牌资产的衡量

在B2C阶段，我们采用艾克的品牌评估模型进行衡量[35]。上述提到的分类可以说明消费者对于品牌的理解。其结果是对各个品牌进行独特的定性描述。每个类别都从消费者的角度来衡量品牌价值。“信任”这种概念的相关性是相当显著的，尤其在汽车、耐用品等行业，对“信任”内涵的阐释需要采用那些考虑到这些变量的方法。

为了进一步明确这个方法，接下来我们会介绍“品质认知”。根据过去的研究结果，品质认知是要素品牌化过程中一个重要的方面，因为人们通常认为那些包含高品质要素的产品会更好。因此，OEM可以决定要素品牌是否提高了自己终端产品的认知质量。如果答案是肯定的，那么对于OEM而言便有必要将要素品牌的商标贴在终端产品上。通过这种方法，管理者便可以更有效地利用定性研究，而要素品牌领域的学者也会深化对这一现象的研究和理解。

要素品牌战略和 B2B2C 价值链

在 B2B2C 的链条中，要素供应商和终端用户都参与其中，两者占据了价值链的两端。在 B2B2C 链条中，要素品牌战略的一个重要假设是，要素供应商采用各种营销手段向消费者进行宣传，使他们认识到采用品牌要素能为自己带来的好处。Havenstein 建议将“为产品支付额外费用的意愿”作为指标来衡量 B2B2C 市场活动的效果[36]。然而，大多数要素供应商之所以采用要素品牌战略是为了获得更多优势：他们希望提高自己要素的知名度，希望将自己生产的要素区别于其他竞争对手，同时希望通过终端消费者对自己品牌要素的偏爱，对市场产生拉动效应。不过，想要准确衡量所有这些维度是极其困难的。

因此，作为衡量效果的单一指标，“终端顾客为含有品牌要素的终端产品支付额外费用的意愿”是一个不错的选择。首先，这个指标表示，终端用户认识到了要素的品牌，否则他们不会愿意支付额外的费用。第二，它表示终端用户能够将品牌要素与其竞争对手区别开来。更为重要的是，它表示终端用户对于要素品牌有正面、积极的联想，并且将其同终端产品联系了起来。第三，它表示拉动效应的累积作用。从这个角度而言，销售量的增加也可以被认为是溢价的表现。当然价格也可以提高。如果我们将研究延伸到 B2B2C 价值链的更广范围，我们会看到要素品牌战略中一些无形的机制。例如，对于 OEM -终端用户阶段的研究来说，由于已经从 B2B2C 价值链中被分离出来，因此我们很难找到 OEM 采用品牌要素的原因。然而，调查终端用户支付额外费用的意愿，以及 B2B2C 价值链上的其他机制并不仅限于研究 OEM 的采购决策。实际上，这些研究侧重于了解 OEM 在终端产品中使用品牌要素的动机。

有很多方法可以衡量消费者为含有品牌要素的终端产品买单的意愿，其中最著名且最有效的是联合分析法，因为该方法可以发现并比较不同的属性及其优势。其中一个好处可能便是要素品牌。如上文所述，这便是要

素品牌战略成功的一个决定因素。

通过展现一个品牌要素如何影响要素供应商、OEM 和终端用户之间相互交易的各个过程，上述的分析方法充分揭示一个要素品牌战略的复杂结构。如果我们从要素供应商的角度来审视这个网络，我们会发现有许多价值值得利用。根据现有的市场营销理论，我们认为仍然有许多问题等待我们去解答，并且要素品牌战略的机制在交易网络的各个阶段都发挥着不同的作用。因此，它强调，在 B2B2C 的各个不同阶段，对于要素品牌战略效果的评估需要不同的衡量工具、不同的数据收集方式以及不同的分析研究技巧。这些要求一方面反映了要素品牌战略的每一个阶段在建立品牌资产上需要不同的方法（B2B、B2C 和 B2B2C 品牌化）。而在另外一方面，也反映了供应商的地位和对于品牌战略的看法在推动品牌和市场营销理论方面的重要性。图 107 显示了要素品牌战略各个阶段的衡量方式。

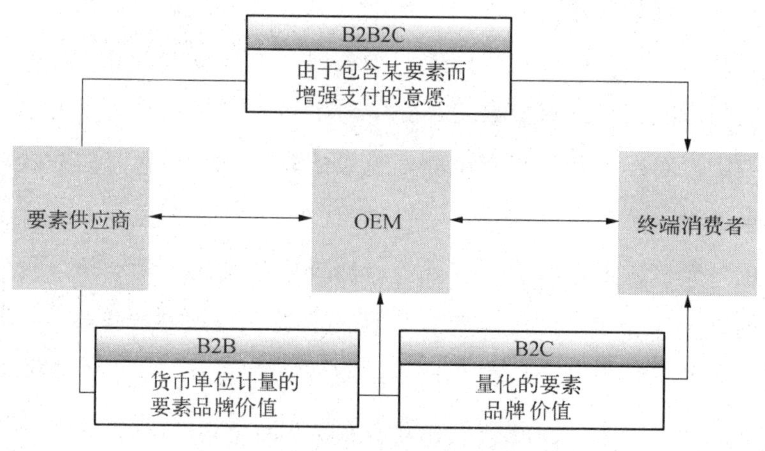

图 107　要素品牌战略各阶段的衡量方式

总之，价值链各个阶段的品牌资产价值不光应该单独考虑，还应该同其他阶段结合起来。现将用于衡量要素品牌战略在各个阶段成功与否的工具总结如下：

1. 在 B2B 阶段：要素供应商和 OEM 之间的关系对于要素供应商是否能够得到经济效益起着最关键的作用。在这里，一个成功的要素品牌战略能够有效利用自己对于消费者产生的拉动效应，使 OEM 倾向于选用品牌要素。因此，溢价机制基础上的财务导向方法比较适合这个阶段的评估。

2. 在 B2C 阶段：从要素供应商的角度来看，终端用户相当遥远，经常无法直接接触到。然而，如果要素品牌战略能够在 B2B2C 价值链的每一个环节都做到卓有成效，它就非常成功了。在 B2C 的阶段（也就是 OEM－终端用户），一般建议应该从 OEM 的角度采用量化研究的方法对效果进行评估。

3. 在 B2B2C 的阶段：对于 B2B2C 价值链的分析依然要采用量化方法，并且应该建立在消费者支付额外费用的意愿之上。因为诸如要素品牌知名度、差异化、消费者正面的品牌认知以及消费拉动效应等原因，从终端消费者的角度来说，他们支付溢价的意愿最能说明品牌战略是否成功。

程序评定

我们选择的两种品牌评估方法体现了所用模型与程序的多样性。由于品牌价值与品牌资产的计算取决于具体的情况和目标，因此应该根据具体情况决定选用相应方法。

另外，在品牌价值衡量中，往往需要考虑到所选标准的有效性，以及模型要素的主观性。尽管如此，通过使用那些已经在实践中获得认可的方法，尝试不同诊断方式与品牌管理的程序，仍可以有效提高品牌管理控制的安全性。

接下来公司要对各个不同案例采用合适的方法。出于对可比性和连贯性的考虑，我们建议在一个持续的阶段采用选择的程序。但当用户了解各个程序的优点和缺点后，他便有了自由选择权。在不同案例中，不同的方法可以并行不悖。

品牌评估对每个公司的管理者都带来了挑战。一个好的办法就是将大量对品牌评估感兴趣的专家组织起来，比如来自行政管理、市场研究、管理咨询、广告机构以及品牌评估机构等领域的代表，以推进品牌评估标准为各方所接受。

无论如何，必须建立一个全面统一的品牌评估模型，该模型应该汇集现有模型的精华，而不完全是一个创新。

总之，没有哪个模型可以涵盖品牌评估的所有要求；具体选择哪种方法取决于不同的评估目的与资金来源：

1. 如果关注的重点是对品牌价值及其未来潜力进行财务评估，那么我们推荐 Interbrand 的方法。

2. 如果关注的重点是如何发展并监控品牌价值，我们推荐品牌计分卡方法或类似方法。

当公司被出售或兼并时，就应该使用以财务为导向的方法，这些方法可以在短时间内被应用。而品牌计分卡在完全实施前需要两到三个计划周期，并可以获得可观的效果。

尽管许多方法都遭受过批评，但与品牌价值评估相关的问题依然存在。品牌效应往往会延续相当长的时间。这意味着相关预测是一个非常大的问题，因为单个模型在很大程度上决定了持续经营价值*。目前的程序都一致假定品牌价值仅仅由购买者所决定。最后一个问题是，当前的处理方法都集中于消费品领域。

到目前为止，我们还没有仔细探讨过要素品牌的品牌价值[37]。因此，实施要素品牌的公司必须自己寻找下列问题的答案，即："衡量要素品牌成功与否的最佳工具是什么?"回答可能是：它取决于品牌估值的目的。为了在要素品牌发展阶段中提供指导，我们将提供一套在各种应用中已经得到验证的工具。我们建议将这组工具应用于品牌生命全过程，跨度可能为10—50年。

正如之前的例子所揭示的，品牌价值必须从 B2B 与 B2C 两个维度上进行衡量。我们建议采用品牌溢价估值法。因为在大多数情况下，价值所需

---

* 指在持续经营条件下，公司的价值。——译者注

的数据都是现成的。不过，这需要 OEM 的配合（有些情况下 OEM 不止一个），因此需要依靠所有合作伙伴的帮助才能衡量出品牌总资产。持续测算品牌资产可以帮助你了解总价值是涨是跌。这里值得关注的信息是价值的正负变化。

通常我们使用定量分析来解释品牌资产的发展。造成变化的原因可能与合作层面的不同相关，也许是品牌利润增长，或推广效果显著，或者是 OEM 的推广活动成功拉动了消费者的需求，鼓励他们更多地购买那些含有某特定要素的产品。

公司汇总这些信息的方式很大程度上取决于其在特定市场的位置。这不是一个简单的过程，对于一家刚开始考虑直接接触终端消费者的 B2B 厂商来说可能代价太大，但一些成功的案例表明这种投资是值得的。

经营好一个要素品牌必须要对其他合作伙伴进行分析，因为它们也是品牌推进的一环。价值链将这些合作伙伴连在一起。通常，要素供应商将其产品供应给许多 OEM。这些厂商生产出五花八门的最终产品。在大多数情况下，经销商和零售商是最终商品到达消费者之前的一个阶段。所有参与者都会影响要素品牌。成功的管理者必须时刻牢记：价值链非常复杂，不容忽视。管理工具的一个基本要求就是能够洞察价值链：“谁通过何种方式影响了价值创造”，“谁因品牌而受益”。这些问题对于制定适当的战略来说非常重要。

正如上文所说，推与拉是每一个要素品牌战略的基本原则。“拉”体现了对最终产品的需求，包括对品牌要素的诉求。这方面作用越强，要素品牌在 OEM 做出购买决策时所拥有的影响力就越大。强大的拉动力是品牌推广活动成功的象征，因此必须有效地进行衡量，缺少这方面的信息，就意味着管理者无法了解品牌推广活动的效果。与之类似，“推”则体现了要素供应商说服 OEM 以及最终消费者认同其产品优势的能力。

我们可以用企业所进行的沟通活动来衡量“推”的力度。但在这种情况下，我们只关注执行品牌战略会产生的费用。更重要的是品牌推广活动引起的反应。管理工具因此需要通过价值链来掌握“拉”的效果，提供与

这种拉动效应的力度相关的信息。另外，推力也必须得到量化。这里，沟通费用并不是唯一的关键，衡量的对象还包括宣传活动对 OEM 及终端用户的效果。

最后，一个成功的要素品牌必须要实现盈利。因此，管理工具必须能够计算出品牌资产。品牌资产是许多信息的汇总，描述了因公司实施要素品牌战略而产生的额外现金流。这种价值可以通过变动的数据表示出来，或者是以当前净值合计得出。总之，它体现了品牌价值。

正如上文所说，要素品牌战略比其他品牌战略更加复杂。因为在价值创造过程中包含了其他的下游参与者，与品牌相关的不同阶段的开支都要考虑进来。要素品牌的价值创造涉及品牌价值的各个方面。管理工具还应提供关于整个价值链的信息。当品牌战略能为所有参与者带来利益时，该要素品牌才是最成功的。

建立持续的双赢局面是成功的保证。因此要素供应商不应仅关注要素品牌能为自己带来的收益，还要考虑为各个合作伙伴创造价值。

我们推荐一种能满足这些需求的要素品牌管理工具，这种工具不仅能回答不同发展阶段中与管理相关的问题，还可以提供关于要素品牌的各类信息。当然，没有必要时刻去评估所有的信息，实际上，我们可以把这种衡量方法看作解决各类管理问题的工具集合。

对于关注要素品牌潜力的公司，我们推荐“B2B 潜力”与“B2C 潜力”工具。通过全方位测评，我们得到两大块信息，如图 108 所示。关注要素品牌潜力的公司可能会同时关注品牌资产。

通过 B2B 和 B2C 阶段工具的应用，我们可以画出一张关于品牌资产的图。我们能够分析出要素供应商以及 OEM 的价值。这样我们不仅可以算出品牌价值，还能掌握价值链中的价值分布情况。

所以，要素品牌管理工具就是一种能够为要素品牌管理提供相关定制信息的衡量方法。因为它只提供一种办法，其结果在长期内是具有可比性的。

它们对公司进行了 360 度评估，衡量了所有重要的方面（如图 109 所示）。这种衡量方法可能得出计分卡型分析。如果该品牌管理在四个方面都得到了执行，我们称之为“平衡计分卡”。

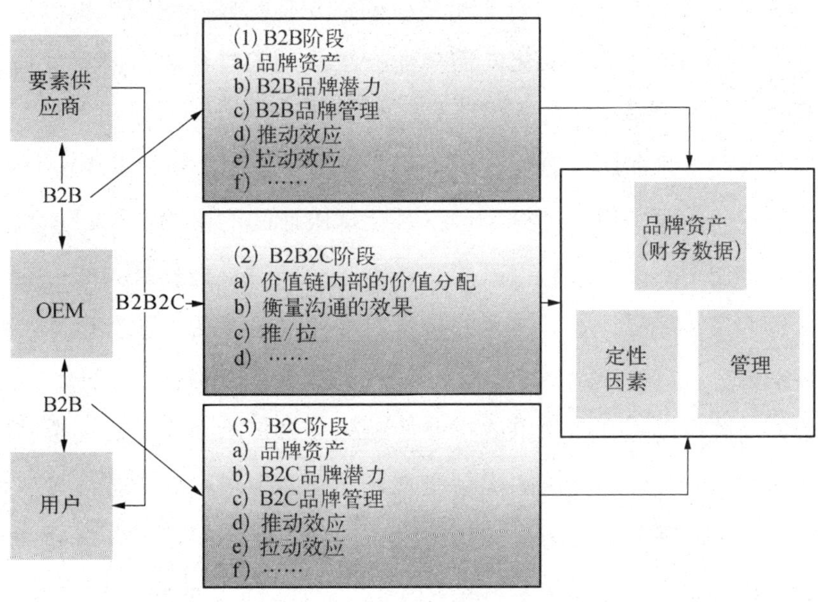

图 108 要素品牌衡量工具

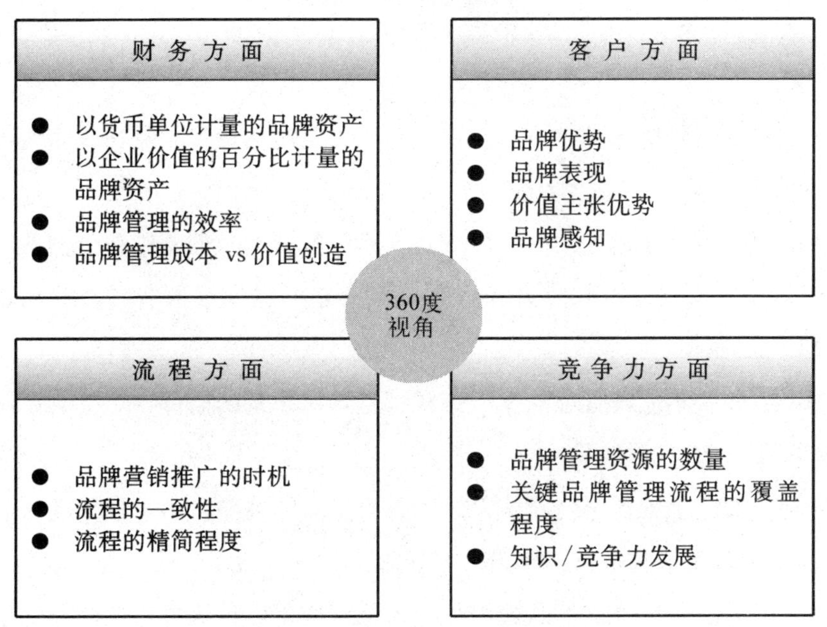

图 109 成功管理的品牌平衡计分卡

该品牌平衡计分卡可以根据每个公司不同的需要进一步扩展。从“品牌识别——创造而非索要”的口号可以看出，这种方法是对管理的持续挑战。从某种意义上说，这是一个开端与结尾并不明显的封闭过程，是为满足消费者及合作伙伴不断变化的需求而持续改进的过程。许多变量都在不断改变，每一个要素品牌的具体情况都不尽相同。

对每一个要素品牌而言，我们都可以作如下描述：一旦你开启了这个创造、监控、管理的封闭过程，它便因合作伙伴间的协同参与而加快。进程的加速可使所有参与者获得品牌收益，与此同时，进程减弱的可能性也随之降低。要素品牌将凭借强大的品牌实力使自己免受行业及地区经济波动的影响。

它们还能帮助提升产品组或行业的整体质量，改变人们对某个产品或行业的认知。通过外界公认的优良表现，要素品牌还可以让全世界变得更加美好。要素品牌能够成为全球品牌意识的标志，并在当今日益复杂的世界中建立信任。它们还能使大家的生活变得更加简单、愉悦。

概　要

- 恰当管理要素品牌可以产生以市场为基础的资产，从而带来可靠的创造价值的源泉。
- 这种以未来为导向的资产（指要素品牌资产）的基础在于消费者为一个品牌要素支付溢价的能力和意愿，因为它可以满足消费者在产品功能和情感上的需求。
- 一些要素品牌管理的典型流程都基于可识别的条件，如要素产品对终端产品的性能非常重要。
- 价值链上的各个合作伙伴之间具有多重的效应，必须根据现状和对未来的期望理解这些效应并作出适当管理。
- 要素品牌供应商的品牌力量应该根据期望的目标进行评估和管理。
- 要素品牌管理的执行很大程度上依赖于选择哪条品牌发展之路，以及要素供应商采用 B2B2C 品牌理念的意愿。

- 现有的例子表明，要素品牌管理有五个发展阶段，这为计划实施要素品牌理念的公司开辟了新的品牌维度。
- 管理要素品牌需要恰当的品牌管理方法，多阶段法要求在 B2B、B2C 和 B2B2C 三个层面衡量品牌取得的成功。
- 应该采用衡量要素品牌的工具来评估品牌资产的财务方面和定性因素，以帮助监控和提高品牌地位。
- 通过借鉴上文讨论的案例，更多要素品牌应用将会被实施。

8. 成功的要素
品牌的视角

Ingredient
Branding

在尝试新的品牌战略时，公司会面临很多风险和机遇。通过要素品牌战略来打造品牌可以提升品牌知名度和产品的形象，不过，如果公司既想把名气打响，同时又想塑造特有的品牌个性，那么必须进行大笔的投资。想采取这种方法的公司必须考虑到此举所需的资金投入和管理资源。尽管如此，在过去二十年中，还是有很多公司选择了要素品牌战略。随着品牌的重要性不断提升，客户变得更加成熟[1]，消费品品牌的相对重要性正在逐渐减弱，从而为要素品牌创造了良机。这一点在很多消费品行业都得到了印证（参见图 110）[2]。

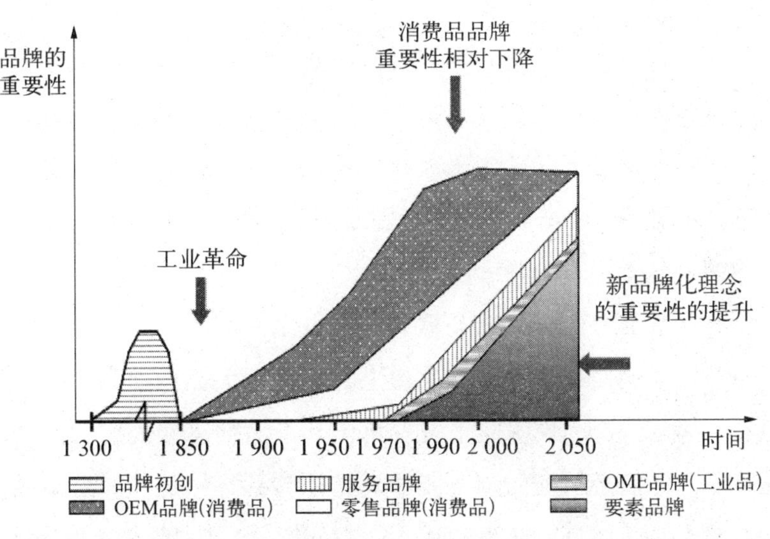

图 110　品牌理念的发展（由 Havenstein 提供）[3]

最近进行的一项研究表明，建立了质量认知并且性能良好的要素品牌会促使消费者花更多的钱购买某种产品，不论这种产品的品牌是强是弱。强大的要素品牌对要素供应商也有好处，能让它们在与 OEM[4]的力量对比中占据更有利的市场地位。OEM 喜欢与强大的知名要素品牌合作以通过该要素带来的溢价，从而提高其利润。这样，要素供应商也可以提高自己的

销量。此外，要素供应商也可以通过提高品牌要素的价格来分享由其要素带来的溢价。总之，OEM 采用要素品牌的优势在于通过溢价提高利润；而对要素供应商来说，要素品牌的主要优势在于提高销量以及协商更高的价格。

自 20 世纪 50 年代以来，品牌的重要性日渐凸显。到 20 世纪 90 年代，要素品牌的作用变得如此强大以至于连会计都必须熟悉这一概念[5]。根据谷歌的统计，2009 年，通过关键词搜索要素品牌这一概念的次数高达 71 700 次。而在 2006 年，这一数字只有区区 2 600 次。每天，各个行业都会出现很多新的应用，尤其是汽车和电子消费品行业，同时也包括保健品、食品和化妆品行业。通过推出一种新产品或进行一项创新，公司可以扩展其经营范围。

能够为品牌成长提供“养分”的不仅仅有供应商，还有最终产品生产商和零售商合作伙伴。大型 DIY 产品连锁店家得宝主动找寻具有抗菌保护的产品，以便为客户提供更多选择和新产品。塞恩斯伯里（Sainsbury）超市采用同样的思路，选择了含美克邦抗菌保护的厨房用具及餐具；大型折扣商店 ALDI 为其冬装添加了 3M 新雪丽保温纤维（Thinsulate），提高了人们在寒冷的天气里穿着的舒适性。

对所有这些努力而言，至关重要的两点是品牌的承诺及其履行。只有“言行一致”，才能使品牌要素在质量上真正优于无品牌要素。当一家公司通过标签、标志或产品说明向消费者承诺其产品拥有额外的无法用肉眼看到的优点时，他们必须确保顾客能够真正体验到这一优点。这个结论并不只是针对要素品牌而言，它也适用于一般意义上的品牌建设和营销。如果不能证明确有优势，顾客将不会愿意为其支付价格溢价，而会很快地从这类产品旁走开。

树立良好的品牌形象需要很长一段时间，所以要想获得成功，必须付出很大的努力。使产品形象长时间停留在顾客的脑海中，并由此形成口碑传播，需要花费时间。公司在推广一个最终产品时，顾客可以亲自触摸或体验它，以证实其承诺的功能；而对于产品中包含的要素来说，这一要素与其他要素的差别只有在产品的消费过程中才能被体会到。这一点与服务营销颇为相似，即实际产品只有在提供服务的过程中才能体验到。这就是为什么树立要素的品牌形象如此重要的原因。品牌有助于人们建立对要素的性能的认可度。

要注意的是，这种形象也可能会受到最终产品拙劣性能的伤害，如果最终产品有任何制造上的瑕疵的话。这类事情曾发生在哥伦比亚（Columbia）品牌的户外夹克衫上。拙劣的夹克衫品质严重损害了其要素品牌戈尔特斯（Gore-Tex）。顾客当初是因为这一要素才购买了这种产品，结果这样的灾难将直接影响到了要素供应商戈尔特斯。因此，要素供应商在选择其 OEM 合作伙伴时必须非常谨慎。

在一般的 B2B 关系中，对客户的选择主要受盈利性、销售的增长等因素的影响。如果公司打算建立要素品牌，对最终产品质量的考量将会更重要。这可能是卡特彼勒公司（Caterpillar Inc.）联手另一品牌珀金斯（Perkins）在华扩大柴油发动机生产规模的原因。他们不愿直接出售卡特彼勒牌发动机给中国的设备制造商，珀金斯为其提供了一个适合当前市场环境的二线品牌。珀金斯是英国一家独立的柴油引擎制造商，自 1949 年起，其格栅徽章的标志开始出现在拖拉机、收割机和装载机上。

在要素品牌管理中，要素供应商需要清楚地理解品牌功能和品牌关联对各个最终产品造成的影响。要素在不同的产品中功能不尽相同，因此需要具体问题具体分析。从品牌功能的特点出发，公司必须明确自己想要其品牌在竞争中处于何种地位。例如，珀金斯将耐用性置于动力输出指标之上。对重型建筑设备的最终使用者而言，这一标准就回答了珀金斯引擎的好处和过早损坏的风险等问题。在这一性能上，部件生产商珀金斯能够作出承诺。

为客户建立基于性能、质量和安全性的信任感，是品牌的差异化之道。通过在最终用户心中树立起品牌形象，品牌商就从原先的 B2B 变成了 B2B2C 品牌，此时，在品牌管理中，降低风险就不再像在 B2B 中那样至关重要了。和莱卡、Splenda、纽特、禧玛诺、Bose 音响和戈尔特斯一样，英

特尔成功地使终端用户认识到了其微处理器的品牌优势。了解品牌功能及其对最终用户的重要性程度，是公司在接触最终用户前必须要做的一项功课。原因是，如果你在品牌塑造过程中继续依赖信息效率和风险控制，你将无法满足最终客户的重要要求：从他购买的产品的要素中受益，通过产品及其组件来提高自己的形象。即便是品牌地位很高的苹果 Air 笔记本也采用了英特尔双核处理器，好让客户认可其产品优势。

此外，必须界定好品牌关联性。如果产品所在类别与客户没有任何关联，那么品牌推广将毫无意义。艾克（Aaker）[6]为界定品牌关联提供了一个定义和模型，发生品牌关联需要同时满足以下三个条件：

- 一个产品或服务的类别或子类别——拥有某些属性、用途、用户组或其他显著特征——已经存在或出现。
- 存在某一客户群，对该类别或子类别有切实的需求。
- 该品牌处于被上述客户群认为是这一类别或子类别的关键要素的集合内。

为了更好地了解关联性以及产品类别和要素的概念，艾克建议考察一个简单的顾客-要素品牌互动模型（见图 111）。

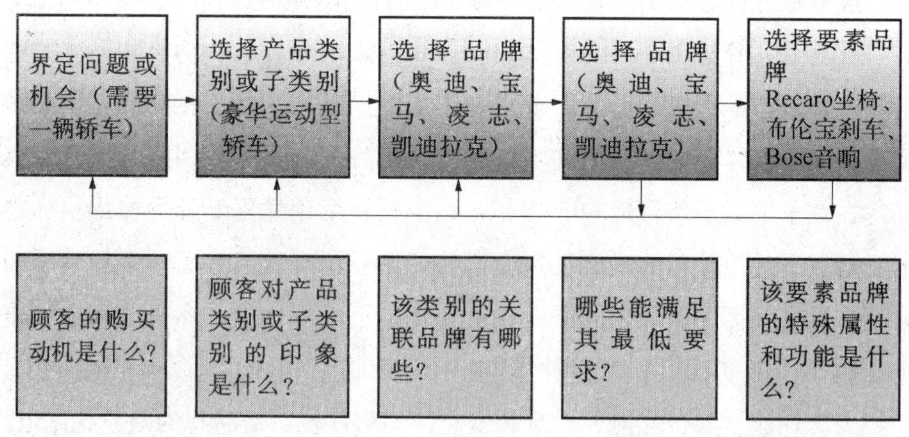

图 111　关键问题（改编自艾克，2004 年）

对该要素品牌的品牌关联性的判断将在很大程度上决定接下来的品牌塑造的方向和资金投入。

建立要素的品牌形象能够降低其被替代的风险，因为该品牌要素对用户来说具有很高的关联性，能够为其带来好处，即便相互竞争的最终产品都使用了同一种要素也依然如此。戈尔特斯为众多户外服装零售商，如Mammut、The North Face 等提供同样的薄膜材料，但据最终用户介绍，正是对戈尔特斯的偏好决定了他们的购买决策。

要素的品牌关联度越大，其成功的概率也就越高。因此，客户偏好就能进一步提高。要素的品牌潜力很大程度上取决于它为最终产品带来的具体的性能优势，这一点只能让最终用户来评判。此外，该要素所发挥的功能优势也很重要。要正确地考量这一点，必须考虑到要素的货币价值与最终产品的总价值之间的关系。这里没有一个下限，但微处理器和电脑的价值比一般在 1∶5 到 1∶10 之间，其他要素品牌的情形也类似。

在为未来的要素品牌产品或服务确定品牌相关度时，必须通盘考虑整条价值链上的关系。首先是与供应商的关系（B2B），一直到与最终客户的关系（B2B2C）。每个关系可从三个品牌维度上加以评价：

- 信息效率；
- —风险降低；
- —性能优势。

从这些角度对各个因子在 B2B 和 B2B2C 中的品牌相关性进行评估以后，可以得出相关领域和相关度大小。B2B 领域的因子是：品牌认可度、质量差别、决策者人数和竞争度。B2C 领域的因子是：对该要素重要性的认可、要素的性能优势、带来的增加值、消费者的质量导向、评价能力和OEM 的数量。

将两项因子加总以后，就可得出 B2B 和 B2B2C 中的品牌关联的潜力值。只有当两种因子的数值都较高时，才应该考虑打造要素品牌。在对多个行业进行一系列分析之后，我们可以得出明确的建议[7]。这种方法的原理如图 112 所示。

要素供应商的品牌潜力是对要素品牌进行投资的先决条件。随着投资

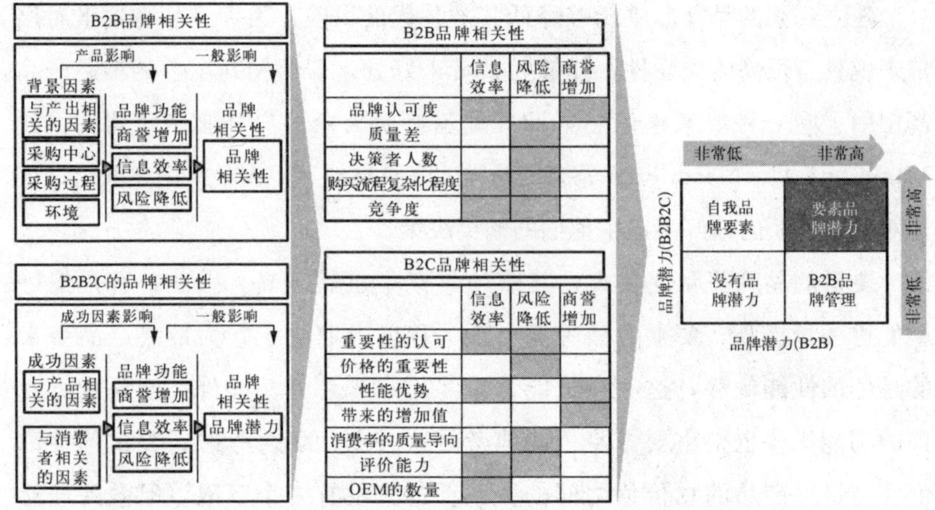

图 112　要素品牌的关联度分析

的启动和时间的投入，可以设置进入壁垒，防止其他竞争对手进入。一旦要素品牌在客户的心目中树立起了良好的品牌形象，让客户承担合理的价格溢价将变得更加容易。许多例子都证明了这一点[8]。

这一发展过程也会对公司品牌资产的提高产生积极影响。此处，我们想回到要素品牌发展步骤中并提醒读者，如果要素供应商向产品类别里所有厂商供应要素的话，那么，任何要素品牌化活动都将受到制约。菲耶斯科效应（Fiesco-Effect）将导致差异化潜力消失。已经爬上这个位置的公司可以继续向最终产品开发的方向迈进，然而，只有少数公司完成了要素品牌开发中的最后一步。这些步骤也是衡量公司目前成就和未来前景的一个工具。在实施品牌管理时，可以选择多种方法进行发展。

要素品牌为每个人都带来了福利；它们能改善许多人甚至整个社会的生活条件。总结起来就是：要素品牌（所有品牌也一样）不仅仅是标志、广告词、口号或者广告。它们带来了价值、集体的希望、梦想和设备，客户与它们发生共鸣，从而发现其独特属性。我们创作这本书，正是希望可以为您的品牌塑造过程提供宝贵的信息，也希望能让您的品牌投资取得更大的成功。

概 要

- 要素品牌已被广泛地应用于当今的商业世界，并成为公认的品牌管理理念。
- 据估计，要素品牌的重要性在未来还将进一步提升。
- 基于品牌管理的基本职能，要素品牌将可能提高顾客满意度，并能提高公司的业绩和公司形象。
- 成功的品牌管理需要借助于客户与品牌之间充分的互动。
- 在对要素品牌战略进行投资之前，需要对其进行品牌相关性分析。
- 要保持要素品牌的生命力，需要始终不渝地实施品牌管理。
- 成功的要素品牌管理的一个主要目标是掌控并提高整条价值链上的价格溢价。
- 运用品牌的平衡计分卡系统，可以对要素品牌实施过程中的许多方面进行管理。
- 要素品牌战略将会在许多行业里加以运用和实施。

Ingredient Branding

关于作者

菲利普·科特勒是美国西北大学凯洛格管理学院国际营销学教授。他先后获得了芝加哥大学经济学硕士学位及麻省理工学院经济学博士学位。他在哈佛大学从事过数学博士后研究，在芝加哥大学从事过行为科学博士后研究。

科特勒教授是《营销管理：分析、计划、实施与控制》一书的作者，这本书是全球商学院使用最多的营销学教材。他还出版了《营销原理》、《营销典范》、《非营利机构营销学》、《新竞争》、《高度可见性》、《社会营销》、《地方营销》、《营销整合》、《旅游市场营销》、《国家营销》、《科特勒论营销》、《打造全球生技品牌》、《吸引投资者》、《营销十诫》、《科特勒营销新论》、《企业社会责任》、《水平营销》以及《科特勒精选营销词典》。他在知名期刊上发表了上百篇文章，其中有些获得了最佳论文奖项。

科特勒教授是美国市场营销协会(AAA)第一届“美国杰出营销教育工作者奖”的获得者(1985 年)。欧洲营销顾问与销售培训师协会授予科特勒“卓越营销奖”。他在 1975 年被 AMA 学术界人士评选为“营销思想领袖”。他还在 1978 年获得了 AMA“保罗·康沃斯奖”，以表彰他对营销学做出的创造性贡献。1989 年，他获得了查尔斯·库利奇·帕林营销研究年度奖。1995 年,美国国际营销与市场执行委员会(SMEI)把他评为“年度营销专家”。

科特勒教授担任过许多公司的营销战略与计划、营销组织与国际营销顾问,例如 IBM、通用电气、AT&T、霍尼韦尔、美国银行和默克等。

他现担任管理科学研究院营销学院主席、美国市场营销协会理事、营销科学研究院理事、MAC 集团董事,曾是 Yankelovich 顾问委员会成员,现在是 Copernicus 顾问委员会成员。他还担任芝加哥艺术学院校董事会理事,德鲁克基金会顾问委员会委员。他获得了斯德哥尔摩大学、苏黎世大学、雅典经济与商业大学、德保罗大学、夸克经济大学、巴黎高等商学院、维也纳经济管理大学、布达佩斯经济与公共管理大学以及圣多明各天主教大学的荣誉博士学位。

他遍访欧洲、亚洲和南美洲,为许多公司就如何应用经济和营销学原理来提升竞争力提供咨询并发表演讲。他还为政府就如何发展更强大的公共机构以进一步发展国民经济出谋划策。

2008 年,《华尔街日报》把他评为商业思想最具影响力的第六人。2009 年,《福布斯》在“最具影响力的十大商业思想家”排名中将他排在第九位,比 2007 年上升了两位。

瓦得马·弗沃德是普福尔茨海姆大学国际商学教授,中欧国际工商学院(上海)市场营销学副教授。他曾是伊利诺伊大学芝加哥分校和伊利诺伊理工大学(芝加哥分校)利奥陶德商学院 EMBA 课程班的客座教授。此外,他还曾是马里兰大学帕克分校以及柏林施坦拜斯大学 MBA 课程的在线指导老师。

弗沃德拥有柏林自由大学经济学和工商管理双硕士学位,以及社会学博士学位。他在柏林科技大学从事过产业规划方面的博士后研究。

他的最新著作涉及 B2B 营销、品牌管理、要素品牌以及中国品牌的全球化等领域。他出版了诸多关于互联网营销的书籍,例如《活着的网络与互联网战略》。他还在国际管理期刊上发表过多篇中文、德文和英文的文章。

弗沃德教授为欧洲、亚洲和北美许多公司提供过国际营销和品牌管理方面的咨询，例如戴姆勒、惠普、IBM 以及许多中型企业。他现担任多家公司和非营利组织的顾问。

他的其他教学职位包括 Villingen-Schwenningen 教育合作大学、西北大学凯洛格管理学院客座副教授以及森林湖管理研究生院战略管理讲师。

从事教学工作之前，他曾担任国际咨询公司的管理顾问。在此期间，他的足迹遍布欧洲、亚洲和北美，帮助许多公司制定国际战略。他还曾担任联合国工业发展组织经济学顾问，为塞拉利昂（西非）贸易和工业部就如何发展具有国际竞争力的产业提供支持。他还在自动化行业工作过多年，供职于汽车制造公司。

参考文献

第一章

1 Desai, K. K., and Keller, K. L. "The effects of ingredient branding strategies on host brand extendibility" *Journal of Marketing* 66 (2002): 73 - 93.

2 Havenstein, M. *Ingredient branding: Die Wirkung der Markierung von Produktbestandteilen bei konsumtiven Gebrauchsgütern*. Wiesbaden, 2004.

3 Some may argue it was leadership innovativeness or the rough lessons of their management approach, but competitors with innovative leaders who learned similar management lessons, like IBM, TI and many more, were not successful because they did not use the Ingredient Branding concept.

4 Dover, J. "Adding value through the 'intel inside' brand." In *Customer value: Moving forward — back to basics*, edited by B. Donath, 1997, p. 29.

5 Now owned by J. W. Childs Associates, a leading private investment company.

6 OEM could be defined in two ways, we are suggesting using the most recent definition: A) Originally, an OEM (original equipment manufacturer) was a company that supplied equipment to other companies to resell or incorporate into another product using the reseller's brand name. refrigerators like Frigidaire might sell its refrigerators to a retailer like Sears to resell under a brand name owned by Sears. A number of companies, both equipment suppliers and equipment resellers, still use this meaning.

B) More recently, OEM is used to refer to the company that acquires a product or component and reuses or incorporates it into a new product with its own brand name.

Aeronautical Industry

OEM refers to the aircraft manufactures. Examples of globally present OEMs in this industry are Airbus of Europe, ATR of France / Italy, Boeing of the United States, Bombardier of Canada, Embraer of Brazil, and United Aircraft Corporation of Russia.

Automobile Industry

OEMs are the industry's brand name car manufactures, such as General Motors, Ford, Toyota, Volkswagen, Honda, Chrysler, etc. The OEM definition in the automobile industry constitutes a federally licensed entity required to warrant and/or guarantee their products, unlike the "aftermarket" which is not legally bound to a government dictated level of liability.

7 Kemper, A. K. "Ingredient branding." *Die Betriebswirtschaft* 57 (1997): 271 - 274.

8 BASF also brought Luran to the market.

9 Bruhn, M. *Die Marke: Symbolkraft des Zeichensystems*. Bern, 2001.

10 Anderson, J. C., and Narus J. A. *Business market management: Understanding, creating, and delivering value*. 2nd ed. New Jersey, 2004.

11 Ludwig, W. F. "Branding erobert auch die Investitionsgüterindustrie." *Markenartikel* (2000): 16 - 25.

12 The Cadillac Northstar LMP was a series of Le Mans Prototypes built by General Motors' Cadillac brand for use in the American Le Mans series as well as an attempt to return Cadillac to the 24 Hours of Le Mans since they first entered in 1950. The Northstar LMPs were named after the Northstar V8 engines which powered them.

13 Kotler, P., and Bliemel, F. *Marketing-Management: Analyse, Planung, Umsetzung und Steuerung*. Stuttgart, 1999.

14 The Trinitron was first used as a TV tube, a type of CRT (cathode ray tube) developed by Sony Corporation. It differs from the standard tube types because it employs an aperture grille (wires stretched vertically down the screen) instead of the usual shadow mask (a metal plate with holes in it). Many observers believe that Trinitron tubes generate brighter, clearer images than those using the shadow-mask technology.

15 Formulated this way by Wilfried Leven in his initial lecture: The power of industrial branding (Maidenhead Microbrew): The scope of branding, in Kotler, P., Keller, K., (2006). *Marketing Management* 12e, Upper Sattle River, p. 275.

16 Muehr, D. "Branding für Automobilzulieferer." PLEX Studie No. 07, 2001, www.plexgroup.com/cox_www/images/publications/path6/PLEXstudie_01_07_automotive.pdf.

第二章

1 Norris, D. G. "Ingredient branding: A strategy option with multiple beneficiaries." *Journal of Consumer Marketing* 9 (1992): 19 - 31.

2 Kotler and Keller (2008); Kotler, P.; Kotler, P., and Pfoertsch, W. *B2B brand management: Building successful business brands*. Heidelberg, New York, 2006.

3 Bartlett, C. A., Ghoshal, S., and Birkinshaw, J. M. *Transnational management: Text, cases, and readings in cross-border management*. 4th ed. Boston, 2004; Trinquecoste, J. F. "Pour une clarification théorique du lien marketing-stratégie." *Recherche et Applications en Marketing* 14 (1999): 59 - 80.

4 Kapferer, J. N. *Reinventing the brand. Can top brands survive the new market realities?* London, 2001.

5 Rooney, J. A. "Branding: A trend for today and tomorrow." *Journal of Product and Brand Management* 4 (1995): 48 - 55.

6 Norris, D. G. "Ingredient branding: A strategy option with multiple beneficiaries." *Journal of Consumer Marketing* 9 (1992): 19 - 31.

7 Hillyer, C., and Tikoo, S. "Effect of co-branding on consumer product evaluations." *Advances in Consumer Research* 22 (1995).

8 Havenstein, (2004); McCarthy, M. S., and Norris, D. G. "Improving competitive position using branded ingredients." *Journal of Product & Brand Management* 8 (1999): 267 - 285.

9 Desai and Keller (2002).

10 Kleinaltenkamp, M. "Ingredient branding: Markenpolitik im Business-to-Business-Geschäft." In *Erfolgsfaktor Marke*, edited by R. Köhler, W. Majer, and H. Wiezorek. Munich, 2001.

11 Dover, J. "Adding value through the 'intel inside' brand." In *Customer value: Moving forward — back to basics*, edited by B. Donath, 1997.

12 Pfoertsch, W., and Schmid, M. *B2B-Markenmanagement: Konzepte — Methoden — Fallbeispiele*. Munich, 2005.

13 Kotler, P., and Keller, K. L. *Marketing Management*. 13th ed. New York, 2008.

14 Kleinaltenkamp (2001).

15 Kotler, Keller (2008).

16 Haller, T. "Ingredient branding." *Textil Zeitung*, August 16, 2001, pp. 21 ff.

17 George, R. *When the parts become greater than the whole: Fueling growth through ingredient branding*, 2002.

18 Simon, H., and Sebastian, K. -H. "Ingredient Branding: Reift ein neuer

Markentypus?" *Absatzwirtschaft* 45 (1995): 42 - 48.

19 Bugdahl, Volker (1996): Ingredient Branding — eine Markenstrategie für mehrere Nutznießer, in Markenartikel, Vol. 3/1996, p. 111.

20 Baumgarth, Carsten (1998): Ingredient Branding — Begriff, State of the Art & empirical data, Working Paper, Department of Marketing University of Siegen, Siegen, p. 10.

21 Bugdahl, V. "Ingredient branding: eine Markenstrategie für mehrere Nutznießer." *Markenartikel* 58 (1996): 110 - 113.

22 Janiszewski, C., and Osselaer, S. M. J. van. "A connectionist model of brand-quality associations." *Journal of Marketing Research* 37 (2000): 5 - 20.

23 Simonin, B. L., and Ruth, J. A. "Is a company known by the company it keeps?: Spill-over effects of brand alliances on consumer brand attitudes." *Journal of Marketing Research* 35 (1998): 30 - 42.

24 Keller, K. L. "Conceptualizing, measuring, and managing customer-based brand equity." *Journal of Marketing* 57 (1993): 1 - 23.

25 Desai and Keller (2002).

26 Co-branding Agreement, Infineon Technologies Munich, 2002.

27 Kleinaltenkamp (2001): p. 267.

28 Bruhn, M. *Marketing, bases for study and practice*. Wiesbaden, 2004.

29 www.brandchannel.com/education_glossary.aspC.

30 Ludwig, W. F. "Branding erobert auch die Investitionsgüterindustrie." *Markenartikel* (2000): 16 - 25.

31 Ludwig, W. F. "Ingredient branding: Markenpolitik im Business-to-Business-Geschäft." In *Erfolgsfaktor Marke*, edited by R. Koehler, W. Majer, and H. Wiezorek. Munich, 2001, p. 275.

32 Baumgarth, C. "Ingredient branding: Markenkonzept und Kommunikationsumsetzung." Working paper, 1999.

33 Kleinaltenkamp (2001): p. 263; Pepels, W. *Handbuch moderne Marketingpraxis*. Düsseldorf, 1993, p. 100.

34 Kleinaltenkamp (2001): p. 263f.

35 Luger, A. E., and Pflaum, D. *Marketing: Strategie und Realisierung*. Munich, 1996, p. 187.

36 Pfoertsch, W, and Mueller, J. Die Marke in der Marke — Bedeutung und Macht es Ingredient Braning, Springer Verlag Heidelberg, 2006.

37 Worm, S., and Durme, J. van. "An empirical study of the consequences of co-branding on perceptions of the ingredient brand." Proceedings EMAC 2006 Conference.

38 Norris, D. G. "Ingredient branding: A strategy option with multiple beneficiaries." *Journal of Consumer Marketing* 9 (1992): 19 - 31.

39 Desai and Keller (2002); Hillyer, C., and Tikoo, S. "Effect of co-branding on consumer product evaluations." *Advances in Consumer Research* 22 (1995).

40 Aaker, D. A. "The power of the branded differentiator." *MIT Sloan Management Review* 45 (2003): 83-87.

41 Baumgarth (2001).

42 If you want more information or purchase clothing from these vendors, you can order online http: //www.murphyandnye.com/.

43 Kleinaltenkamp (2001): p.261.

44 Homburg, C., and Krohmer, H. *Marketingmanagement*. Wiesbaden, 2003, p.882.

45 Backhaus, K., and Voeth, M. *Industriegütermarketing*. 8th ed. Munich, 2007, p.669.

46 Kleinaltenkamp (2001): p.261.

47 Homburg, C., and Krohmer, H. *Marketingmanagement*. Wiesbaden, 2003, p.882.

48 Backhaus (2007): p.674.

49 Koppelmann, U. *Produktmarketing: Entscheidungsgrundlage für Produktmanager*. Stuttgart, 1989, p.41.

50 Vitale, Robert P.; Giglierano, Joseph J. (2002): Business to Business Marketing. Analysis and Practice in a Dynamic Environment, p.61.

51 Meffert, Heribert (2000): Marketing. Grundlagen marktorientierter Unternehmensführung. 9th edition. Wiesbaden: p.139.

52 Webster, Frederick E.; Wind, Yoram (1972): Organizational Buying Behavior, pp. 33-37.

53 Malaval, Philippe (2001): Strategy and Management of Industrial Brands. Business to Business Products and Services, p.23.

54 Vitale, R. P., and Giglierano, J. J. *Business to business marketing: Analysis and practice in a dynamic environment*, 2002, p.62.

55 Luger, A. E., and Pflaum, D. *Marketing: Strategie und Realisierung*. Munich, 1996, p.251f.

56 Pepels, W. *Handbuch moderne Marketingpraxis*. Düsseldorf, 1993.

57 Meffert, H. *Marketing: Grundlagen marktorientierter Unternehmensführung*. 9th ed. Wiesbaden, 2000.

58 Pfoertsch, W. Ingredient Branding für Automobilzulieferer, Marketing Management Bulgaria (2004).

59 In 2006, Intel achieved USD 30, 9billion brand value in 2007 according to Interbrand Top Global Brands, Newsweek, July 31, 2007.

60 Rao, A. R., Qu, L., and Ruekert, R. W. "Signaling unobservable product quality through a brand ally." *Journal of Marketing Research* 36 (1999): 258-268.

61 Leuthesser, L., Kohli, C., and Suri, R. "2 + 2 = 5?: A framework for using co-branding to leverage a brand." *Journal of Brand Management* 11 (2003).

第三章

1 Inside Intel — Paul Otellini's plan will send the chipmaker into uncharted territory. And founder Andy Grove applauds the shift, Business Week Cover Story January 9, 2006.

2 Intel launches new logo and brand renewal. Digital Trends, December 30, 2005.

3 See the Intel website: Intel Inside Program, Anthology of a Brand Campaign, www.intel.com.

4 Babson College Case Studies, Building Important Brands: Intel, Nov. 2002.

5 Industry guiding principle, named after Intel's co-founder and Chairman Emeritus Gordon Moore, that states that the number of transistors on a microprocessor roughly doubles every 18 months to two years.

6 Moon, Y. "Inside intel inside." Harvard Business School case No. 11, 2002.

7 Lang, N. "Wild things." *Marketing Computers*, May 1, 1992.

8 Euro RSCG Worldwide moved its headquarters to New York in 1997. In 1996, Euro RSCG was the No. 7 largest global advertising agency. By 2002, they had become No. 5.

9 At this time Intel accounted for an estimated 80% of DSW billings.

10 Johnson, B., and Crumley, B.. *Euro RSCG acquires global role at intel*, March 18, 1996 *Advertising Age* (March 18, 1996).

11 www.intel.com/pressroom/archive/releases/rscgre.htm.

12 See PC Week, June 6, 1994, TV ads in the U.S. had been particularly effective on the two programs Northern Exposure and Star Trek.

13 Morris, B. "The brand's the thing." *Fortune Magazine*, March 4, 1996.

14 Mitchell, A. "Get ready for a brand new battle." *Marketing Week*, September 25, 1994.

15 www.intel.com/pressroom/intel_inside.htm.

16 By 2002, PCs were to be found in approximately 60% of U.S. households, 49% in Western Europe, and 38% in Asia Pacific, according to an Intel press release of July 1, 2002, "Intel Celebrates the Industry's 1 Billionth PC.".

17 Temporal, P. "Case study: Intel corporation's re-branding." 2009, http://www.temporalbrand.com/publications/articles-260806.shtml.

第四章

1 Quelch, J. "'Blank' inside: Branding ingredients." *Harvard Business School Working*

Knowledge，October 10，2007.

2 Starling，S.“Branding：The vital ingredient for marketing success.”June，2002.

3 Keller，K. L.，ed. *Strategic brand management: Building，measuring，and managing brand equity*. Upper Saddle River，NJ，1998；Linxweiler，R. *Brand Score Card: Ein neues Instrument erfolgreicher Markenführung*. Gruß-Umstadt，2001，p.4.

4 Linxweiler，R. *BrandScoreCard: Ein neues Instrument erfolgreicher Markenführung*. Gruß-Umstadt，2001，p.31.

5 Diller，H.“Preis-und Distributionspolitik starker Marken vor dem Hintergrund fortschreitender Handelskonzentration.”In *Erfolgsfaktor Marke*，edited by R. Köhler，W. Majer，and H. Wiezorek. Munich，2001，p.118.

6 Simon，H.，and Sebastian，K. -H.“Ingredient Branding：Reift ein neuer Markentypus?”*Absatzwirtschaft* 45（1995）：42－48.

7 同上。

8 Baumgarth，C.“Ingredient branding：Markenkonzept und Kommunikationsumsetzung.”Working paper，1999.

9 Bruhn，M.“Die zunehmende Bedeutung von Dienstleistungsmarken.”In *Erfolgsfaktor Marke*，edited by R. Köhler，W. Majer，and H. Wiezorek. München，2001.，p.149.

10 Baumgarth（1998），p.36 ff.

11 Aaker，D. A.，and Joachimsthaler，E. *Brand leadership*. New York，2002，p.105.

12 Baumgarth，C.“Ingredient branding：Markenpolitik für Produktionsgüter.”In *Tagungsband zur 1. Kunststoff-Marketing-Tagung*，edited by H. Breuer and D. E. Willich，1998，p.42.

13 Kotler，P.，Andersen，G.，Wong，V.，and Saunders，J. *Principles of marketing*. 4th ed. London，2004，p.668.

14 Baumgarth，C.“Ingredient branding：Markenkonzept und Kommunikationsumsetzung.”Working paper，1999，p.13 f.

15 Schmaeh，M.，and Erdmeier，P.“Sechs Jahre，‘Intel Inside’.”*Absatzwirtschaft*（1997）：122－129，p.124.

16 Ohnemus，L.，and Jenster，P.“Corporate brand thrust and financial performance：An examination of strategic brand investments.”*International Studies of Management and Organization* 37（2007）：84－107.

第五章

1 Mauborgne，R. A.，and Kim，W. C.“Blue ocean strategy：How to create uncontested market space and make the competition irrelevant.”2004.

2 Peters，T.，and Waterman，R. H.，JR. *In search of excellence*. New York，1982.

3 Collins, J., and Porras, J. I. *Built to last. Successful habits of visionary companies*. New York, 1994.

4 Collins, J. *Good to great. Why some companies make the leap... and others don't*. New York, 2001.

5 Kotler, P., and Pfoertsch, W. *B2B brand management: Building successful business brands*. Heidelberg, New York, 2006.

6 At this point in time when this book went into press, the future perspective of this industry could not be determined; therefore we based our judgment on 2007 figures.

7 Willhardt, A. B., and Baumbach, R. "Ingredient branding: Herausforderung für die Markenführung der Automobilzulieferindustrie." 2004.

8 Jeltsch, M. "Auto 2010: Eine Expertenbefragung zur Zukunft der Automobilindustrie." Accenture-Studie, 2001.

9 Kalmbach, R., and Kleinhans, C. "Zulieferer auf der Gewinnerseite." *Automobil-Produktion* (2004): 4-8.

10 Pfoertsch, W., ed. *Living Web: Erprobte Anwendungen, Strategien und zukünftige Entwicklungen im Internet*. Landsberg, 1999.

11 Voelckner, F., and Sattler, H. "Empirical generalizability of consumer evaluations of brand extensions." Research paper No. 25, 2005.

12 We have not included the tuning divisions of the various car manufactures, such as AMG from Mercedes-Benz or Ruf for Porsche.

13 Kasper, E., Klar, J., Renner, D., and Specht, S. "Ingredient branding: Bedeutung des InBranding für Automobilzulieferer." Unpublished working paper January, 2005.

14 Pfoertsch, W. Ingredient Branding für Automobilzulieferer, Marketing Management Bulgaria (2004).

15 Bose web content, August 2005, www.bose.de/product/auto, 08.08.2005.

16 Pfoertsch, W. *Mit Strategie ins Internet*. Nuremberg, 2000.

17 This applies to the creation of value both within and between companies; see also Porter, M. E. *Wettbewerbsvorteile: Spitzenleistungen erreichen und behaupten*. 4th ed. Frankfurt/Main, New York, 1996.

18 Brochures from Sympatex Technologies GmbH: Sympatex Press Information, undated.

19 同上。

20 For a history of the company, see www.gore.com/de_de/aboutus/timeline/timeline.html.

21 Vucurevic, T. "Die GORE-TEX® Marke: Eine Komponente wird zum Kaufgrund." In *Jahrbuch Markentechnik 2006/2007*, edited by A. Deichsel and H. Meyer. Frankfurt a. M., 2006.

22 同上。

23 Kevin Keller calls this business model "self-branding"; cf. Kotler/Keller (2006):

p. 391.

24 Moore, J., and Gore, W. L. "Dry goods." 2005, http://www.baselinemag.com/article2/0,1397,1817356,00.asp.

25 www.gore-tex.de (a), 10.08.2008.

26 www.stern.de/presse/stern/548066.html? q=markenprofil.

27 www.gore-tex.de (b), 10.08.2008.

28 Baumgarth (1999), p. 16.

29 See Bugdahl's four-stage theory, Table 1: Four stages of Ingredient Branding.

30 Fiesco-Effect: The majority of textile manufacturers use Gore, so differentiation is no longer possible and the competition may take place in the price war in the last stage of trading.

31 Pinar, M., and Trapp, P. S. "Creating competitive advantage through ingredient branding and brand ecosystem: The case of turkish cotton and textiles." *Journal of International Food & Agribusiness Marketing* 20 (2008): 29-56.

32 Wedepohl, K. H. *Glas in Antike und Mittelalter*. Stuttgart, 2003.

33 Stacherl, R. *Das Glaserhandwerk*. Renningen, 2000.

34 Renno, D., and Huebscher, M. *Glas-Werkstoffkunde*. 2nd ed. Stuttgart, 2000.

35 Stacherl, R. *Das Glaserhandwerk*. Renningen, 2000.

36 Schlager, E. "Glas: Ein schwer durchschaubarer Stoff." 2004, www.go.de/index.php? cmd=focus_detail&f_id=181&rang=1.

37 Pfoertsch/Schmid (2005), p. 125f.

38 Pfoertsch/Schmid (2005), chapter 2.

39 Belz, C., and Kopp K.-M. "Markenführung für Investitionsgüter als Kompetenz-und Vertrauensmarketing." In *Handbuch Markenartikel*, edited by Manfred Bruhn. Stuttgart, 1994.

40 Belz/Kopp (1994): p. 15.

41 www.nutrasweet.com, 08.08.2008.

42 www.dietcoke.com, 03.08.2008.

43 www.beastpower.de/start.php? nach_marken_sortiert_scitec_nutrition.php, 12.12.2008.

44 www.aspartame.org, 04.06.2008.

45 Baumgarth (2001), p. 6f.

46 同上，第 12 页。

47 www.canderel.de, 04.08.2008.

48 www.lebow.drexel.edu, 05.08.2005.

49 productscan Online Update — December 2004 www.datamonitor.com, 12.12.2008.

第六章

1 See company Internet site under http：//www2. dupont. com/Our_Company/en_US/.

2 The Wall Street，April 28，1999，Insert.

3 Reifman，S.，and Murphy，A. D. “America's largest private companies.” *Forbes*，March 11，2008.

4 Andrews，S. M. “Invista will tout Teflon at showtime.” *Furniture Today*，December 15，2003.

5 Home Textiles Today，Invista bows new Teflon Monday，September 22 2008.

6 Scripps Howard News Service. http：//www. knoxstudio. com/shns/story. cfm? pk = REAGAN - SCHROEDER - 06 - 09 - 04&cat = WW. Retrieved on 31. 10. 2007.

7 www. hoovers. com，10. 08. 2008.

8 Electrical and electronic engineering for radio，television，video，DVD and so on are governed by industrial standards established by various bodies over the course of the last century in order to protect individual markets. Businesses must respond to these requirements on a local level，otherwise access to the market would be impossible.

9 www. dolby. com (a)，10. 08. 2008.

10 www. dolby. com，05. 08. 2008.

11 Dolby Surround Trademark Placement，25. 10. 2007.

12 See Mike Kohlbrenners Blog http：//www. kolbrenerusa. com/blog/index. php/2008/04/14/branding-from-the-inside-out/seen June 4，2008.

13 Tetra Pak brochure：wer wir sind (“Who we are”)，undated.

14 Unnamed author：Wie alles begann (“How it all began”)，20. 10. 2004.

15 同上。

16 Simon/Sebastian (1995)，p. 42.

17 Simon/Sebastian (1995)，p. 42.

18 Tetra Pak brochure：wer wir sind (“Who we are”)，Dr. Ruben Rausing，undated.

19 Tetra Pak brochure：was wir tun (“What we do”)，undated.

20 Simon/Sebastian (1995)，p. 42.

21 Tetra Pak brochure：Joe Clever — Natürlich Milch (“Milk，naturally”)，undated.

22 Tetra Pak brochure：wie wir arbeiten (“How we work”)，undated.

23 Dwyer，D. M，Hodder，K. I.，and Honey，R. C. “Perceptual learning in humans：Roles of preexposure schedule，feedback，and discrimination essay.” *Quarterly Journal of Experimental Psychology* 57B (2004)：245 - 259.

24 Sibert，J. R.，and Frude，N. “Bittering agents in the prevention of accidental poisoning：Children's reactions to denatonium benzoate (Bitrex).” 1854387 (P，S，E，B)

Arch Emerg Med, 1991 Mar 8, pp. 1 - 7.

25 Mundy, M. E., Dwyer, D. M., and Honey, R. C. "Inhibitory associations contribute to perceptual learning in humans." *Journal of Experimental Psychology* 32 (2006): 178 - 184.

26 McQueen, M. P., and Spencer, J. "U. s. orders new China toy recall: Aqua dots are pulled off shelves after reports of children falling ill." *Wallstreet Journal*, November 8, 2007.

27 Department of Trade and Industry: Home and leisure accident report, London 1998.

28 www.dm-drogeriemarkt.de, 10.08.2008.

29 There had been some interruptions during the First and Second World War.

30 Bremner, B. "Shimano — The Tour de France's other winner: Japan's leading bike parts maker is also ahead of the pack. But it can't afford to coast." *Business Week*, Aug. 9, 2004.

31 Dura Ace and XTR are both product groups for the high end market.

32 Bicycles — Global Strategic Business Report, Global Industry Analysts, Inc., March 2008.

33 The National Bicycle Dealers Association; http://nbda.com/page.cfm? PageID = 34, (seen: Mai, 8th, 2008).

34 Saloner, G., Chang, V., and Shimano, T. "Shimano and the high-end road bike industry." Stanford University case study CASE: SM - 150, 2006, p. 2.

35 Saloner, G., Chang, V., and Shimano, T. "Shimano and the high-end road bike industry." Stanford University case study CASE: SM - 150, 2006, p. 5.

36 Bicycles — Global Strategic Business Report, Global Industry Analysts, Inc., March 2008, p. 466.

37 "Not a Single Worker Retrenched Since 1973," Straits Times, April 26, 1998.

38 Ibara, Y. "Hub Company in the Global Bicycle Industry." Morgan Stanley Dean Witter, July 18, 2001, p. 14.

39 Kerber, R. "Bicycles: Bike maker faces a tactical shift." *The Wall Street Journal*, October 12, 1998.

40 Galvin, P., and Morkel, A. "The effect of product modularity on industry structure: The case of the world bicycle industry." *Industry and Innovation* 8 (2001), p. 31.

41 Shimano Annual Report, 2004, p. 1.

42 Isely, P., and Roelofs, M. R. "Primary market and aftermarket competition in the bicycle component industry." *Applied Economics* 36 (2004).

43 Saloner, G., Chang, V., and Shimano, T. "Shimano and the high-end road bike industry." Stanford University case study CASE: SM - 150, 2006, 2006, p. 9 - 10.

44 Vickers, G. "Graham Vickers explains how a Japanese cycle component maker is having a growing impact on the high quality bicycle market." *Design Week*, April 19, 1987,

p. 19.

45 Shimano company homepage: www. shimano. com.

46 Voigt, K. "Your life: The interview: Pedal power." *Asian Wall Street Journal*, November 28, 2003.

47 Shimano company homepage: www. shimano. com.

48 http: // www. referenceforbusiness. com / history2 / 30 / Shimano-Inc. html.

49 Friedland, J. "Components of success: Japanese bicycle-parts maker Shimano eyes China." *Far Easter Economic Review*, November 18, 1993.

50 http: // www. referenceforbusiness. com / history2 / 30 / Shimano-Inc. html.

51 Friedland, Jonathan, (1993), p. 66.

52 Dickerson, M. "Shimano to recall 2.5 million bicycle cranks." *Los Angeles Times*, July 10, 1997.

53 "Japan's Shimano to Invest US $17.1 Million in New Chinese Subsidiary," Asia Pulse, March 11, 2003.

54 Foremski, T. "Fishing gear maker floats a helpful idea." *Financial Times (London)*, February 3, 1999, p. 5.

55 The National Bicycle Dealers Association; http: // nbda. com / page. cfm? PageID = 34 (Mai, 9th 2008).

56 REI is the global leader in the outdoor gear and clothing category with customers in virtually every country world wide and total revenues in 2007 of $1,2billion.

57 The National Bicycle Dealers Association; http: // nbda. com / page. cfm? PageID = 34 (Mai, 9th 2008).

58 Galvin, P., and Morkel, A. "The effect of product modularity on industry structure: The case of the world bicycle industry." *Industry and Innovation* 8 (2001), p. 31.

59 Ibara, Y. "Hub Company in the Global Bicycle Industry." Morgan Stanley Dean Witter, July 18, 2001, p. 3.

60 Taylor, R., and Karl, U. "Product variety, supply chain structure, and firm performance: Analysis of the U. S. bicycle industry." *Management Science* 47 (2001), p. 1593.

61 Delaney, B. "Splits with Giant, Specialized." *Bicycle Retailer & Industry News* 14 (2005), p. 1 - 33.

62 On May 27, 2007 GENERAL ELECTRIC sold GE Plastics to Saudi Basic Industries Corp. (SABIC) for $11.6 billion 2006. The Pittsfield, Mass.-based business employed 10,300 people and generated $6.6 billion in sales and $675 million in profits in that year. In 2002 they had started a branding campaign which improved Lexan's reputation outside America.

63 Bayer akso benefited from the sale of its largest competitor, the Plastics Group of Geneeral Electric. GE had been a very strong competritor, dominating the U. S. market

with its Lexan® Polycarbonate. In the 1970s, GE considered a consumer branding effort for its Lexan Polycarbonate, including filming of commercials (A Bull in a Lexan Shop) and tagline development (Lexan — A Good Name to Stand On), and logo. Deemed too expensive at the time, the full implenetation of the project was abandoned, with a minor effort to tag products with the new logo (an elephant standing on a circus stand of Lexan). For greater understanding of how these companies competed, particularly in the arena for development of new applications of polycarbonate.

64 As mentioned before General Electric sold its plastics division to SABIC. General Electric's plastics unit reached $6. 6 billion in revenue in 2006. The division has struggled amid inflation in natural gas and raw materials like benzene, and profits at the unit fell about 22%, to $674 million in 2006, from $867 million in 2005. The sale has always been controversial, but it is not unusual for GE to leave markets when the major offerings reach the mature stage. (i. e. consumer electronics, television, small appliances).

65 The 1985 European Ford Sierra and some Fiats were the first to use Polycarbonate blended with polyesters for energy — absorbing bumpers. In 1986, the U. S. Ford Taurus and Mercury Sable used the PC blend for bumpers. These blended ederivatives of PC were developed specifically for these applications by GE Plastics.

66 Horizont 2002, Zeitschrift für Marketing, Frankfurt, S. 26.

67 Ironically, by the 1970s, one of the major U. S. applications for polycarbonate was in commuter train windows, primarily for safety reasons. Though initially more expensive, the lower replacement frequency and added passenger safety overcame the initial costs. Today, polycarbonate glazings (windows) are the standard in all passenger rail applications.

68 See automotive headlamps: The paradigm shift from standardized glass beams to today's plastic custom designs.

69 See at http: // money. cnn. com / magazines / fortune / mostadmired / 2008 / industries / industry_53. html.

70 Company website see www. ti. com.

71 Effie winners represent client and agency teams who tackled a marketplace challenge with a big idea and knew exactly how to communicate their message to their customer. See http: // www. effie. org/ winners / showcase / 1998 / 284.

72 Indicar-Net (2007) DLP products races into year two of its NASCAR sponsorship, February 16, 2007.

73 "How DLP works" see company website http: // dlp. com / tech / what. aspx.

74 Powell, E. "The great technology war." 2003, http: // www. projectorcentral. com / lcd_dlp. htm.

75 同上。

76 See company website www. ti. com/ dlp.

77 See Powell (2003).

78 The ANSI contrast is a tool, in which the measurement is done with a checker board patterned test image where the luminosity values are measured simultaneously. This is a more realistic measure of system capability, but includes the potential of including the effects of the room into the measurement, if the test is not performed in a room that is close to ideal.

79 Texas Instruments press release 2007.

80 An American market research firm the NPD Group in Port Washington, NY 11050.

81 Harrison, C. "Big battle over big-screen." *The Dallas Morning News*, May 2, 2005.

82 Ogg, E. "HDTV's evolving alphabet soup: LED, OLED, LCD, DLP, CNET news." October 11, 2007.

83 Corporate Information Schott AG, Accessed: February 25, 2007 http: //www. schott. com/ magazine/ english/ sol106 / sol106_07_colorfulmenu. html? PHPSESSID=91.

84 The comments are based on interviews with Ruban Harikantha, General Manager Regional Sales and Marketing (Schott Hometech) and Andreas Uthmann, Corporate Brand Manager (Schott), January 30, 2007 in Mainz as well as on the subsequent telephone interviews.

85 Information on glass technology and the historical background is available at the company museum and the former founder's private home. See also: http: //www. schott. com/ english/ museum/ index. html.

86 Corporate Information Schott AG, URL: http: // www. schott. com / german / company/ business_report. html, Accessed: February 21, 2007.

87 The expression "designed product brand" is based upon a definition of Schott AG.

88 Gfk Marketing Services GmbH & Co. KG; Hausgeräte-Fachverbände im Zentralverband Elektrotechnik- und Elektronikindustrie e. V.: Zahlenspiegel des deutschen Elektro-Hausgerätemarktes 2004/2005, Accessed: December 8, 2006.

89 Die Welt: Hersteller von Haushaltsgeräten wollen hähere Preise durchsetzen, Date of publication: June 8, 2006, URL: http: //www. welt. de/data/2006/06/08/905982. html? prx=1, Accessed: February 14, 2007.

90 Interview with Andreas Uthmann and Ruban Harikantha, January 30, 2007.

91 Pfoertsch/Mueller (2006), p. 33.

92 Interview with Andreas Uthmann and Ruban Harikantha, January 30, 2007.

93 Clef, Ulrich (2002): Die Ausgezeichneten — Die Unternehmenskarrieren der 30 Deutschen Marketingpreisträger; Clef Creative Communications GmbH, Munich, p. 174.

94 Schott AG, Corporate information, URL, accessed: February 17, 2007: http: //www. schott. com/ hometech/ english/ products/ ceran/ generally/ material. html.

95 Clef, U. *Die Ausgezeichneten: Die Unternehmenskarrieren der 30 Deutschen Marketingpreisträger*. Munich, 2002, p. 171.

96 Expert interview with Andreas Uthmann and Ruban Harikantha, January 30, 2007.

97 Pfoertsch/Mueller (2006), p. 16 f.

98 Brand Presentation Schott AG, internal information.

99 Ruebenthaler, K. "Marketing in der technischen Glasindustrie." In *Handbuch Industriegütermarketing: Strategien, Instrumente, Anwendungen*, edited by K. Backhaus and M. Voeth. Wiesbaden, 2004, p. 1195 et sqq.

100 Internal information, Schott AG.

101 Pfoertsch/Mueller (2006), p. 63.

102 Expert interview with Andreas Uthmann and Ruban Harikantha, January 30, 2007.

103 Odrich, B. "A productive partnership." Schott online magazine Solutions, 2007, http://www.schott.com/magazine/english/info103/si103_05_rinnai.html?PHPSESSID=91.

104 Brand Presentation Schott AG, internal information.

105 Odrich, B. "A productive partnership." Schott online magazine Solutions, 2007, http://www.schott.com/magazine/english/info103/si103_05_rinnai.html?PHPSESSID=91.

106 Corporate information Schott AG, URL: Accessed: February 15, 2007 http://www.schott.com/hometech/english/products/ceran/dailyuse/vileda_sponge.html.

107 Pfoertsch/Mueller (2006): p. 20.

108 Microban Information, further information see also Microban website at http://www.microban.com/americas/about_us/history/? lang=en.

109 Sprout Group Press Release in: BUSINESS WIRE (NEW YORK)- Dec. 7, 1999.

110 TA Associates Completes Minority Investment in Microban International TA Associates Press Release, February 17, 2005/BOSTON, MA.

111 Samsung silver nano health system gives free play to its "silver" magic — Creating a new era of germ-free home with silver nano home electronic appliances, Samsung press release Mar 29, 2005.

112 Silver nanoparticles deadly to bacteria in: Nanotechnology / Bio & Medicine March 10th, 2008.

113 Company information at corporate website http://www.sanitized.com/en/about-us/history.html.

114 SANITIZED AG to increase brand awareness in US markets, Company announcement published in fibre2fashion.com under http://www.fibre2fashion.com/news/textiles-company-news/newsdetails.aspx? news_id=60257.

第七章

1 Desai and Keller (2002); McCarthy and Norris (1999); Norris (1992); Rao, Qu, and Ruekert (1999); Venkatesh and Mahajan (1997); Havenstein (2004).

2 Pfoertsch, W., and Chandler, J. D. "Why ingredient brands tmater: Understanding changing roles, and changing markets." *Journal of Business & Industrial Marketing* (2010) forthcoming.

3 Iacobucci, Henderson, Marcati, and Chang (1996).

4 Desai and Keller (2002).

5 Baumgarth, (2001); Bugdahl, (1996).

6 Shocker, Srivastava, and Ruekert, (1994).

7 Note that we might also count in I - 4 some of the negative effects that happen as the channel has alternatives to pick up products from other user/OEM's that incorporate the creator's ingredients.

8 Dover, (1997); Hilton, (2003); Kleinaltenkamp, (2001).

9 Digital Light Processing is the world's only all-digital display chip and a key ingredient in the best digital projectors available today. DLP technology uses an optical semiconductor to recreate source material with fidelity that analog systems cannot match. Ralph Oliva has particular insights, because he initiated that successful process of Ingredient Branding.

10 Dover, (1997); Kotler and Pfoertsch (2006).

11 Porter, M. E. *Wettbewerbsvorteile: Spitzenleistungen erreichen und behaupten*. 4th ed. Frankfurt/Main, New York, 1996, p. 12 and p. 453.

12 Pfoertsch and Chandler (2010).

13 Sattler, H. *Monetäre Bewertung von Markenstrategien für neue Produkte*. Stuttgart, 1997.

14 Michael, B. M. *Werkbuch M wie Marke: Bausteine für ein erfolgreiches Brand Building. Anleitungen, Arbeitsmethoden, Fallbeispiele, Interviews*. Düsseldorf, 2003, Chapter 5.2, p. 5 - 6.

15 Interbrand announcement see http://www.interbrand.com/best_global_brands.aspx.

16 The absolute share of the B2B orientation of the Interbrand listed companies can be determined by an analysis of their sales channels see Pfoertsch/Schmid (2005): p. 92. GE had also B2C products including major appliances and related services for products such as refrigerators, freezers, electric and gas ranges, cook-tops, dishwashers, clothes washers and dryers, microwave ovens, room air conditioners and residential water system products. These products are distributed both to retail outlets and direct to consumers, mainly for the replacement market, and to building contractors and distributors for new

installations. Lighting products include a wide variety of lamps and lighting fixtures, including light-emitting diodes. Electrical equipment and control products include lighting and power panels, switchgear, and circuit breakers. Products and services are sold in North America and in global markets under various GE and private label brands. This segment revenues were less than 6% of consolidated sales revenue ($11m out total $180m).

17 General Electric Company: Company Report, Nov. 2004.

18 Aaker, David A. (1992), p. 31.

19 Sattler (1995), p. 669.

20 www.markenlexikon.com, seen 10.01.2010.

21 Gerpott, J.; Thomas, S. (2004), p. 396.

22 Klein-Boelting, U., and Murad-Aga, T. "Markenbewertung für das Controlling." *Marketingjournal* (2003): 39 - 41.

23 同上,第 40 页。

24 Simon/Sebastian (1995), p. 42 ff.

25 Haller (2001), p. 21 ff.

26 Simon/Sebastian (1995), p. 42 ff.

27 Havenstein (2004), p. 117; also Overview, p. 85 - 91.

28 Coughlan et al. 2001; Vargo and Lusch 2004; Wathne, Biong and Heide 2001; Frels, Shervani and Srivastava 2003; Wilkinson 2001.

29 Wathne and Heide 2004; Achrol, Reve and Stern 1983; Bagozzi 1975.

30 Aaker (1991, 1992).

31 Jacoby/Chestnut (1978).

32 Dick/Basu (1994).

33 Aaker (1991).

34 Keller (1993).

35 Aaker (1991).

36 Havenstein (2004).

37 Baumgarth (2001), p. 240 - 244.

第八章

1 Swysten, J. "Business drives and brand responses." May 2003.

2 Rid, J., and Sigurdsson, N. "Ingredient branding: A strategy option A comparative case study of Intel, Gore-Tex, Bosch, and Autoliv." Postgradutate dissertation, Stockholm, January 2004.

3 Pfoertsch, W., Linder, C. and Scheel, H. "Price premium enhancement through a

brand in a brand." Working paper Pforzheim University, 2009.

4 Havenstein (2004), p. 9ff.

5 Chorafas, D. N. *Strategic business planning for accountants: Methods, tools and case studies:* CIMA Publishing, 2006.

6 Aaker (2004).

7 Berkowitsch, N. "Ingredient branding wirkt!" Diplom thesis, Pforzheim, 2006.

8 See also Havenstein (2004).

公司网址

3M	www. 3m. com
ABT	www. abt-sportsline. de
Airbus	www. airbus. com
Alcantara	www. alcantara. com
AMD	www. amd. com
Asus	de. asus. com
Audi	www. audi. de
AZO	www. azo. de
BASF	www. basf. com
Bayer AG	www. bayer. de
Bilstein	www. bilstein. de
Binder	www. binder-magnete. de
Bitrex	www. bitrex. com
Boeing	www. boeing. de
Bosch	www. bosch. de
Bose	www. bose. de
Brembo	www. brembo. com
Cable & Wireless	www. cable-and-wireless. de
Cadillac	www. cadillaceurope. com
Campagnolo	www. campagnolo. com

Chevron	www. chevron. com
Cognis	www. cognis. com
Corning	www. corning. com
Cummins	www. cummins. com
Cycle Shimano	cycle. shimano-eu. com
Deutz	www. deutz. de
DivX	www. divx. com
DLP	www. dlp. com
Dolby	www. dolby. com
DT Swiss	www. dtswiss. com
DuPont	www2. dupont. com
Easton	www. eastonsports. com
Edelstahl Rostfrei	www. edelstahl-rostfrei. de
Fanuc Robotics	www. fanucrobotics. de
Gigabyte	www. gigabyte. de
Goodyear	eu. goodyear. com
Google	google. com
Gore	www. gore-tex. de
Harman / Becker	www. harmanbecker. com
Hitachi	www. hitachi. de
Hoechst	www. hoechst. com
Intel	www. Intel. com
Invista	www. invista. com
Java	www. java. com
Kendrion	www. kendrion. com
Kingston	www. kingston. com
Kodak	www. kodak. de
Kuka	www. kuka-ag. de

Label Online	www. label-online. de
Leica	www. leica-camera. de
LG	de. lge. com
Maestro	www. maestro. ch
Makrolon	www. makrolon. de
Markenlexikon	www. markenlexikon. com
Marketing-Verein	www. marketingverein. de
MasterCard	www. mastercard. com
Microban	www. microban. com
Microsoft	www. microsoft. com
MSI	www. msi-technology. de
nVidia	www. nvidia. de
Onpulson	www. onpulson. de
Perkins	www. perkins. com
Pininfarina	www. pininfarina. de
Pioneer	www. pioneer. de
Plexiglas	www. plexiglas. de
Raceface	www. raceface. com
Realtek	www. realtek. com. tw
Recaro	www. recaro. de
Rotax	www. rotax. com
Salomon	www. salomonsports. com
Samsung	www. samsung. de
Sanitized	www. sanitized. com
Schneider Kreuznach	www. schneiderkreuznach. com
Schott	www. schott. com
Seagate	www. seagate. com
SGS	www. de. sgs. com

Siemens	www. siemens. de
SIG	www. sigallcap. ch
Sika	www. sika. com
Simon Kucher & Partner	www. simon-kucher. com
Sirius	www. siriusitc. ch
Sony	www. sony. de
Sram	www. sram. com / de
Swarovski	www. crystallized. com
SympaTex	www. sympatex. de
Tetra Pak	www. tetrapak. de
Thoma	www. thoma-magnettechnik. de
Tomtom	www. tomtom. com
Torsen Traction	www. torsen. com
Toshiba	www. toshiba. de
Trevira	www. trevira. de
Truma	www. truma. com
VDO	www. vdo. de
Visa	www. visa. de
Webasto	www. webasto. de
Wind Stopper	www. windstopper. de
Wirtschaftslexikon 24	www. wirtschaftslexikon24. net
WMF	www. wmf. de
Zeiss	www. zeiss. de
ZF	www. zf. com

要素品牌公司图例

（所有权利归图标拥有者所有）

公　　司	要素品牌	产品功能	图　　标
化工行业			
Bayer AG	Makrolon	Polycarbonate	
Microban	Microban	Anti-bacterial chemical compounds	
Johnson Matthey's Fine Chemicals	Bitrex	Bittering agent	
Sanitized AG	Sanitized	Antimicrobial additives	
Cognis Corporation (Henkel)	Cognis	Speciality chemicals for wellness & sustainability	
Alcantara Spa	Alcantara	Synthetic leather	
Sika	Sika	Specialty chemicals	
Hoechst	Hostalen	Polyolefins	
BASF	Indanthren	Synthetic vat dyes	

续 表

公　　司	要素品牌	产品功能	图　　标
	Luran	Plastics	Luran® Plastics Plus
Owens-Corning Fiberglas Corporation.	Fiberglas	Products from glass fibers	OWENS CORNING
Brand Association Stainless Steel Germany	Edelstahl rostfrei	Stainless steel	Rost frei
WMF	Cromargan	Special stainless steel	WMF
Evonik	Plexiglas	Performance Polymers	PLEXIGLAS®
饮食补充剂行业			
NutraSweet Company	NutraSweet	Natural sweetener	The NutraSweet Company
McNeil Nutritionals，LLC	Splenda	Natural sweetener	Splenda
Cargill Inc.	CoroWise	Naturally Sourced cholesterol reducer	CoroWise
	HFT	Omega 3 food ingredients	
	Oliggo	Natural soluble fibers	OliggoFiber™ Inulin
	Xtrend	Starch and sweetener	Xtend® Sucromalt
	Maltidex	Natural sweetener	Maltidex

续 表

公 司	要素品牌	产品功能	图 标
	IsoMaltidex	Natural sweetener	
	Treha	Multi-functional, non-reducing carbohydrate	
	Barliv	Barley beta fiber	
	Truvia	Natural sweetener	
	Zerose	Natural sweetener	
Südzucker	Isomalt	Natural sweetener	
	Beneo	Inulin and oligofructose	
Alfa Aesar	Xylit	Natural sugar alcohol	
OceanSpray Cranberries, Inc	OceanSpray	Cranberry	
Z Trim Holding	Z-Trim	Fat replacement	
P&G	Olean	Fat replacement	
Solae Company	Solae	Soy products	
	Prolisse	Soy protein	

续 表

公 司	要素品牌	产品功能	图 标
Perdue products	Senokot	Natural laxative	Senokot
WBANA	Wild Blueberries	Antioxidant	
操作系统			
Sun Microsystems	Java	System software	Java
Dolby Laboratories	Dolby	Sound system	DOLBY
THX Inc.	THX	Sound system	THX
Microsoft	Vista	Operating system	
	Media room	Media system	Microsoft Mediaroom
DivX Networks Inc.	DivX	Media system	DIVX NETWORKS
Cable & Wireless	Cable & Wireless	Telecom systems	CABLE & WIRELESS
Realtek Semiconductor Corp	Realtek	Multi-media systems	REALTEK
纺织品行业			
The Woolmark Company (Australian Wool Innovation)	Woolmark	Natural wool	WOOLMARK
Invista	Cordura	Performance fabric	CORDURA

续 表

公　　司	要素品牌	产品功能	图　　标
	Coolmax	Performance fabric	COOLMAX
	Stainmaster	Carpeting	STAINMASTER CARPET
	Cordura	Carpet fiber	CORDURA
	Antron	Carpet fiber	Antron carpet fiber
	Lycra	Elastic fiber	LYCRA
	Supplex	Micro fiber	supplex
	and others		
Reliance Industries Ltd.	Trevira	Micro fiber	Trevira
SympaTex Technology GmbH	SympaTex	Laminate	SympaTex
W. L. Gore & Associates,	Gore-Tex	Laminate	GORE-TEX
	Windstopper	Laminate	WIND STOPPER
DuPont	Teflon	Multiple applications	Teflon
	Nomex	Thermal protection	DuPont NOMEX

续 表

公 司	要素品牌	产品功能	图 标
	Kevlar	Brand fiber	DUPONT Kevlar
	Corian	Surface materials	DUPONT corian
	and others		
NatureWorks	Ingeo	Biopolymer & fibers	ingeo
Diolen Industrial	Diolen	Polyester yarn	Diolen
Nano-Tex Inc.	Nanotex	Textile enhancements	NANOtex
Thai Acrylic Fiber	Amicor	Intelligent fiber	Amicor
玻璃行业			
Schott	Schott Optics	Optical lenses	SCHOTT glass made of ideas
	Schott Ceran	Glass ceramic cook tops	SCHOTT CERAN®
Zeiss AG	Zeiss	Optical lenses	ZEISS
Schneider Kreuznach	Schneider	Optical lenses	Schneider KREUZNACH
Kodak	Kodak	Optical lenses	Kodak
Leica Cameras	Leica	Optical lenses	Leica

续 表

公 司	要素品牌	产品功能	图 标
Swarovski	Crystallized elements	Crystal glass	CRYSTALLIZED SWAROVSKI ELEMENTS
自行车部件			
Shimano Products	Shimano	Bicycle gears	SHIMANO
Campagnolo S. r. l.	Campagnolo	Bicycle gears	Campagnolo
SRAM Corporation	SRAM	Bicycle gears	SRAM
	Rockshox	Bicycle components	ROCK SHOX
	Avid	Bicycle components	Avid
	Truvavtiv	Bicycle components	
Formula	Formula	Bicycle components	FORMULA
Salomon SAS	Mavic	Wheel-sets	MAVIC
Race Face Performance Products	Raceface	Mountain bike components	RACE FACE
Easton Sports	Easton	Bicycle components	EASTON
DT Swiss	DT Swiss	Bicycle components	DT swiss

续　表

公　　司	要素品牌	产品功能	图　　标
MAGURA Bike Parts GmbH & Co. KG	Magura	Bicycle components	
汽车			
Deutz	Deutz	Diesel engines	
ThyssenKrupp	Bielstein	Shocks	
Torsen Traction	Torsen	Permanent 4 wheel drives	
Continental AG	VDO	Automotive components	
Brembo	Brembo	Brakes	
ZF AG	ZF	Automotive components	
Perkins Engines	Perkins	Diesel engines	
Recaro GmbH & Co. KG	Recaro	Car seats	
TomTom NV	TomTom	Navigation systems	
Chevron	Techron	Fuel additive	
ABT	ABT	Design service	
PININFARINA	PININFARINA	Design service	

续 表

公　　司	要素品牌	产品功能	图　　标
Robert Bosch GmbH	Bosch	Automotive components	BOSCH
	ABS	Anti-block break system	ABS
	ESP	Electronic stabilization-program	ESP®
Cummins Engines	Cummins	Diesel engines	Cummins
Goodyear Tires	Goodyear	Tires	GOODYEAR
Rotax	Rotax	Small engines	ROTAX BRP
Audi	Quattro	Permanent 4 wheel drives	quattro®
Cadillac	Northstar	V8 engines	Northstar
Kuka AG	Kuka	Industrial robots and factory automation equipment and services	KUKA
Fanuc	Fanuc	Automation controls	FANUC
Siemens	Sinumeric	Automation controls	Siemens Inside!
Webasto	Webasto	Heatings	Webasto
SIRIUS	Sirius	Satellite radio	[illegible]

续　表

公　　司	要素品牌	产品功能	图　　标
音响-电视部件			
JBL	JBL	Sound systems	JBL
Bosch	Blaupunkt	Radio and Hifi	BLAUPUNKT Bosch Group
Bose	Bose	Sound systems	BOSE
TI	DLP	Projection systems	DLP TEXAS INSTRUMENTS
Sony	Trinitron	TV monitors	Trinitron
电脑部件			
Intel Corporation	Intel	Processors	intel inside / intel
	Centrino	Processors	intel Centrino
	Xeon	Processors	intel Xeon
	Core	Processors	intel Core 2 Duo
	Pentium	Processors	intel Pentium D
AMD	ATI	Graphic cards	ATI Radeon GRAPHICS
AMD	AMD	Processors	AMD

续 表

公 司	要素品牌	产品功能	图 标
AMD	Athlon	Processors	
MSI Technology	MSI	Motherboards	
NVIDIA CORPORATE	nVIDIA	Graphic cards	
Brokat Technologies AG	Brokat	Security	
ASUSTeK Computer Inc.	Asus	Motherboards	
Universal ABIT	Abit	Motherboards	
GIGA-BYTE TECHNOLOGY CO., LTD.	Gigabyte	Motherboards	
Samsung Group	Samsung	Memory	
Kingston Technology Company, Inc.	Kingston	Memory	
Seagate Technology	Maxtor	Hard Drives	
	Seagate	Hard Drives	
LG Electronics	LG	DVD Drives	
Samsung Group	Samsung	DVD Drives	

续 表

公　　司	要素品牌	产品功能	图　　标
Toshiba Corporation	Toshiba	DVD Drives	TOSHIBA
Pioneer Corporation	Pioneer	DVD Drives	Pioneer
Hitachi, Ltd.	Hitachi	DVD Drives	HITACHI
支付系统			
Visa	Visa	Payment Systems	VISA
MasterCard	MasterCard	Payment Systems	MasterCard
ZKA	EC Card	Payment Systems	ec electronic cash
UnionPay	UnionPay	Payment Systems	UnionPay 银联
包装			
Tetra Pak	Tetra Pak	Packaging systems	Tetra Pak
SGS	SGS	Packaging systems	SGS
SIG	CombiBlock	Packaging systems	SIG
创新部件			
3M	Vikuiti	Enhancement films and projection components	Vikuiti 3M
	Scotchlite	Reflective material	3M Scotchlite

续 表

公　　司	要素品牌	产品功能	图　　标
	Scotchguard	Paint protection	
	Filtrete	Water filtration system	
	Thinsulate	Insulation	
	Twaron	Para-aramid fiber	Twaron
Truma Gerätetechnik	Truma	Power supply/heating for recreational vehicles	
服务业			
Les Mills	Les Mills	Fitness program/system	
Billy Blanks	TaeBo	Fitness program/system	
Lufthansa	Lufthansa Cargo	Air transportation systems	
飞机			
Boeing	Boeing	Airplane	
Airbus S. A. S.	Airbus	Airplane	
标准			
US EPA	EnergyStar	Use less energy, save money, and help protect the environment	

续 表

公　　司	要素品牌	产品功能	图　　标
SATA-IO	Sata	Serial Advanced Technology Attachment	SERIAL ATA
USBIF	USB	Universal serial bus	USB UNIVERSAL SERIAL BUS

图书在版编目(CIP)数据

要素品牌战略:B2B2C 的差异化竞争之道/〔美〕科特勒,〔德〕弗沃德著;
李戎译.—上海:复旦大学出版社,2010.9(2015.8 重印)
(中欧经管系列)
书名原文:Ingredient Branding:Making the Invisible Visible
ISBN 978-7-309-07578-6

Ⅰ.要… Ⅱ.①科…②弗…③李… Ⅲ.企业管理:质量管理 Ⅳ.F273.2

中国版本图书馆 CIP 数据核字(2010)第 175594 号

要素品牌战略:B2B2C 的差异化竞争之道
〔美〕菲利普·科特勒 〔德〕瓦得马·弗沃德 著 李 戎 译
策划编辑/张永彬 责任编辑/黄文杰

复旦大学出版社有限公司出版发行
上海市国权路 579 号 邮编:200433
网址:fupnet@ fudanpress. com http://www. fudanpress. com
门市零售:86-21-65642857 团体订购:86-21-65118853
外埠邮购:86-21-65109143
上海浦东北联印刷厂

开本 787×1092 1/16 印张 20 字数 272 千
2015 年 8 月第 1 版第 3 次印刷
印数 13 101—14 700

ISBN 978-7-309-07578-6/F·1632
定价:38.00 元